Tod Rafferty

Harley-Davidson total

In memory of
Dorothy Jean
1917-1996

Tod Rafferty

Harley-Davidson total

MOTORBUCH VERLAG STUTTGART

DANKSAGUNG

All den Besitzern und Restauratoren, die ihre Maschinen für unsere Fotoaufnahmen zur Verfügung stellten, möchte ich ganz herzlich danken. Nach dem Alter (der Bikes, nicht der Besitzer) einigermaßen geordnet, geht unser Dank an Gene Calidonna, Joy und Marv Baker, Trev Deeley, Brian Holden, Fred Pazaski, Dave Bettencourt, Otis Chandler, Glenn Bator, Jeff Gilbert, Mike Parti, Bud Ekins, Armando Magri, Daniel Statnekov, Harold Mathews, Dave Royal, John Tosta, Mike Lady, Fred Lange, Oliver Shokouh, Ken Lang, Paul Wheeler, Doug Stein, Chuck Holenda, Ron Stratman, Bob Rocchio, Jim Kirchner, Bill Bartels, Jim und Mike Furlong, Tom Perkins, Randy Janson, Brad Richardson, Richard Brazas, Sam Williams, Chris Lamb, Dwight Yoakam, Gary Bang jr., Clay Osincup, Doug Holden, Jerry Warren, Steve Alamango, Dennis Huggins, Ginger Gammon, Duane Anderson, John Kingston, Howard Mahler, Val Bassetti, Ray Earls und Dave Ybarra.

Danken möchten wir weiter den Mitarbeiterinnen und Mitarbeitern von: Otis Chandler Vintage Museum, Petersen Automotive Museum, Trev Deeley Motorcycle Museum, Bartels' Harley-Davidson, Dudley Perkins Company, Los Angeles Harley-Davidson, Mathews Harley-Davidson, Harley-Davidson of Glendale, Harley-Davidson of El Cajon, Harley-Davidson of Atascadero, Harley-Davidson of Sacramento und Warren's Motorcycle Service. Dank gilt auch Marty Rosenblum und Susan Fariss von den Harley-Davidson Archiven, sowie Mike Shattuck, Jay Westerbrook, Richard Messer, Philip Mitchell, Don James, Rick Cole, Jim McClure von Vintage Cycle Promotions, Reg Kitrelle von der Thunder Press, ferner der Buell Motorcycle Company und Allan Girdler, Ron Hussey, Larry Kahn, Stephen Wright, Dennis Pegelow, Bronwyn Rafferty, Dan Argano, Chris und Sandy Sidah, Nanci Griffith, Little Feat und Sierra Nevada Stout.

Und unser Dank in memoriam richtet sich noch heute an William Harley und die Davidsons, Arthur, William und Walter.

Die Originalausgabe ist erschienen unter dem Titel The Complete Harley-Davidson Manual

Deutsche Fassung: Günther Görtz

Einbandgestaltung: Anita Ament

Titelbild: Archiv Motorrad, Stuttgart

ISBN 3-613-01796-2

Ein Unternehmen der Paul Pietsch Verlage GmbH & Co.
1. Auflage 1997

Lektorat: Joachim Kuch
DTP: primustype Robert Hurler GmbH, 73274 Notzingen
Printed in Singapore

DER AUTOR

TOD RAFFERTY fährt schon seit 35 Jahren Motorräder auf Straßen und Rennstrecken (»...aber ich hab' erst spät angefangen«, fügt er hinzu). Sein voriges Buch, *Harley-Davidson, The Ultimate Machine* (CLB Publishing) wurde 1994 außer in Englisch, Italienisch und Französich auch in deutscher Übersetzung veröffentlicht. Zwar in erster Linie Dirt-Track-Fahrer, besitzt der Autor auch eine Straßensportmaschine und hofft, daß noch ein Touren-Bike dazukommt, »...wenn dieses Buch gut ankommt«.

Zu seinen weiteren Werken gehören *Harley Memorabilia*, ein historischer Überblick über sammelwürdige HD-Motorräder, und *The Harley-Davidson Racing History* über »90 Jahre Können, Mut und Tempo«. Auch ein Buch über Indian-Motorräder befindet sich in Vorbereitung.

Nebenher ist der Autor Besitzer der American Garage und handelt mit Oldtimer-Autos, -Motorrädern und Zubehör. Diese Werkstatt ist ferner das Hauptquartier für sein Produzententeam, das gegenwärtig den Film »Sunday Kind'a Love« dreht, bei dem es auch um Motorradrennen geht.

Für Rafferty gibt es den Begriff »Freizeit« nicht; er findet ihn »...genauso irreführend wie etwa ›Stadion-Motocross‹, ›Extra money‹ oder ›starre Federung‹«. Trotzdem hat er immer wieder einmal Zeit zum Skilaufen und zum Tennisspielen. Er managt auch das Team Geezer, eine lockere Vereinigung von Oldtimer-Rennfreunden, und leitet die Aktivitäten der Motor Jones Society, einer Gesellschaft, die Temposüchtigen hilft. Ihr Motto ist »Make no haste to go slow« (etwa Eile mit Weile), und das offizielle Getränk dort ist Guinness.

Er kämpft auch weiterhin dafür, daß das Motorradfahren als der Welt friedlichste Verkehrsart anerkannt wird. »Durch das Motorradfahren entwickelt man eine höhere Bewußtseinsebene. Das Ergebnis bringt Verstand und Gefühl in einen natürlichen Rhythmus, der den Zeitabläufen im Universum, im Kosmos entspricht.«

Rafferty lebt mit seiner Familie an der Küste Kaliforniens.

INHALT

1. KAPITEL:

Unten: Ein überaus seltenes Stück: Modell 11K von 1915, eines der sehr wenigen erhaltenen Exemplare der Original-Werksrennmaschine.

2. KAPITEL:

INHALT

3. KAPITEL:

Unten: Das Jahr 1980 sah die Wiedereinführung des Riemenantriebs an der FXB Sturgis, etwa 65 Jahre nach dem letzten Auftritt eines Flachriemens an einer Harley-Davidson.

4. KAPITEL:

Oben: Eine 1995er Ultra Classic Electra Glide, Milwaukees erste Tourenmaschine mit Einspritzung. Serienmäßig hat sie einen elektronischen Tempostat.

ZUR EINFÜHRUNG

»Harley-Davidson ist die einzige Motorradfabrik in der Welt, die der Tradition den obersten Rang einräumte und damit Recht behielt.«

Luigi Rivola
Racing Motorcycles, 1977

Das Motorrad, eine mechanisierte Abart des Pferdes, entwickelte sich parallel zum Auto, der motorisierten Droschke. Aus Gründen der Sicherheit, des Komforts und der Transportkapazität ziehen die meisten Amerikaner die Droschke dem Pferd vor.

Ein Jahrhundert vor dem Motorrad erschien die Dampflokomotive, doch die war eher ein Industrie-Elefant als ein eisernes Pferd. Mit der wirtschaftlichen Fertigung des zwanzigsten Jahrhunderts wuchs das Angebot des Personenverkehrs, und fast jeder junge Mensch mit etwas Geld konnte sich ein eigenes Motorfahrzeug anschaffen. Und als Henry Ford das Auto für den einfachen Arbeiter erschwinglich machte, begann das Motorrad sowohl aus sozialer wie aus wirtschaftlicher Sicht einen anderen Weg zu gehen. Einen schmaleren und sicherlich von weniger Leuten beschrittenen Pfad.

Die Beliebtheit des Motorradfahrens der 20er Jahre verlor sich in den USA mit der Großen Depression, wuchs aber um die Mitte der 30er wieder. Der Amerikaner konnte sich seine V-Twin aussuchen: eine Indian aus Springfield oder eine Harley aus Milwaukee. In jeder Größe erhältlich (wenn's nur groß war!).

Hunderte talentierter, unternehmerischer junger Leute hatten Anfang des Jahrhunderts ihr Glück in dem neu erwachsenden Industriezweig gesucht. Doch nur vier erwiesen sich in den 20ern als stark und dominant genug: George Hendee und Oscar Hedstrom von Indian Motorcycles und William Harley und Arthur Davidson. Indian lag um einige Jahre vor HD. Als der Markt für die neue Technik sich ausdehnte, holten die jungen Männer, Harley und Davidson, die beiden großen Brüder des letzteren in die Firma und gründeten The Harley-Davidson Motor Company. Dieses Buch soll die Hardware-Geschichte ihres Unternehmens dokumentieren.

Wir berichten in geeignetem Rahmen über die Geschichte des Designs, der technischen Entwicklung und der Fertigung aller wesentlichen Harley-Modelle von 1903 bis zur Gegenwart. Hinzu kommen in der Randspalte wichtige Informationen wie technische Daten, lieferbare Farben, Preise und Stückzahlen. Diese Zahlen sind nicht in jedem Fall absolut korrekt, doch die meisten stimmen. Nicht alle Daten haben die Zeiten überlebt, und nicht über alles wurde Buch geführt.

Im Rahmen der Modellgeschichte stellt dieses Buch auch die Arbeit der Pioniere des Motorradsports dar. Von Bill Harley und den Gebrüdern Davidson bis zu Bill Ottaway und den Rennfahrern der »Harley Wrecking Crew«, von Dud Perkins, Tom Sifton und Trev Deeley bis zur zweiten Generation der Harleys und der Davidsons, von Dot Robinson und den »Motor Maids« bis zu Dick O'Brien und der dritten und vierten Generation der Harleys und Davidsons – die hier abgebildeten Motorräder reflektieren das Geschick und die Begeisterung all derjenigen, die sich entschlossen, Leben und Karriere mit dem »tollsten Sport auf Rädern« zu verbinden.

Harley-Davidson war rund 65 Jahre lang ein Familienunternehmen. Nach zehn Jahren Zugehörigkeit zu einem Industriekonzern befindet sich die Firma seit 1981 wieder in Privathand. In all den Jahren aber mit ihren Höhen und Tiefen war Harley-Davidson fast ausschließlich als Herstellerin großer, luftgekühlter V2-Motoren bekannt, Triebwerke für schwere, mächtige Motorräder. Und das ist bis heute so geblieben.

Kritiker hört man sagen, HD habe fast zwei Drittel dieses Jahrhunderts immer wieder die gleichen Motorräder produziert. Fans und Leiter von Ersatzteillagern finden das besonders gut.

Dieses Buch befaßt sich aber auch mit den wesentlichsten Einzylindern von Harley-Davidson, und dazu gehören schließlich noch die kleinen Zweitakter und die importierten Aermacchis. Der Hauptanteil des Inhalts aber gilt den V-Twins, die einen Zeitraum von 88 Jahren evolutionären Erneuerns und Verbesserns abdecken. Dabei haben sich die Konstruktionsprinzipien über die Jahre nur wenig geändert, doch Technik und Design sind durch und durch modern.

Und während manche Leute die großvolumigen V-Twins heutzutage als Anachronismus ansehen, sind sie für andere die Seele des Motorradsports.

Eines aber steht fest: Kein anderer Hersteller von Motorrädern, gleich welcher Art, kann auf 94 Produktionsjahre zurückblicken.

Tod Rafferty,
Atascadero, Kalifornien, 1996

ZUR EINFÜHRUNG

Anmerkungen zu Namen, Nummern und Daten

Motorradtriebwerken hat man im Laufe der Jahre viele Bezeichnungen und Modellnummern zugeteilt. Die frühen Motoren besaßen als Einlaß ein automatisches oder atmosphärisches oder Unterdruckventil über dem Zylinder und ein mechanisch gesteuertes Auslaßventil in einer seitlichen Tasche. Sie werden hier mit IOE (»inlet over/opposite exhaust« oder Einlaß gegenüber Auslaß) bezeichnet.

Mit der Einführung mechanischer Einlaßventile im Jahr 1911 steht bei uns der Ausdruck »F-Head« für diese Motoren. Hier stehen sich die Ventile zwar immer noch (wechselgesteuert) gegenüber, aber die Form erinnert vage an den Buchstaben »F«, und diese Benennung wird allgemein verwendet.

Den F-Head darf man aber nicht mit dem »Flathead« verwechseln, einem seitengesteuerten Motor. Hier stehen die Ventile aufrecht und nebeneinander an der Seite des Zylinders, so daß der Kopf (head) ganz flach (flat) ist. Schließlich ist da noch der OHV-Motor (overhead valve, kopfgesteuert), bei dem beide Ventile im Zylinderkopf »hängen«.

Die bei den technischen Daten angegebenen Gewichte verstehen sich mit halbvollem Tank. Produktionszahlen betreffen das genannte Modelljahr (nicht das Kalenderjahr). Stückzahlen, Preise und Lackierungen stammen aus offiziellen Publikationen oder aus den Archiven der Firma.

1903-05 EINZYLINDER

TECHNISCHE DATEN
MOTOR/KRAFTÜBERTRAGUNG
Motor: IOE*) Einzylinder
Hubraum: 405cm³
Bohrung x Hub: 76 x 89 mm
Leistung: ca. 3 PS**)
Gemischbildung: ca. 22-mm-Vergaser (Eigenbau)
Kraftübertragung: primär direkter Antrieb, sekundär Lederriemen
Bremse: Freilaufbremse hinten
Batterie: 6 Volt
Zündung: Spulenzündung

FAHRWERK/AUFHÄNGUNG
Rahmen: Einschleifen-Stahlrohrrahmen
Federung: gefederter Sattel
Radstand: 1295 mm
Gewicht: 81 kg
Tankinhalt: 5,7 Liter
Ölvolumen: n.a.
Bereifung: 28 x 2.5
Höchstgeschwindigkeit: ca. 56 km/h
Lackierung: Schwarz mit goldenen Zierlinien
Produziert wurden: 38 Einh.
Preis: US-$ 200***)

*) IOE = intake opposite exhaust, Einlaß- gegenüber Auslaßventil
**) PS-Angaben sind in der ersten Zeit nicht in kW umrechenbar
***) Preise gelten für die USA

1903-05 EINZYLINDER

William S. Harley, 21, und Arthur Davidson, 20, begannen im Jahr 1901 mit dem ersten Harley-Davidson-Prototyp. Beide arbeiteten damals ganztägig bei derselben Firma, und so brauchten sie für ihr Feierabendprojekt fast zwei Jahre. Und keiner der beiden trug sich zu dieser Zeit mit irgendwelchen Plänen für eine eigene Produktionsfirma. Tatsächlich war ihr erstes Ziel auch die Erstellung eines Außenbordmotors gewesen, mit dessen Hilfe sie ihre Angelplätze leichter zu erreichen gedachten. Bald aber reizte sie die Herausforderung mehr, eines dieser neuartigen Dinge zu bauen, die man Motorrad nannte. Dank ihrer Geschicklichkeit und der Unterstützung von Freunden und Verwandten ließ sich die Idee bald in Eisen und Stahl umsetzen. 1903 wurde daraus The Harley-Davidson Motor Company.

Wie so viele andere Pioniere des Motorradbaus hatte William Harley im Fahrradgeschäft begonnen. Arthur Davidson war gelernter Modellbauer, und zusammen mit Emil Kröger machten sie sich daran, ein wirkliches Motorrad auf die Räder zu stellen. Kröger hatte in Frankreich als Konstrukteur an den ersten Ausgaben des de-Dion-Motors gearbeitet und die Zeichnungen mit in die USA gebracht.

Die erste Maschine war im Grunde ein Fahrradrahmen mit einem Einzylinder-Viertaktmotor und direktem Riemenantrieb zum Hinterrad. Der Motor hatte mit 54 x 73 mm Bohrung und Hub einen Hubraum von 167 cm³ und erbrachte etwa 2 PS Leistung. Das reichte aus, um Fahrer und Maschine in der Ebene fortzubewegen, doch kaum, um auch leichtere Steigungen zu bewältigen, weshalb man bergauf auf die Pedale angewiesen war.

Auch die geringe Leistung und das Gewicht dieses Motors genügten aber schon, um zu zeigen, daß der Fahrradrahmen den Anforderungen nicht gewachsen war. William und Arthur mußten also wieder ans Reißbrett und nach Lösungen mit mehr Leistung und Stabilität suchen. Der zweite Motor hatte mit 76 x 89 mm Bohrung und Hub schon 405 cm³ Hubvolumen und ein Schwungrad mit mehr als doppelt so großem Durchmesser. Bill Harley entwarf einen stärkeren Schleifenrahmen für das neue Triebwerk, und das erste echte Harley-Davidson-Motorrad war geboren.

Schon bald erschienen Arthurs ältere Brüder Walter und William Davidson auf der Bildfläche. Arthur hatte Walter, der damals in Kansas als Maschinist bei der Eisenbahn arbeitete, in einem Brief über sein Projekt berichtet. Walter, der im April 1903 zur Hochzeit seines ältesten Bruders William nach Milwaukee kam, war bald vom Motorradfieber angesteckt, wechselte sogleich zur dortigen Bahn über und verbrachte fortan seine Freizeit im brüderlichen Unternehmen.

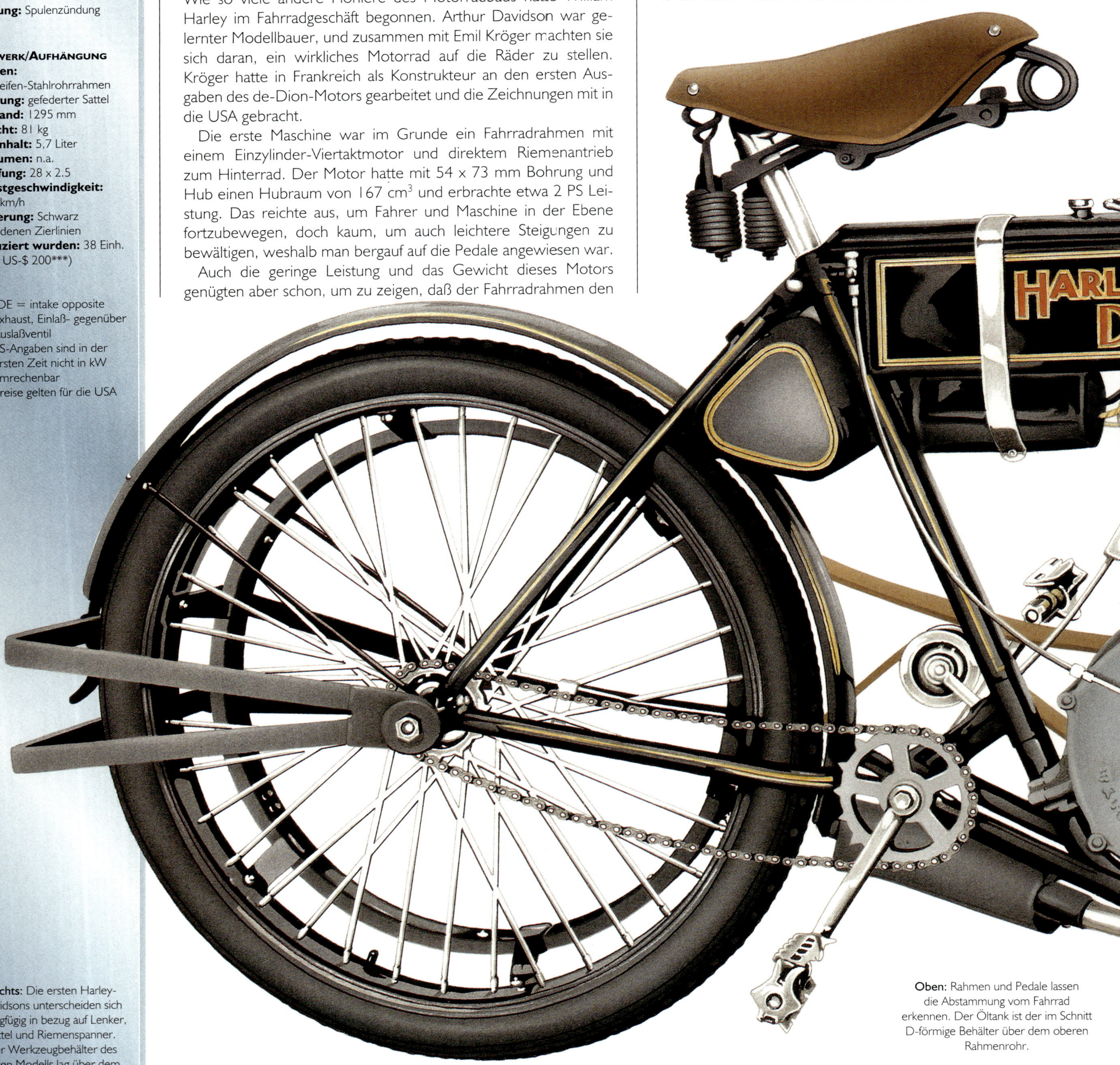

Oben: Rahmen und Pedale lassen die Abstammung vom Fahrrad erkennen. Der Öltank ist der im Schnitt D-förmige Behälter über dem oberen Rahmenrohr.

Rechts: Die ersten Harley-Davidsons unterscheiden sich geringfügig in bezug auf Lenker, Sattel und Riemenspanner. Der Werkzeugbehälter des ersten Modells lag über dem Kotflügel hinter der hinteren Rahmenpartie.

Unten: Anfangs besteht die Gasbetätigung aus einem System von Gestängen und Hebeln zwischen dem Lenker und dem selbstgebauten Vergaser.

Über die anfängliche Produktion gibt es keine verläßlichen Zahlen. Nach Angaben des Historikers Jerry Hatfield wurde mit dem zweiten Prototyp und zwei »Produktionsmodellen« bereits 1903 begonnen. Die beiden letzteren waren 1904 fertig, und eines davon kaufte ein Mr. Meyer, der es knapp 10 000 Kilometer gefahren haben soll, ehe er es an George Lyon verkaufte. Mit rund 34 000 Kilometern erwarb diese Maschine ein Dr. Webster, der sie später an Louis Fluke weitergab, bis sie schließlich bei George Sparrow landete. Diese fünf Besitzer fuhren damit stolze 133 600 Kilometer zusammen.

1913 warb Harley-Davidson mit der Tatsache, daß ihr erstes Motorrad volle 100 000 Meilen (160 000 km) zurückgelegt habe, daß die Original-Lager noch immer intakt seien und daß erstaunlicherweise keine wesentlichen Teile hatten ersetzt werden müssen.

1905, als die Produktion auf acht Maschinen anwuchs, quittierte Walter Davidson seinen Bahndienst und wurde der erste Vollzeit-Mitarbeiter der Firma. Als sein Assistent wurde der erste von außerhalb kommende Beschäftigte eingestellt und die Hinterhof-»Fabrik« auf bescheidene 28 Quadratmeter Fläche verdoppelt. Bill Harley, der vorhersah, daß man bald mehr Motorenfachkenntnisse im eigenen Hause brauchen würde, ging an die Universität von Wisconsin, um Maschinen- und insbesondere Motorenbau zu studieren.

Arthurs Tante Janet Davidson war für das Dekorative, das »Styling« der ersten Motorräder verantwortlich. Sie war es, die das HD-Logo für den Tank entwarf und die Zierlinien anbrachte. Die ersten drei Jahre waren die Maschinen schwarz lackiert, mit goldfarbenem Dekor und roter Beschriftung. Die blanken Teile waren vernickelt und die Alu-Gehäuseteile des Motors poliert.

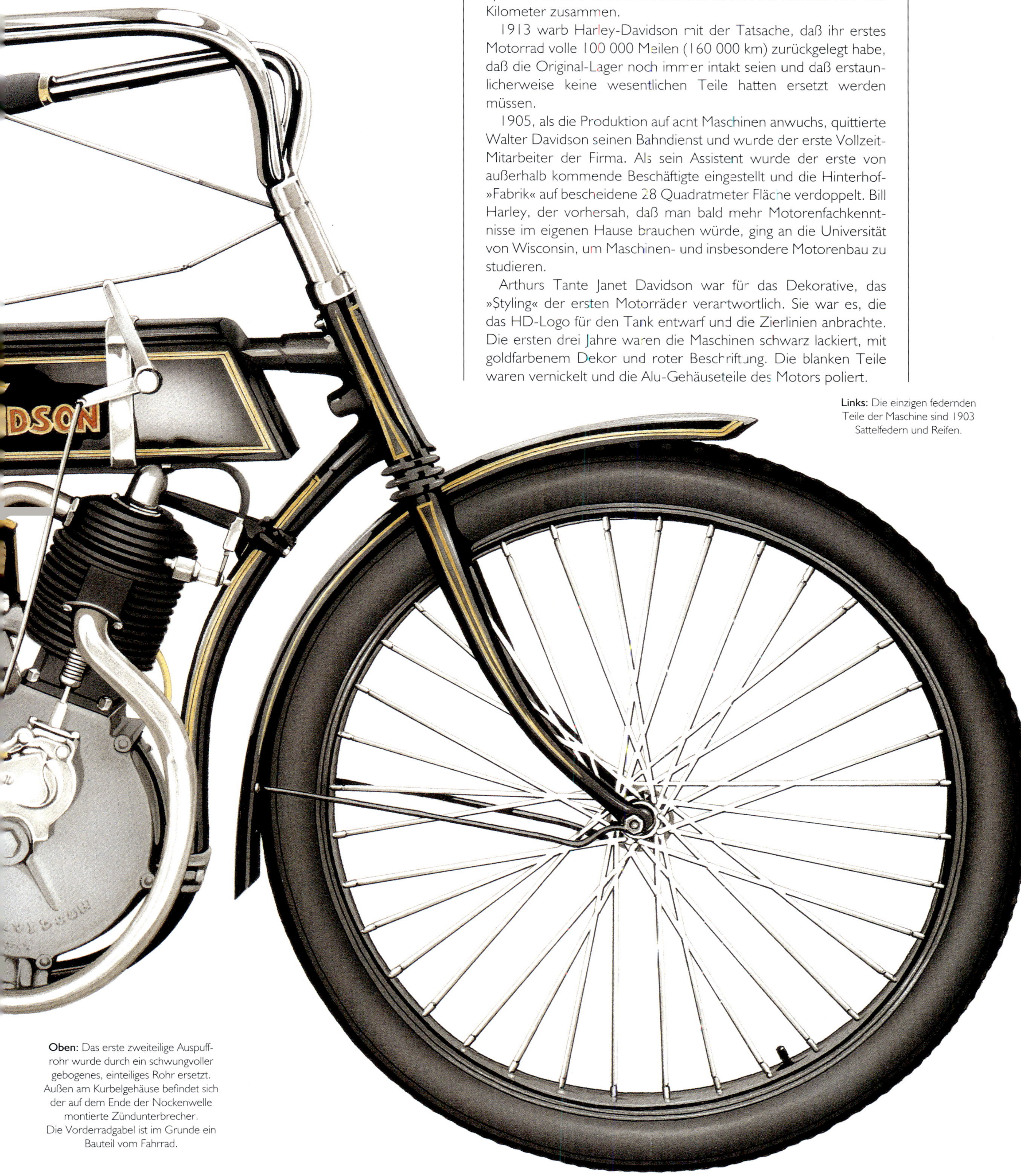

Links: Die einzigen federnden Teile der Maschine sind 1903 Sattelfedern und Reifen.

Oben: Das erste zweiteilige Auspuffrohr wurde durch ein schwungvoller gebogenes, einteiliges Rohr ersetzt. Außen am Kurbelgehäuse befindet sich der auf dem Ende der Nockenwelle montierte Zündunterbrecher.
Die Vorderradgabel ist im Grunde ein Bauteil vom Fahrrad.

1906–07 EINZYLINDER

TECHNISCHE DATEN
MOTOR/KRAFTÜBERTRAGUNG
Motor: IOE Einzylinder
Hubraum: 440 cm³
Bohrung x Hub: 79,4 x 89 mm
Leistung: ca. 4 PS*)
Gemischbildung: Schebler-Vergaser
Kraftübertragung: **primär** direkter Antrieb, **sekundär** Lederriemen
Bremse: Freilaufbremse hinten
Batterie: 6 Volt trocken
Zündung: Spulenzündung

FAHRWERK/AUFHÄNGUNG
Rahmen: Einschleifen-Stahlrohrrahmen
Federung vorn: Schwingengabel, Doppelfedern
Radstand: 1295 mm
Gewicht: 84 kg
Tankinhalt: 5,7 Liter
Ölvolumen: 1,9 Liter
Bereifung: 28 x 2.25
Höchstgeschwindigkeit: ca. 64 km/h
Lieferbare Farben: Schwarz, »Renault-Grau«
Produziert wurden: 200 Einh.
Preis: US-$ 210**)

*) PS-Angaben sind in der ersten Zeit nicht in kW umrechenbar
**) Preise gelten für die USA

»Bei der Herstellung unserer Motorräder geht es uns nicht darum, wie billig, sondern wie gut wir sie bauen können, und nur die allerbesten Werkstoffe werden in der Fertigung verwendet.«
Arthur Davidson

1906-07 EINZYLINDER

The Motor Company war 1906 zweifellos auf dem Weg zu einem rundum gesunden Unternehmen. Die Jahresproduktion wuchs auf 50 Einheiten an, und auf den Bestellungen erschien die erste wahlweise Lackierung: »Renault-Grau« hieß der letzte Schrei, dekoriert mit roter Tankbeschriftung und roten Zierstreifen.

Mit der neuen Lackierung erschien ein neuer Spitzname, vor allem in der Werbung, für Harley-Davidson Motorräder: »The Silent Gray Fellow« (leiser, grauer Kamerad). Schon damals bemühte sich die Motorradwelt um ihr Ansehen in der Öffentlichkeit, und als verantwortungsvoller Hersteller wollte HD ein Beispiel geben. Die Firma hatte sich schnell vergrößert und war an allen Fronten aktiv: mit der Entwicklung neuer Ideen und Konzeptionen, einer bundesweiten Werbekampagne und ihrem ersten wirklichen Produktionswerk in der Chestnut Street (die später Juneau Avenue heißen würde).

Mit dem Bau von Motorrädern irgendwo im Hinterhof war es nun vorbei, denn das neue Werk bot volle 223 Quadratmeter Produktionsfläche. Doch als die Grundkonstruktion des Gebäudes stand, teilte man den Bauherren mit, daß es nach Einschätzung der damals sehr hochangesehenen Bahninspektoren um rund 30 Zentimeter in das Gebiet der Eisenbahn hineinrage. »Also«, erzählt Walter Davidson, »holten wir uns acht oder zehn kräftige Männer, die den Laden anhoben und ihn einen knappen halben Meter weiterschoben. Damit war der Schaden behoben.«

Das Produkt ließ auch erkennen, daß HD ernsthaft an seiner Verfeinerung arbeitete. Nachdem man sich zunächst einen Namen gemacht hatte für stabilen Maschinenbau und gute Lebensdauer, begann man jetzt, Komfort und Bedienung zu verbessern. Deutlichstes Zeichen dafür war die Einführung der Vorderradfederung in Form einer Gabel Typ Sager-Cushion. Ihre Kurzschwinge mit doppelten Federn ebnete die damaligen schlechten Straßen und ließ weniger Stöße durch, die zuvor noch ungefiltert beim Fahrer angekommen waren.

Mit dem verbesserten Handling kam auch eine entsprechende Leistungssteigerung. 3,2 mm mehr Bohrung brachten den Hubraum auf 440 cm³ und die Spitze auf erfreuliche 64 km/h. Die Produktion sprang 1907 auf 154 Stück. Die Harley-Davidson Motor Company, die mit 18 Beschäftigten einen Umsatz von US-$ 35 000 machte, wurde jetzt amtlich eingetragen.

Arthur und Walter Davidson gaben ihre eigentlichen Jobs auf, um sich voll dem Familienbetrieb widmen zu können. Bald folgte ihnen auch ihr älterer Bruder William und wurde zum Vice-President und Betriebsleiter ernannt. Bill Harley wurde Chief Engineer und Finanzchef, Arthur Davidson Verkaufsleiter und Verwaltungschef und Walter Davidson erster Präsident der Firma.

Von den vier Gründern waren Walter und William Davidson am stärksten technisch orientiert und verfolgten besonders genau die Neuerungen auf dem Gebiet der Fertigung und Montage. Beide gingen nach Chicago, um dort das autogene Schweißen zu lernen. Diese und andere moderne Methoden gaben sie dann an ihre Mitarbeiter weiter. Arthur machte sich daran, ein bundesweites

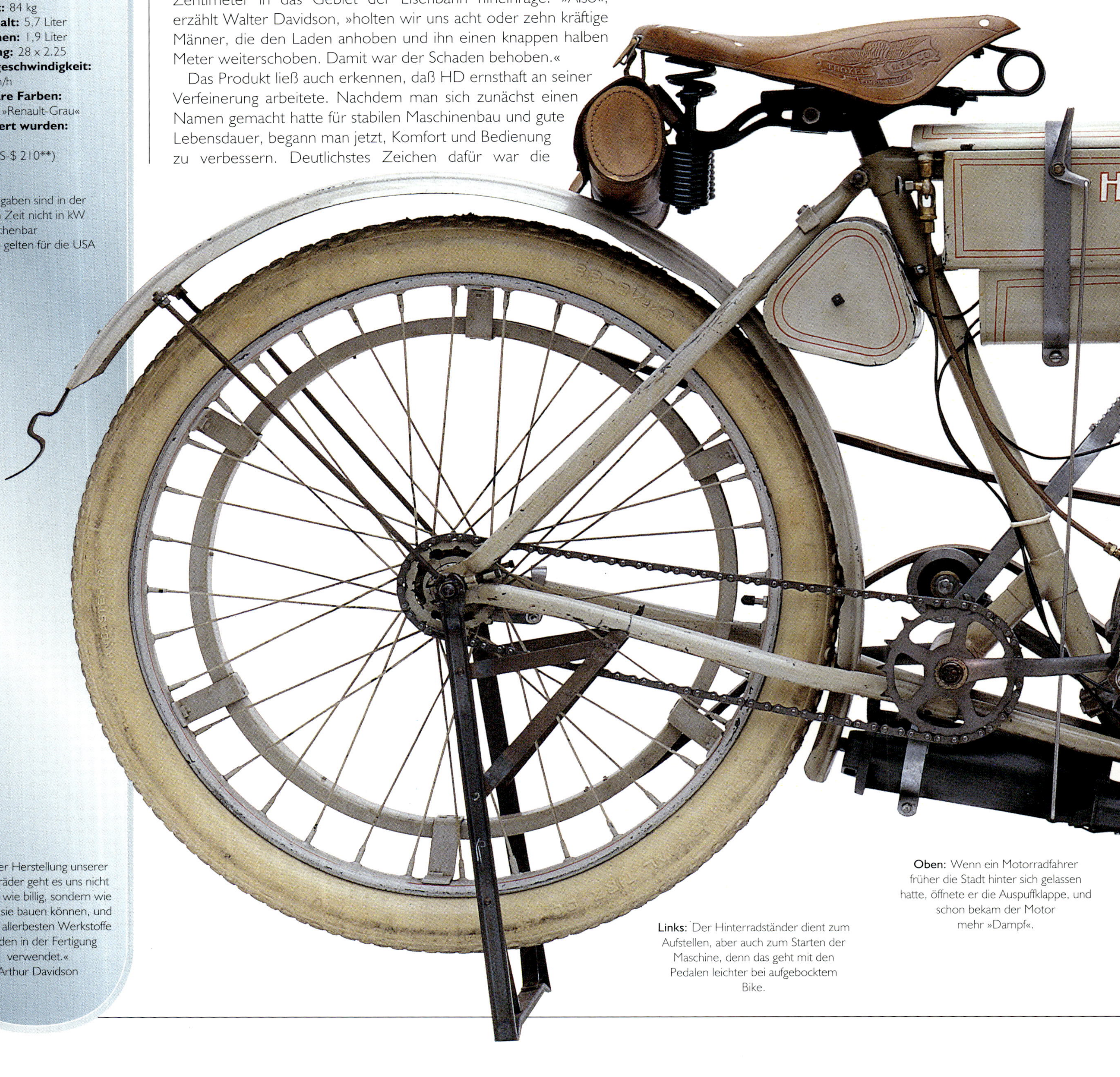

Oben: Wenn ein Motorradfahrer früher die Stadt hinter sich gelassen hatte, öffnete er die Auspuffklappe, und schon bekam der Motor mehr »Dampf«.

Links: Der Hinterradständer dient zum Aufstellen, aber auch zum Starten der Maschine, denn das geht mit den Pedalen leichter bei aufgebocktem Bike.

Vertriebsnetz für die Harley-Davidson aufzubauen, während Bill Harley damit beschäftigt war, den ersten V2-Motor der Firma zu entwerfen.

Doch es war der mittlere der Davidson-Brüder, Walter, der plötzlich ein Talent zu entwickeln schien, durch welches dem jungen Unternehmen bundesweite Anerkennung zuteil werden sollte: Der erste in den USA gebürtige Sohn der schottischen Einwandererfamilie erwies sich als toller Rennfahrer.

Mit 30 startete er bei einem zweitägigen Langstreckenrennen von Chicago nach Kokomo, Indiana, und zurück. Nach über 650 km waren nur noch drei der 27 Fahrer strafpunktfrei, und Walter war dabei. So wurde Dauerhaltbarkeit zu einem wichtigen Thema in den HD-Prospekten, von denen die ersten ebenfalls im Jahr 1907 herauskamen.

Links: Der dreieckige Werkzeugkasten ist in einer Nische des hinteren Rahmenteils untergebracht. Die lederne Packtasche am Sattel ist nicht original.

Oben: Der 32 mm breite Lederriemen überträgt den Antrieb aufs Hinterrad. Die lederbestückte Motor-Riemenscheibe wurde in drei Größen angeboten.

Rechts: Der Einzylinder ist an vier Punkten (auch am Kopf) elastisch am Schleifenrahmen montiert.

Oben: Der federbelastete Riemenspanner ist ein früher Vorläufer der Kupplung; der Betätigungshebel ist am Zylinderfuß gelagert, die Rolle an einem Arm, der unten am Kurbelgehäuse montiert ist.

Links: Die Farbe Renault-Grau wird 1906 zum erstenmal angeboten. Die gefederte Sager-Cushion-Gabel erscheint für den »Silent Gray Fellow« 1907. Die Springer-Gabel mit der Kurzschwinge sollte 46 Jahre in Fertigung bleiben.

Rechts: Die Reifen haben 28 Zoll Außendurchmesser bei 2,25 Zoll Breite.

Einzylinder von 1907
Eigentümer: Gene Calidonna, Seal Beach, Kalifornien

1908 MODEL 4 EINZYLINDER

TECHNISCHE DATEN
MOTOR/KRAFTÜBERTRAGUNG
Motor: IOE Einzylinder
Hubraum: 440 cm³
Bohrung x Hub: 79 x 89 mm
Leistung: ca. 4 PS*)
Gemischbildung: Schebler-Vergaser
Kraftübertragung: primär direkter Antrieb, sekundär Lederriemen
Bremse: Freilaufbremse hinten
Batterie: 6 Volt Trockenzelle
Zündung: Spulenzündung

FAHRWERK/AUFHÄNGUNG
Rahmen: Einschleifen-Stahlrohrrahmen
Federung: Schwingengabel, Doppelfedern
Radstand: 1295 mm
Gewicht: (geschätzt) 84 kg
Tankinhalt: 5,7 Liter
Ölvolumen: 1,9 Liter
Bereifung: 28 x 2.5
Höchstgeschwindigkeit: 64 km/h
Lackierung: Schwarz, »Renault-Grau«
Produziert wurden: 450 Einh.
Preis: US-$ 210**)

*) PS-Angaben sind in der ersten Zeit nicht in kW umrechenbar
**) Preise gelten für die USA

1908 EINZYLINDER (MODEL 4)

Inzwischen beschäftigte die Harley-Davidson Motor Company 18 Vollzeit-Mitarbeiter. Bill Harley war mit seinen Entwürfen für einen V2-Motor offenbar weiter vorangekommen.

Offiziell erschien die Harley-Zweizylinder erst 1909. Doch irgendwie erwischte ein gewisser Harvey Bernard schon 1908 einen solchen Motor und baute ihn in einen vorhandenen Rahmen ein. Allgemein bekannt wurde dies erst, als Harvey in Algonquin (Illinois) im Juli ein Bergrennen gewann. Da man sich in Milwaukee über diese Sache ausschwieg, blieb die Story von Harvey Bernard und seinem Hinterhof-Racer bis heute im Dunkeln.

Aus dieser Zeit stammt auch das erste Nummernsystem für die HD-Modelle. Im Jahr 1904 als dem Basis-Produktionsjahr wurde mit Null begonnen, so daß das 1908er Modell die Ziffer 4 und das 1909er die Ziffer 5 erhielt. Die Maschinen von 1903-08 bezeichnet das Werk als 19— Singles (Einzylinder).

Die neue Fabrik, ein Backsteinbau, wuchs und wuchs. 1908 konnte die Produktion mit 450 gefertigten Einheiten verdreifacht werden. An technischen Verbesserungen gab es eine Stahlkappe für den Schaft des Auslaßventils zur Erleichterung der Ventileinstellung, eine stabilere Vorderradgabel, größere Kotflügel und 6 mm breitere Reifen. Der Preis war nach wie vor 210 Dollar.

Doch die große Neuigkeit des Jahres 1908 war Walter Davidsons Erfolg beim nationalen FAM-Langstreckenrennen. Das von der Federation of American Motorcyclists ausgeschriebene Rennen führte am ersten Tag, dem 29. Juni, über 282 km von Catskill (New York) nach New York City. Unter den 61 Startern mit 17 verschiedenen Marken waren fünf Harley-Davidsons; Walter hatte die Nummer 35.

Später stellte sich heraus, daß viele Teilnehmer von Pkws mit Ersatzteilen unterstützt wurden. Walter selbst hatte kein Material dabei, beendete die erste Etappe aber fehlerfrei. Am zweiten Tag ging es mit einem auf 46 Fahrer reduzierten Feld auf die 306 km lange Long-Island-Runde, wieder ohne Punktverlust. Davidson beendete den Wettbewerb mit der Höchstzahl von 1000 Punkten und erhielt die Diamantmedaille für Beständigkeit und Zuverlässigkeit.

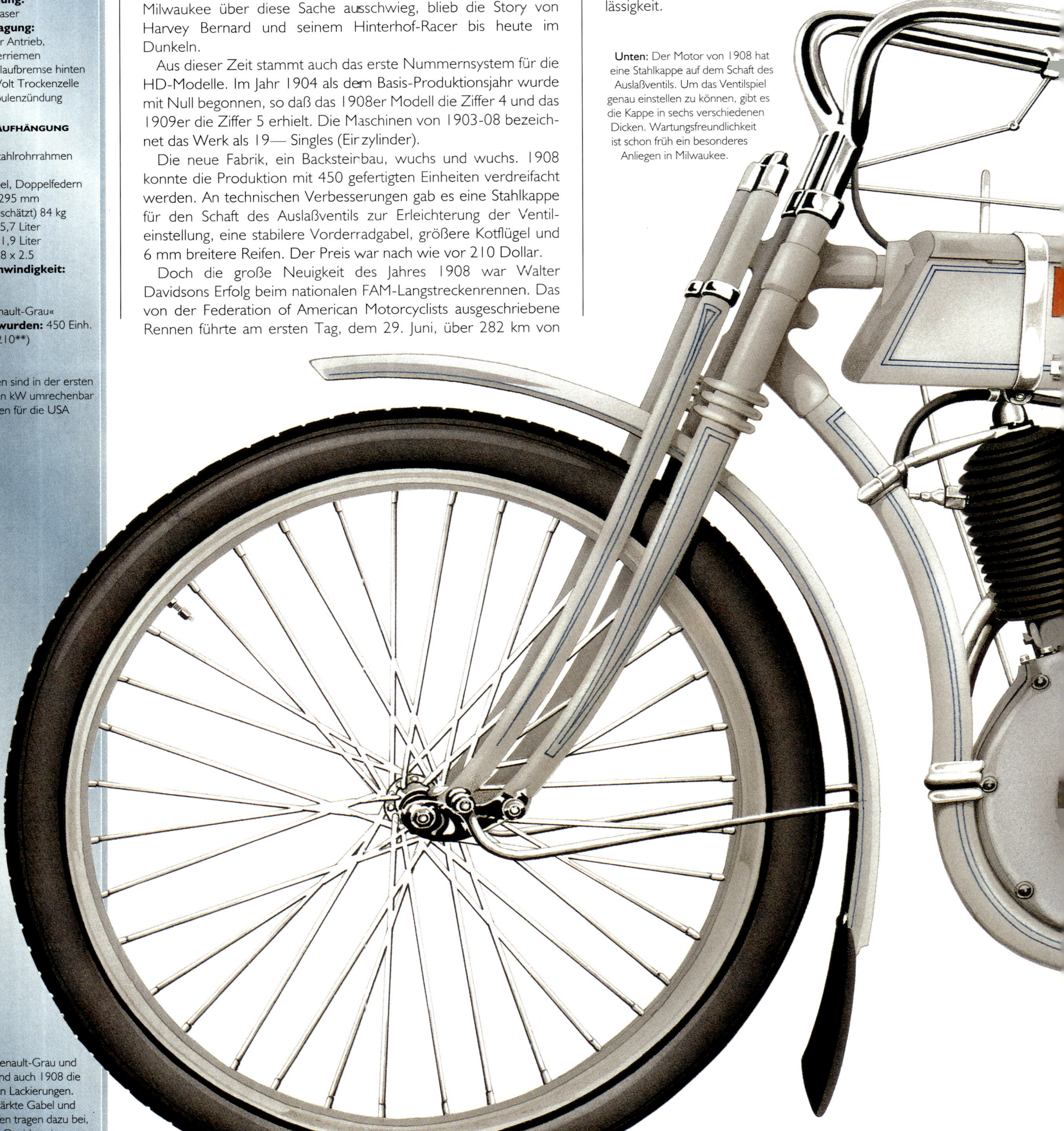

Unten: Der Motor von 1908 hat eine Stahlkappe auf dem Schaft des Auslaßventils. Um das Ventilspiel genau einstellen zu können, gibt es die Kappe in sechs verschiedenen Dicken. Wartungsfreundlichkeit ist schon früh ein besonderes Anliegen in Milwaukee.

Rechts: Renault-Grau und Schwarz sind auch 1908 die lieferbaren Lackierungen. Eine verstärkte Gabel und breitere Reifen tragen dazu bei, daß Harley-Davidson immer mehr für kraftvolle, zuverlässige Maschinen bekannt wird.

Rechts: Die Motorradfachpresse wird auf Walter Davidson durch dessen perfektes Abschneiden bei der New Yorker Langstreckenfahrt aufmerksam. Im Jahr darauf steigt der Absatz auf fast das Dreifache.

Durch diesen Harley-Erfolg stieg der Absatz um die Jahresmitte stark an. 1908 konnten insgesamt 450 Maschinen, im Jahr darauf mehr als 1100 und 1910 sogar volle 3100 Stück verkauft werden. Milwaukee hatte die ersten Hürden genommen und ging guten Zeiten entgegen.

Trotz der steigenden Verkaufszahlen war man sich in der Firma klar darüber, daß man im Wettbewerb mit den Zwei- und Vierzylindern auf dem Markt schon bald eine stärkere Maschine brauchen werde. Indian, Excelsior, Merkel, Peugeot, Thor, Minerva und Reading-Standard boten Zweizylindermodelle an, und die in den USA gerade sehr beliebten »Board-Track«-Rennen (Rundrennen auf steilwandigen hölzernen Bahnen) sorgten für große Popularität dieser Marken. Bill Harley hatte sein Universitätsstudium beendet und sich jetzt mit aller Kraft an die Fertigstellung des V2-Motors gemacht, der dann 1909 erschien. Amerikaner wollten mehr PS, um Berge zu erklettern, Mitfahrer zu transportieren und Seitenwagen zu ziehen. Und natürlich auch, um schneller zu fahren.

1908 war also ein wichtiges Jahr in der Harley-Geschichte gewesen. Die Gründer waren mit ihrer Methode der umsichtigen, wohlbedachten Entscheidungen gut gefahren, ohne übereilte, ungenügend erprobte Entwicklungen einzuführen.

Doch trotz Harvey Bernards frühem Erfolg mit dem mysteriösen V2-Prototyp kam das neue Serienmodell im folgenden Jahr nicht besonders gut an. Das wiederum zwang aber die Leute in Milwaukee, sich entsprechend mehr um Design und Technik des Projekts zu bemühen.

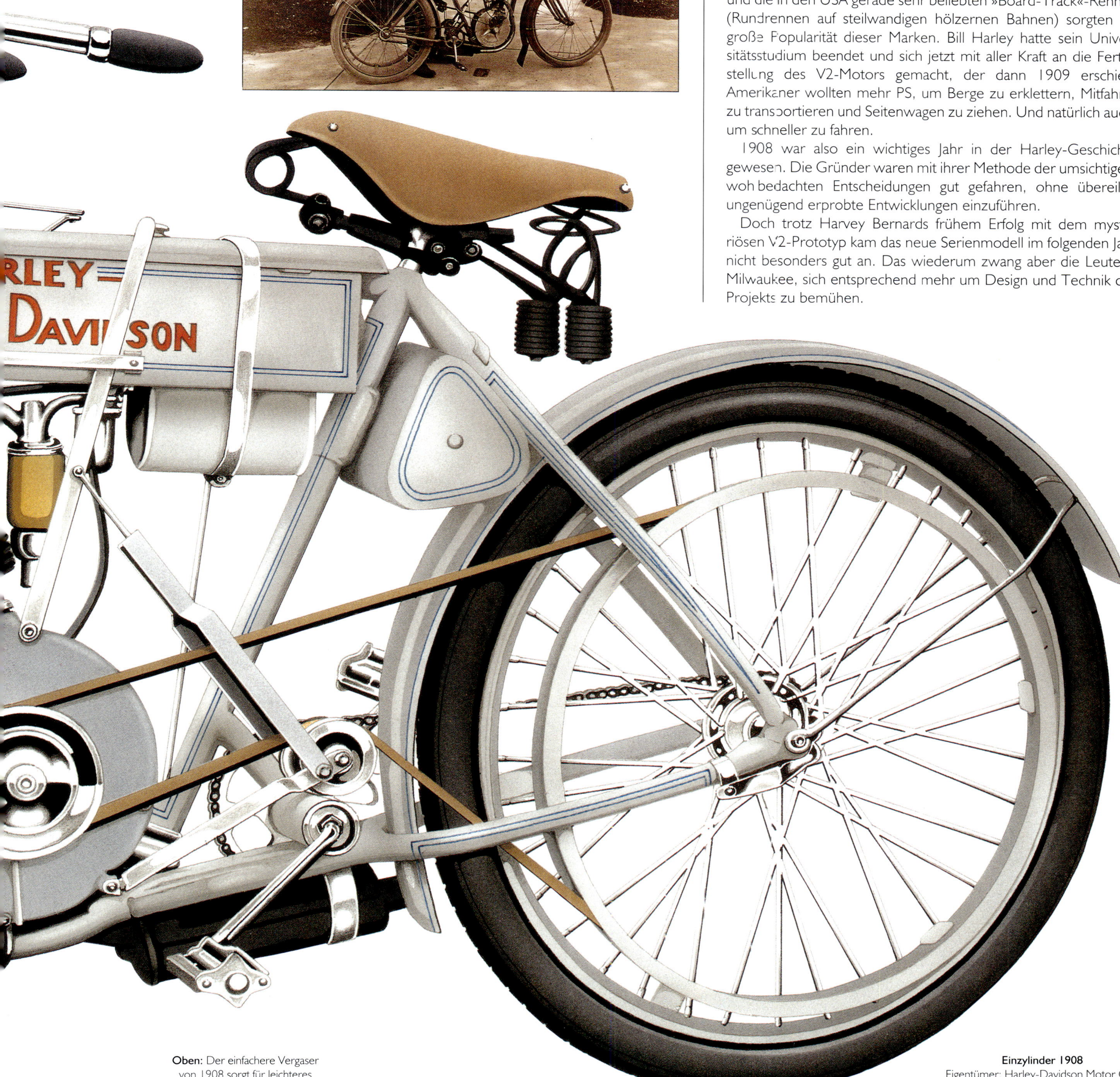

Oben: Der einfachere Vergaser von 1908 sorgt für leichteres Anspringen und runderen Motorlauf. An der Spannvorrichtung des Treibriemens wird der Federmechanismus weggelassen. Ankurbeln mit den Pedalen ist immer noch der normale Anlaßvorgang.

Einzylinder 1908
Eigentümer: Harley-Davidson Motor Co., Milwaukee, Wisconsin.
Illustration nach Fotos der HD-Archive.

1909 MODEL 5A EINZYLINDER

Technische Daten
Motor/Kraftübertragung
Motor: IOE Einzylinder
Hubraum: 494 cm³
Bohrung x Hub: 84 x 89 mm
Leistung: 4,3 PS
Gemischbildung: Schebler-Vergaser
Kraftübertragung: **primär** direkter Antrieb **sekundär** Lederriemen
Bremse: Freilaufbremse hinten
Batterie: 6 Volt trocken
Zündung: Spulen- oder Magnetzündung

Fahrwerk/Aufhängung
Rahmen: Einschleifen-Stahlrohrrahmen
Federung vorn: Schwingengabel, Doppelfedern
Radstand: 1435 mm
Gewicht: 107 kg
Tankinhalt: 5,7 Liter
Ölvolumen: 1,9 Liter
Bereifung: 28 x 2.5
Höchstgeschwindigkeit: ca. 72 km/h
Lieferbare Farben: Schwarz, »Renault-Grau«
Produziert wurden: 54 Einh. (gesamt: 1222 Ein- und 27 Zweizylinder)
Preis: US-$ 210 (Batterie-) und US-$ 250 (Magnetzündung)

Oben: Der »Kupplungshebel« hat einen gefederten Druckknopf und kann eingerastet werden. Löst man ihn, sorgt eine Feder für konstante Riemenspannung. Bei der neuen vereinfachten Ausführung liegen Antriebs- und Spannerscheibe enger beisammen.

Oben: Hinter dem schrägliegenden Deckel befinden sich vier Zahnräder, die von der Kurbelwelle aus den Magnetzünder antreiben. Die neue Zylinderform läßt die ausströmenden Gase direkter austreten, zusätzliche Rippen ergeben ein kühleres Auslaßventil, das länger hält.

MODEL 5 (1909)

Nach fünf Jahren im Motorradgeschäft schickte sich Harley-Davidson an, zum führenden Unternehmen der Branche zu werden. Das Zusammenwirken von vorsichtiger, bedachter Weiterentwicklung, einem zuverlässigen Händlernetz und wachsender Werbeaktivität begannen sich auszuzahlen.

Die Einzylindermaschine, jetzt Model 5 genannt, war das Standardmodell; mit Batteriezündung und 28-Zoll-Reifen kostete es weiterhin 210 Dollar. Die 5A (Fotos), ausgestattet mit Bosch-Magnetzündung, war um stramme 40 Dollar teurer, und nur 54 Stück wurden gefertigt. Das Werk bot auch B- und C-Modelle (Batterie oder Magnet) mit 26-Zoll-Reifen für Leute mit kürzeren Beinen an.

Der Motor war etwas kräftiger geworden. Mit 84 x 89 mm Bohrung und Hub und 494 cm³ Hubraum leistete er nun 4,3 PS, und die Spitze lag bei 72 km/h.

Die große, wenn auch nicht unbedingt gute Neuigkeit war das Erscheinen des lange erwarteten V2-Motors. Der Twin mit 45° V-Winkel besaß kräftigere Pleuellager und einen von der Kurbelwelle angetriebenen Magnetzünder. Aus 76 x 89 mm Bohrung und Hub ergab sich ein Volumen von 810 cm³. Mit 7 PS schaffte die 5D angeblich 105 km/h.

Doch zum Preis von US-$ 325 und ohne Riemenspanner ging dieses Modell nicht so gut wie man in Milwaukee gehofft hatte. Die Maschine sprang schwer an, und die atmosphärischen Einlaßventile vertrugen sich nicht mit dem Kurbelgehäusedruck eines V2-Motors. Nur 27 Stück wurden gefertigt, und lediglich von zweien weiß man, daß sie heute noch existieren.

Den Löwenanteil der Produktion, über 1030 Einheiten, brachte 1909 der Einzylinder mit Batteriezündung. Mit Magnet wurden dagegen nur 90 Maschinen produziert.

Die Hebel und Gestänge für Gas und Frühzündung hatte man durch Bowdenzüge im Lenker ersetzt, und der Öltank war nicht mehr am Tank angeschnallt. Der neue Rahmen mit zwei horizontalen Rohren erlaubte einen gemeinsamen, zweigeteilten Tank für 5,7 Liter Benzin und 1,9 Liter Öl. Letzteres erhielt der Motor über eine Tropfleitung mit Schauglas. Der Radstand war infolge des sperrigen V2 auf 1435 mm angewachsen.

Die Motorräder aus Milwaukee erhielten 1909 auch ein leicht geändertes Styling: Der längere Tank lief an beiden Enden spitz zu und endete am hinteren senkrechten Rahmenrohr. Im Raum zwischen Hinterkotflügel und Rahmen befand sich ein Behältnis für Werkzeug und Zubehör. Die Maschinen wurden weiterhin in »Renault-Grau« oder Schwarz angeboten.

Oben: Auf freier Strecke konnte man früher die Auspuffklappe öffnen, damit der Motor noch etwas zulegte.

1909 5A
Eigentümer: Joy Baker, Vallejo, Kalifornien;
Restaurator: Marv Baker

1909 5D
Eigentümer: Harley-Davidson Motor Co.
Milwaukee, Wisconsin
Foto: Ron Hussey

Unten: Harleys erster V2 erntet wenig Erfolg. 1911 erscheint eine Neuauflage.

Oben: Die damalige Beleuchtung reicht gerade aus, um vom ankommenden Verkehr gesehen zu werden. Scheinwerfer gibt's nicht.

Oben: Der neue Tank läuft nach hinten spitz zu und schließt mit dem Rahmen glatt ab. Das Ölreservoir sitzt links, der Rest ist der Benzinbehälter.

Links: Die Lichtquelle ist eine Karbidlampe; Karbidstückchen produzieren in Verbindung mit Wasser Acetylengas, aber die Leuchtkraft ist gering.

1911 MODEL 7D

Technische Daten
Motor/Kraftübertragung
Motor: IOE V2, 45°
Hubraum: 810 cm³
Bohrung x Hub: 76 x 89 mm
Leistung: ca. 6,5 PS
Gemischbildung:
Schebler-Vergaser
Kraftübertragung:
primär direkter Antrieb, sekundär Lederriemen 44 mm breit
Bremse: Freilaufbremse hinten
Zündung: Bosch-Magnetzünder

Fahrwerk/Aufhängung
Rahmen:
Einschleifen-Stahlrohrrahmen
Federung:
Schwingengabel, Doppelfedern
Radstand: 1435 mm
Tankinhalt: 9,5 Liter
Ölvolumen: 3,8 Liter
Bereifung: 28 x 2,5
Höchstgeschwindigkeit:
97 km/h
Lackierung: »Renault-Grau«
Produziert wurden:
nicht bekannt
Preis: US-$ 300

MODELS 7 UND 7D (1910-11)

In das Jahr 1910 gingen die Einzylinder fast unverändert; nur daß jetzt eine Zusatzeinrichtung erlaubte, den Motor ohne Auskuppeln des Riementriebs im Leerlauf tuckern zu lassen. Auch die Lackierung in Schwarz gab es nicht mehr; alle »Silent Gray Fellows« erschienen nun wirklich in Grau. Der V2 war nicht in Produktion, er sollte ein Jahr später überarbeitet wieder erscheinen.

Zwar war man in Milwaukee enttäuscht über das schwache Abschneiden des ersten Zweizylinders, doch insgesamt war 1910 dennoch kein schlechtes Jahr. Die Fabrik war auf rund 930 Quadratmeter Fläche gewachsen, man beschäftigte 149 Mitarbeiter, und die Produktion hatte sich nahezu verdreifacht.

Vier Jahre lang hatte es keine Preiserhöhung gegeben, doch 1910 erschien zum erstenmal ein Sondermodell im Programm: Ein Serien-Rennmodell 6E wurde zu 275 Dollar angeboten. Einige 6E-Exemplare, Prototypen des überarbeiteten Zweizylinders, wurden an treue Kunden für Rennzwecke verkauft.

Seit vier Jahren hatten Rennfahrer und rennbegeisterte Händler Milwaukee in den Ohren gelegen, doch endlich ein Wettbewerbsmodell zu bauen. Um 1909 gab es in den USA einen Boom der Rennszene, der allüberall Board-Track-Arenen aus dem Boden wachsen ließ. Selbst auf Pferderennbahnen wurden die stinkenden, ratternden Zweiräder geduldet.

Etwa ein halbes Dutzend Hersteller fertigten inzwischen Einzylinder- oder V2-Rennmaschinen, von denen einige große Erfolge und dementsprechende Publicity erzielten. Ganz vorn lagen dabei Indian, Excelsior, Cyclone, Thor und Merkel, und ein paar europäische Marken wie JAP und NSU brachten einen internationalen Touch in die Szene.

Die konservativeren unter den HD-Managern (Arthur und Walter Davidson) hielten nichts von einem werksseitig unterstützten Rennteam. Unter dem Druck der Kunden und der Argumente Bill Harleys und William Davidsons aber entstand schließlich doch eine limitierte Serie von Rennmaschinen für den Verkauf an Privatfahrer. Doch nur wenige der 3168 gefertigten Maschinen des Jahrgangs 1910 waren Racer, und Zweizylinder kamen nicht in den Verkauf.

1911 aber kam die überarbeitete V-Twin neu heraus. Zwar betrug ihr Hubraum weiterhin 810 cm³, doch sie hatte jetzt mechanisch betätigte Einlaßventile und einen Riemenspanner. Als Leistung wurden 6,5 PS angegeben, wenig mehr als 2 PS über derjenigen des Einzylinders. Und die Köpfe sowohl der Ein- wie der Zweizylinder waren nun senkrecht anstatt waagerecht verrippt. Der Rahmen der neuen V2 war verstärkt und etwas niedriger als der bisherige, und bei beiden Modellen verlief das vordere Vertikalrohr jetzt im oberen Teil gerade. Zwar waren die Maschinen zur Gänze grau lackiert, doch aus den schmalen Zierlinien von früher waren breite Zierstreifen in Rot oder Dunkelgrau geworden.

Rechts: 1911 sind Reifen und Riemen ein Stück breiter geworden. Der Rücktritt im Freilauf ist nach wie vor die einzige Bremse. Beim neuen Rahmen ist das Tretlager weiter nach vorn gerückt.

Oben: Die senkrechte Verrippung des Zylinderkopfs ergibt bessere Kühlung. Der im Gegensatz zum ersten V2 jetzt hinter den Zylindern angeordnete Zündmagnet wird vom Steuerkasten aus über Zahnräder angetrieben.

1911 Model 7
Eigentümer: Jeff Gilbert, Los Angeles; Restaurator: Mike Parti.

Oben: Die Einzylindermaschine wird damals mit 26- oder 28-Zoll-Rädern und wahlweise mit Batterie- oder Magnetzündung angeboten.

Oben: Jahr für Jahr interessierten sich mehr Reifenhersteller für die wachsende Motorradindustrie. Zu dieser Zeit konkurrieren Goodyear, Firestone, U.S. und Empire um Werksverträge.

In den Werksarchiven finden sich keine Produktionszahlen für das Jahr 1911; eine Überschwemmung hatte damals viele Unterlagen vernichtet. Man darf aber annehmen, daß wenigstens 3500 Einheiten gefertigt wurden. Nicht bekannt ist, wieviele davon V2-Modelle waren.

Offenbar stellte die Neuausgabe der Twin mit der Bezeichnung 7D einen wesentlichen Fortschritt gegenüber der 1909er Version dar. Sie war stabiler, niedriger, leistungsfähiger, lief runder und war besser zu fahren. Doch mit 300 Dollar schreckte ihr Preis viele Kunden ab, die unter mehreren anderen, bewährten Zwei- oder gar Vierzylindern mit größerem Hubraum für weniger Geld wählen konnten. Die Konkurrenz am Markt wurde schärfer.

Dann, um die Jahresmitte, überraschte Indian die ganze Motorradszene mit einem 1-2-3-Sieg bei der international hoch angesehenen TT auf der Isle of Man. Damit wuchs bei Harley-Davidson mit einem Schlag der Druck von innen und außen, ein Hochleistungsfahrzeug zu bauen. Mehr Leistung! lautete die Devise, und Kettenantrieb, um die PS auch auf die Straße zu bringen. 1912 würde man sehen...

Oben: An Twins und Singles hat der hintere Kotflügel links eine Abdeckung, um den Riementrieb vor Wasser und Schmutz zu schützen. Der Riemenspanner ist noch einfacher geworden, und die Spannrolle liegt näher an der Antriebsscheibe.

1911 Model 7D
Eigentümer: Dave Bettencourt, Gilroy, Kalifornien; Restaurator: Brad Wilmarth.

Oben: Durch das gerade vordere Vertikalrohr wird der Rahmen versteift. Die Gewichtsverteilung zwischen den Rädern ist unverändert geblieben, doch auf dem neuen Rahmen sitzt der Fahrer weiter vorn.

1912 MODEL X8D UND E

Technische Daten
Motor/Kraftübertragung
Motor: IOE V2, 45°
Hubraum: 1044 cm³
Bohrung x Hub: 89 x 84 mm
Leistung: 8 PS
Gemischbildung: Schebler-Vergaser
Kraftübertragung: primär direkter Antrieb, sekundär Riemen (8XD) bzw. Kette (8XE)
Kupplung: Hinterradnabe
Bremse: Freilaufbremse hinten
Zündung: Bosch-Magnetzünder

Fahrwerk/Aufhängung
Rahmen: Einschleifen-Stahlrohrrahmen
Federung: Schwingengabel, Doppelfedern; gefederter Sattelträger
Radstand: 1435 mm
Gewicht: 142 kg
Tankinhalt: 9,5 Liter
Ölvolumen: 3,8 Liter
Bereifung: 28 x 2.5
Höchstgeschwindigkeit: 105 km/h
Lackierung: »Renault-Grau«
Produziert wurden: 1616 Einh.
Preis: US-$ 285

1912 MODEL X8A

Technische Daten
Motor/Kraftübertragung
Motor: IOE Einzylinder
Hubraum: 522 cm³
Bohrung x Hub: 89 x 84 mm
Leistung: 4,3 PS
Gemischbildung: Schebler-Vergaser
Kraftübertragung: primär direkter Antrieb, sekundär Riemen
Kupplung: Hinterradnabe
Bremse: Freilaufbremse hinten
Zündung: Bosch-Magnetzünder

Fahrwerk/Aufhängung
Rahmen: Einschleifen-Stahlrohrrahmen
Federung: Schwingengabel, Doppelfedern; gefederter Satteltrâger
Radstand: 1435 mm
Gewicht: 111 kg
Tankinhalt: 9,5 Liter
Ölvolumen: 3,8 Liter
Bereifung: 28 x 2.5
Höchstgeschwindigkeit: 80 km/h
Lackierung: »Renault-Grau«
Produziert wurden: 545 Einh.
Preis: US-$ 225

Rechts: »Unsere Behauptung, die Harley-Davidson sei das sauberste, leiseste, komfortabelste und wirtschaftlichste Motorrad, das gebaut wird, mag etwas großspurig klingen, läßt sich aber leicht beweisen. Die enorme Sauberkeit kommt daher, daß alle zu schmierenden Teile gekapselt sind.«

MODEL 8 UND X8 (1912)

Die Ereignisse des Jahres 1911 ließen das folgende Jahr zu einem besonderen für die Motorradindustrie werden – nicht unbedingt in bezug auf Produktionszahlen, sondern im Hinblick auf große Veränderungen, die richtungweisend für die Zukunft werden sollten.

Der rennbedingte Auftrieb hatte schon 1910 begonnen, als Milwaukee anfing, mit Erfolgen von Privatfahrern zu werben. Eine Anzeige wies z.B. auf die HD-Einzylinder hin, die im Straßenrennen Denver–Greeley den Ersten und Zweiten gemacht hatten: »Sie schlugen die schnellsten Zweizylinder um fast zehn Minuten.«. Und die Überschrift lautete: »Die Harley-Davidson schneidet gut ab, weil sie gut gebaut ist.« Die Straße von Denver nach Greeley war zu jener Zeit gewiß keine Autobahn, und hohes Tempo zählte nur, wenn der Motor nicht sauer und der Fahrer nicht abgeschüttelt wurde. Deshalb ging es damals vor allem um beständige, verläßliche Leistung und stabile Bauweise, und Milwaukee konnte mit Recht stolz darauf sein.

Durch Indians Vorjahrserfolge angespornt, baute HD für 1912 eine Menge Verbesserungen in ihre Modelle ein. (Es sei hier angemerkt, daß Indian allen Konkurrenten bei der 1911er TT technisch überlegen war. Die meisten von ihnen hatten immer noch einen direkten Riementrieb, während die Einliter-Indian V-Twin

Oben: Der Handhebel links am Tank betätigt HD's erste Kupplung, die noch in der Hinterradnabe angeordnet ist.

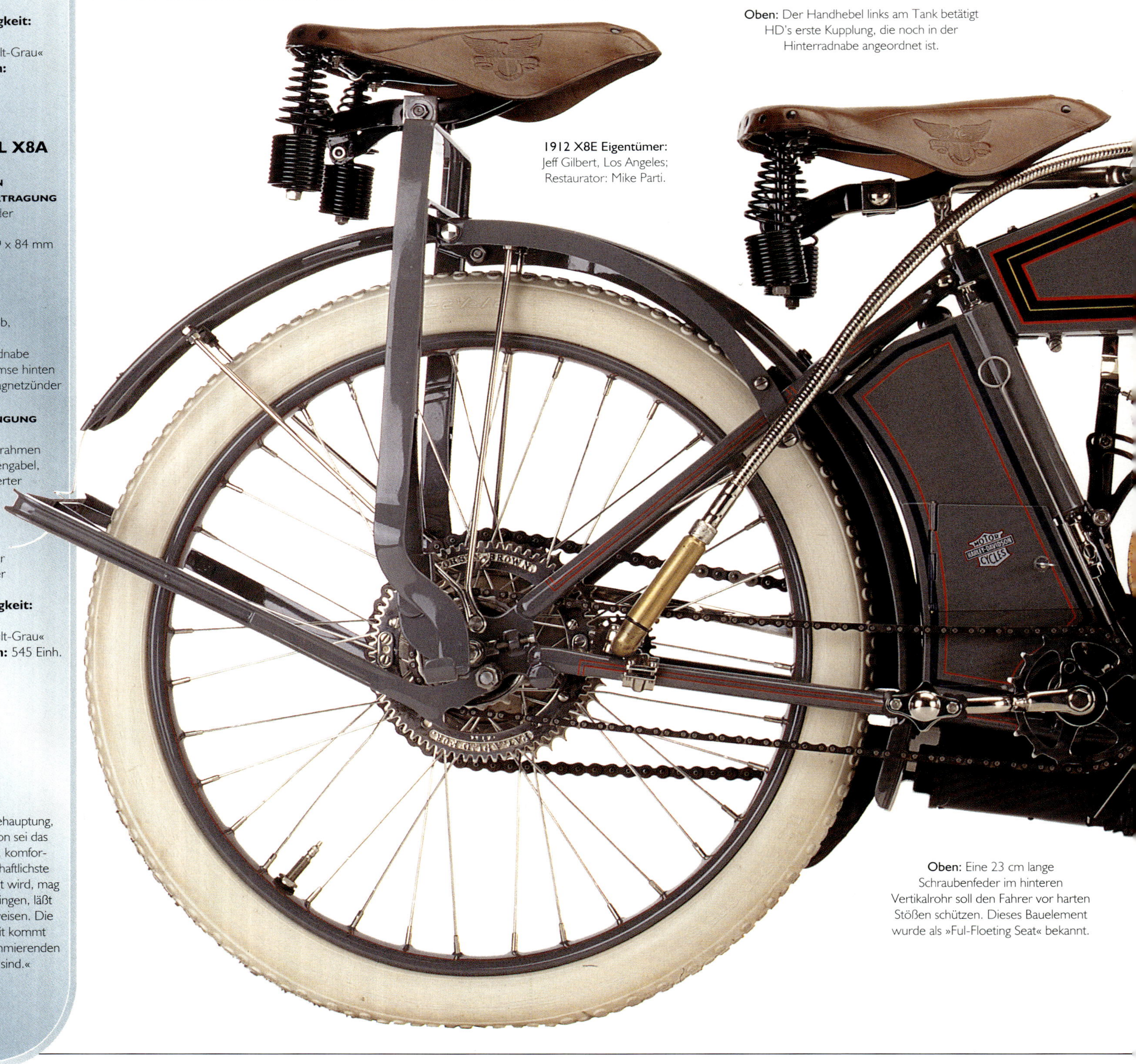

1912 X8E Eigentümer: Jeff Gilbert, Los Angeles; Restaurator: Mike Parti.

Oben: Eine 23 cm lange Schraubenfeder im hinteren Vertikalrohr soll den Fahrer vor harten Stößen schützen. Dieses Bauelement wurde als »Ful-Floeting Seat« bekannt.

1912 8A Eigentümer: Otis Chandler, Ojai, Kalifornien; Restaurator: Jerry Sewell.

Oben: Der Einzylinder wird erst ein Jahr später ein mechanisch betätigtes Einlaßventil erhalten. Einzylinder gibt es mit und ohne die Radnabenkupplung (»Free wheel control«).

Zweiganggetriebe und Kettentrieb besaß und für die harte 60-km-Rundstrecke somit viel besser gerüstet war.) Der Rahmen der neuen Harley-Davidson war niedriger geworden durch Verkürzen des hinteren Vertikalrohrs und Abwinkeln des oberen Querrohrs vor dem Sattel. Der Fahrer saß nun näher zur Mitte der Maschine und erreichte den Lenker besser.

Der Komfort wurde deutlich verbessert durch die Einführung des sog. »Ful-Floeting Seat« und durch Kute Speling. In das hintere vertikale Rahmenrohr baute man eine 230 mm lange Schraubenfeder unter dem Sattelträger ein. Der Sattel selbst war auch weiterhin gefedert, doch jetzt verfügte das Ganze über zehn Zentimeter Federweg. Der neue Rahmen beeinflußte nicht nur die Fahreigenschaften der Maschine positiv, auch der Fahrer hatte bessere Chancen, bei hohem Tempo oben zu bleiben.

Und das Tempo war enorm gestiegen, denn der V2 mit seinem über ein Liter großen Hubraum leistete nahezu 8 PS. Dieses Modell war zwar etwas teurer als die Standardausgabe mit 6,5 PS, doch es besaß auch die erste Kupplung, die HD anbot. Die »Free wheel control«, entwickelt von William Harley und seinem Kollegen Henry Melk, war eine Kupplung in der Hinterradnabe, die von einem Handhebel an der linken Tankseite betätigt wurde. (Der Buchstabe »X« in der Modellbezeichnung wies auf diese Kupplung hin.) Außerdem hatte der Kunde erstmals die Wahl zwischen Riemen- (8D und X8D) und Kettenantrieb (X8E) des Hinterrads.

Und das war noch nicht alles. Die Tretkurbel war jetzt mit Exzentern am Rahmen montiert, so daß man die von den Pedalen zum Hinterrad führende Kette unabhängig vom Motorantrieb, also ohne das Hinterrad zu berühren, nachspannen konnte.

Die neue Big Twin war auch Harleys erstes Modell mit Pendelkugellagern an der Kurbelwelle und rollengelagerten Pleueln. Der Motor besaß ferner eine Kurbelgehäuseentlüftung mit Öler für den Primärkettentrieb. In Milwaukee begann sich der Hochleistungs-Motorenbau anzukündigen.

Schließlich gab es auch eine formgestalterische Entwicklung der Motorräder.

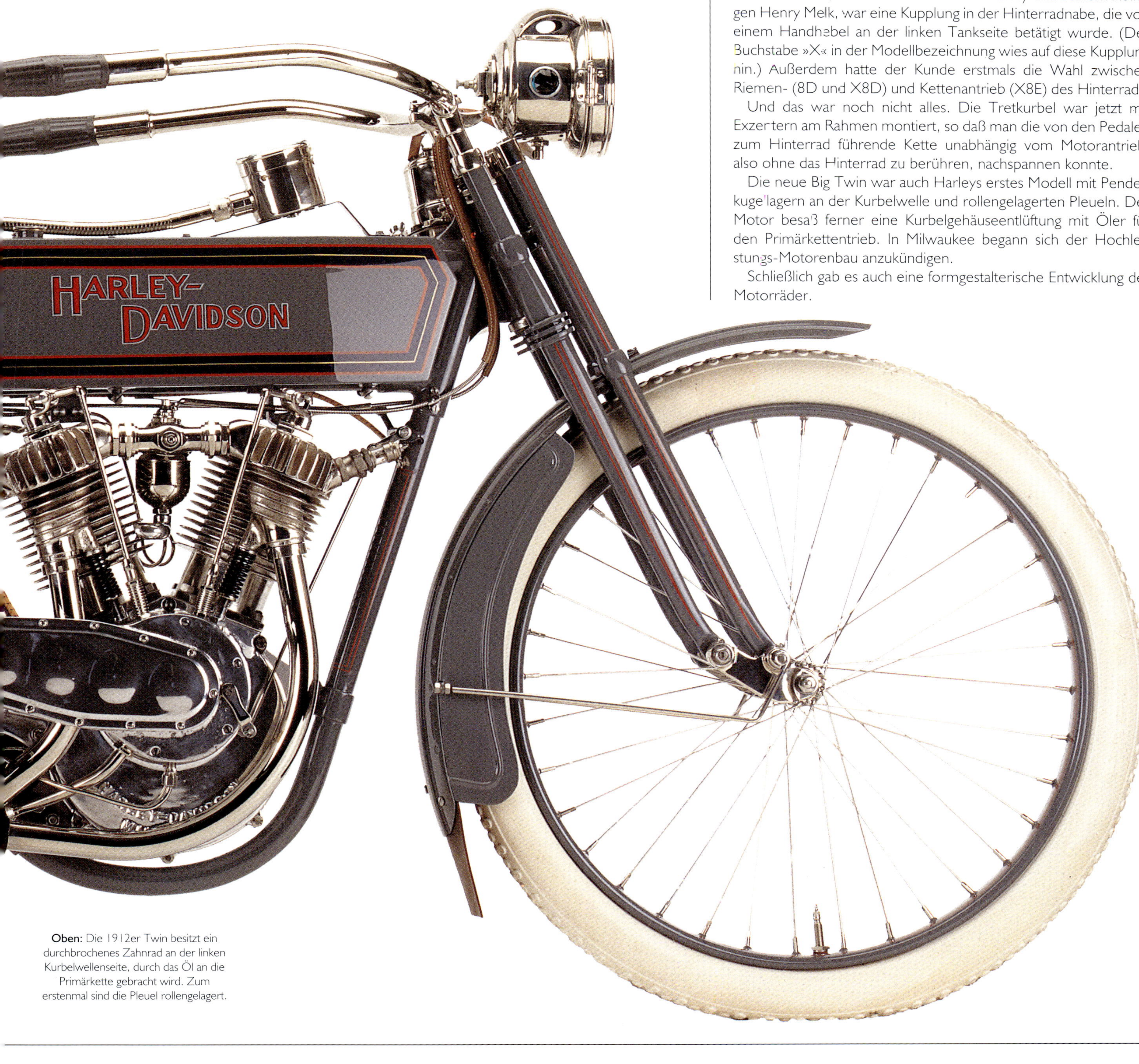

Oben: Die 1912er Twin besitzt ein durchbrochenes Zahnrad an der linken Kurbelwellenseite, durch das Öl an die Primärkette gebracht wird. Zum erstenmal sind die Pleuel rollengelagert.

1913 MODEL 9A

TECHNISCHE DATEN
MOTOR/KRAFTÜBERTRAGUNG
Motor: IOE Einzylinder
Hubraum: 565 cm³
Bohrung x Hub: 84 x 102 mm
Leistung: 4,5 PS
Gemischbildung: Schebler-Vergaser
Kraftübertragung:
primär direkter Antrieb
sekundär Riemen (9A), Kette (9B)
Bremse: Freilaufbremse hinten
Zündung: Bosch-Magnetzünder

FAHRWERK/AUFHÄNGUNG
Rahmen: Einschleifen-Stahlrohrrahmen
Federung vorn: Schwingengabel, Doppelfedern
Radstand: 1435 mm
Gewicht: 143 kg
Tankinhalt: 5,7 Liter
Ölvolumen: 3,3 Liter
Bereifung: 28 x 2.75
Höchstgeschwindigkeit: 80 km/h
Lieferbare Farben: »Renault-Grau«
Produziert wurden: 1510 Einh.
Preis: US-$ 290

MODEL 9 (1913)

Obgleich die neue V2-Maschine im Jahr 1912 den Einzylinder übertrumpfen konnte, war der billigere Single immer noch ein wichtiger Faktor im HD-Programm. Wohlstand hin und Wohlstand her: Nicht jeder konnte sich die große Version leisten, und die kleinere war schließlich auch zuverlässig und strapazierfähig.

Und sie wurde auch größer: Für 1913 kündigte Harley-Davidson ein neues Modell an, das dann »5–35« genannt wurde, 5 PS/35 Kubikzoll (565 cm³). Der Preis stieg auf 290 Dollar für Riemen- (9A) wie für Kettenantrieb (9B) und lag damit nur noch 60 Dollar unter dem der V2 (9E). Deren rasch ansteigende Beliebtheit hatte den Preis nämlich bald von 285 auf 350 Dollar hochgetrieben.

Natürlich hatte die Single auch von der Entwicklungsarbeit am großen Bruder profitiert; erwähnenswert das mechanisch betätigte Einlaßventil, der leichtere Kolben und die verbesserte Gemischbildung. Das Werk wuchtete jetzt auch Kurbelwelle, Pleuel und Kolben gemeinsam und erreichte damit einen ruhigeren Motorlauf.

Als Lackierung blieb nur Grau, und alle Modelle wurden mit Rädern 28 x 2.75 ausgerüstet. Die Single hatte weiterhin ihr Motoröl in einem Teil des Tanks, und auch die Fahrradpedale blieben, doch jetzt saß bei ihr die Kupplung in der Hinterradnabe. Das Anlassen geschah immer noch mit den Pedalen, während die Maschine auf dem Hinterradständer stand, oder einfach durch Anschieben.

Die neue 5–35 behauptete sich schon bald auf der Straße und in Amateurrennen im ganzen Land, und die Einliterversion des Zweizylinders hatte 1912 ebenfalls einige größere Wettbewerbe gewinnen können. Harley-Fahrer siegten beim Bakersfield- und beim San-José-Straßenrennen und wurden 1., 2. und 3. in einem 1913er Rennen von Harrisburg nach Philadelphia und zurück.

Bill Harley plante, Bill Ottaway als Rennleiter und dazu eine geeignete Rennmannschaft zu engagieren. Ottaway hatte als Entwicklungsingenieur an den Thor Motorcycles gearbeitet, die von der Firma Aurora Automatic Machine Tool Company in Aurora, Illinois, hergestellt wurden. Er hatte sich den Einliter-V2-Rennmaschinen gewidmet, die 1912 von den Indian-Zweizylindern mit vier obenliegenden Ventilen pro Zylinder aus dem Feld geschlagen worden waren. Die Rennszene begann sich aufzuheizen.

Zwar wurde das offizielle HD-Werksteam erst zur nächsten Saison angekündigt, doch die Vorbereitungen liefen offenbar schon. Und dazu gehörten Entwürfe für eine eigene V2 mit acht Ventilen, die das bei weitem teuerste Motorrad sein würde, das HD je angeboten hatte.

Harley-Davidson gelang während ihrer ersten zehn Jahre durch ungewöhnlich behutsame Entwicklungsschritte ein ständiger Aufstieg in einer Periode, in der fast hundert andere amerikanische Hersteller gekommen und gegangen waren. Beobachten wollte man schon, was herauskäme, wenn andere mit neuen Konzepten und Werkstoffen herumexperimentierten oder für Rennmaschinen in Kleinserien viel zu teure Werkzeuge anschafften. Aber handeln würde man nur dann, wenn man es für nötig hielt.

Produktion und Profit stiegen 1913 mit 12 966 gefertigten Motorrädern erheblich an. Ganz oben in der Liste der Entwicklungen aber standen zwei Dinge: mehr PS und mehr Gänge. Und an beiden wurde gearbeitet.

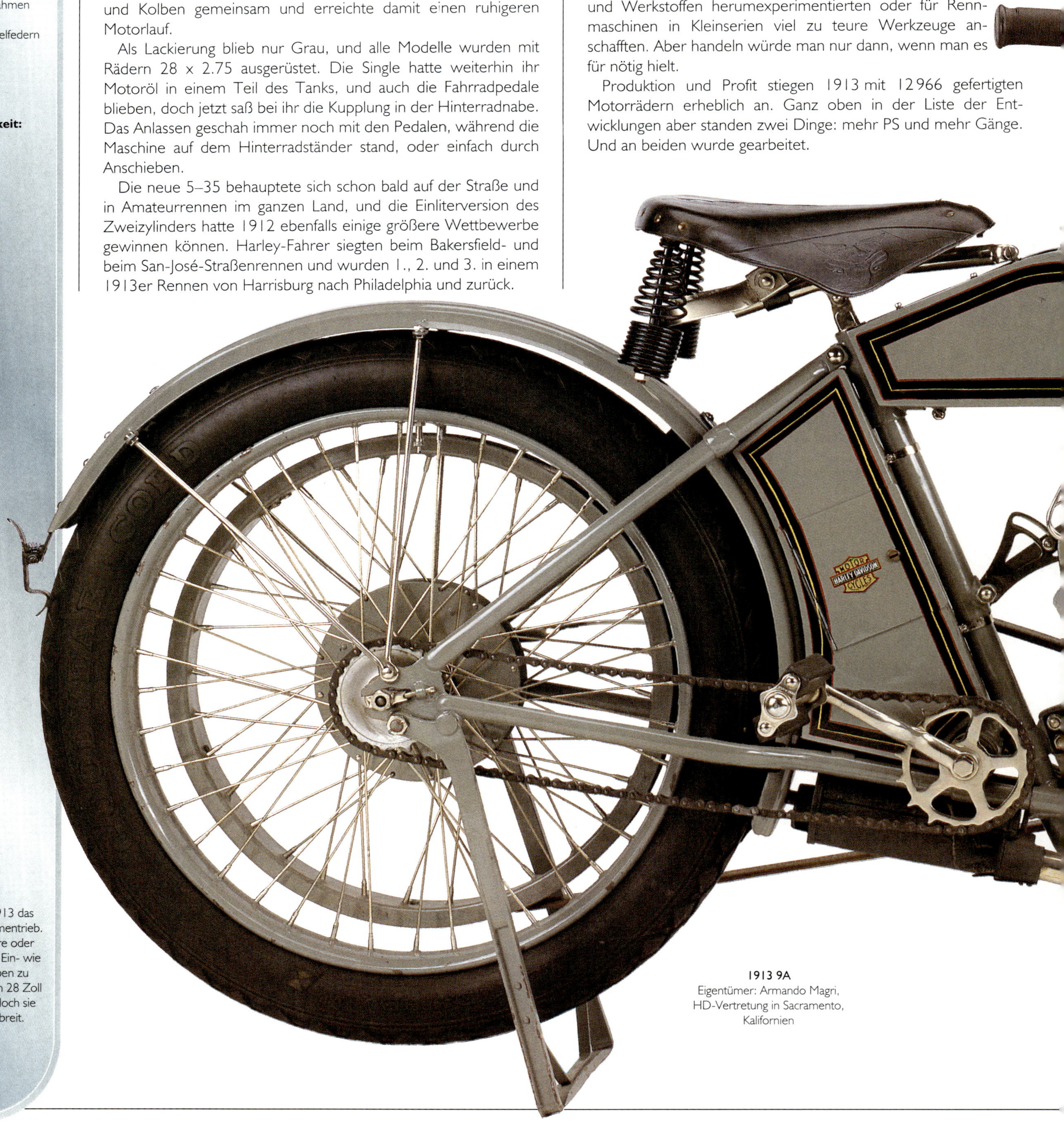

1913 9A
Eigentümer: Armando Magri, HD-Vertretung in Sacramento, Kalifornien

Rechts: Die 9A ist 1913 das einzige Modell mit Riementrieb. Die Reifen (US Empire oder Goodyear) sowohl für Ein- wie für Zweizylinder haben zu dieser Zeit immer noch 28 Zoll Außendurchmesser, doch sie sind jetzt 2,75 Zoll breit.

Rechts: Riemen- und kettengetriebene Einzylinder erhalten die Freilaufkupplung in der Hinterradnabe. Den Gepäckträger gibt es als Extra.

1914 10B
Eigentümer: Trev Deeley Museum, Vancouver, Kanada

Oben: Fußboards kommen 1914 hinzu, und der neue Tretstarter, mit den Pedalen kombiniert, erübrigt jetzt das Aufbocken zum Ingangsetzen des Motors.

Unten: 1913 kann der Kunde zwischen vier Sätteln wählen, die von Mesinger, Persons oder Troxel gefertigt werden.

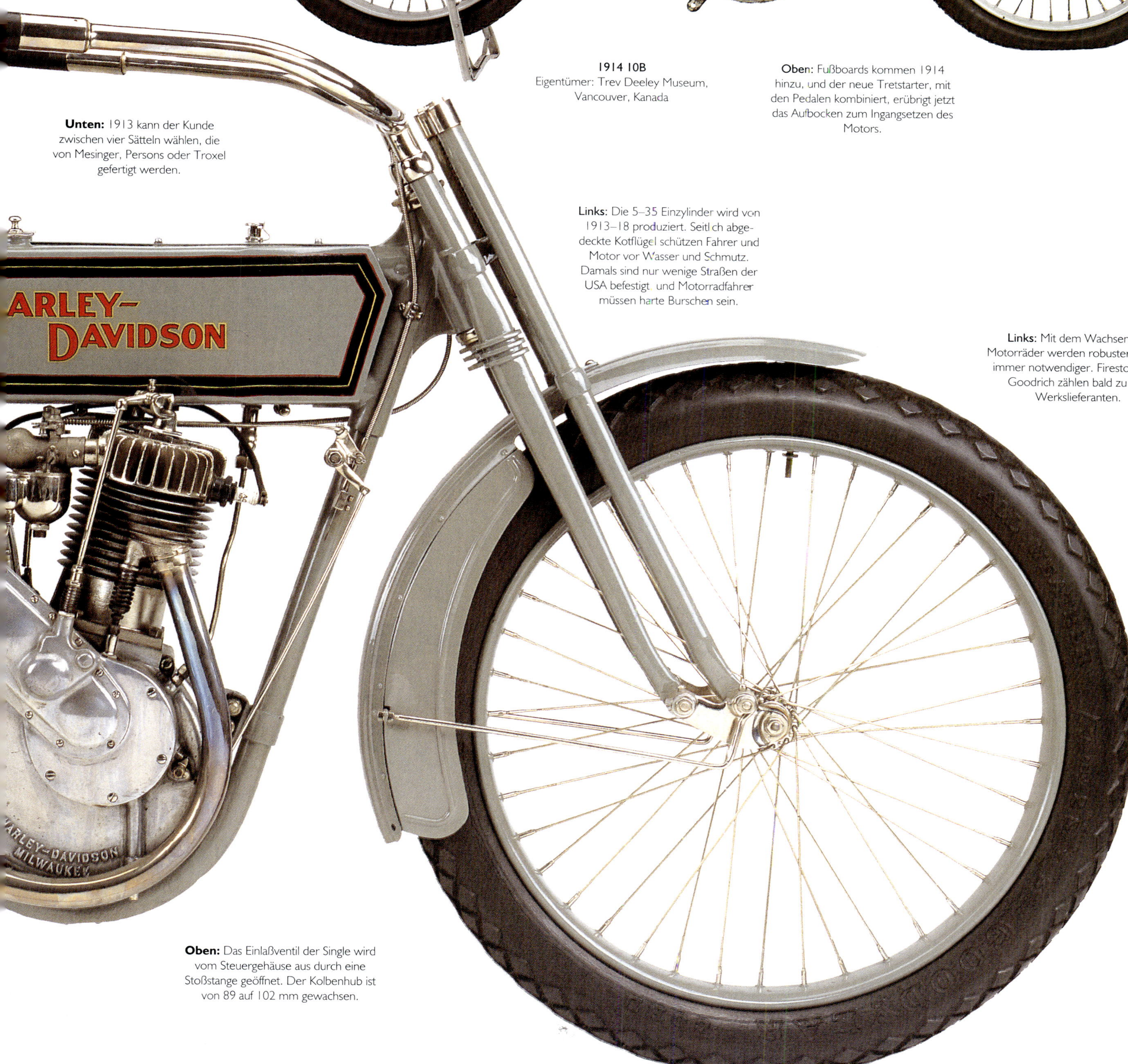

Links: Die 5-35 Einzylinder wird von 1913–18 produziert. Seitl ch abgedeckte Kotflügel schützen Fahrer und Motor vor Wasser und Schmutz. Damals sind nur wenige Straßen der USA befestigt und Motorradfahrer müssen harte Burschen sein.

Links: Mit dem Wachsen der Motorräder werden robustere Reifen immer notwendiger. Firestone und Goodrich zählen bald zu den Werkslieferanten.

Oben: Das Einlaßventil der Single wird vom Steuergehäuse aus durch eine Stoßstange geöffnet. Der Kolbenhub ist von 89 auf 102 mm gewachsen.

1914 MODEL 10F

TECHNISCHE DATEN
MOTOR/KRAFTÜBERTRAGUNG
Motor: V2, 45°,F-head*)
Hubraum: 811 cm³
Bohrung x Hub: 76 x 89 mm
Leistung: 6,5 PS
Getriebe: 2-Gang (Nabe)
Kraftübertragung:
primär Kette
sekundär Kette
Bremse: Freilaufbremse hinten
Zündung: Magnetzünder

FAHRWERK/AUFHÄNGUNG
Rahmen:
Einschleifen-Stahlrohrrahmen
Federung vorn:
Schwingengabel, Doppelfedern
Radstand: 1435 mm
Gewicht: 141 kg
Tankinhalt: 9,5 Liter
Ölvolumen: 3,8 Liter
Bereifung: 28 x 3.0
Höchstgeschwindigkeit:
105 km/h
Lieferbare Farben:
Harley-Davidson-Grau
Produziert wurden:
7956 Einh.
Preis: US-$ 285

*) F-head: Ventile übereinander stehend/hängend

1914 hat die Post der USA fast 5000 Harley-Davidsons im Zustelldienst. Auch der britischen Armee liefert Milwaukee zu Beginn des Weltkriegs 350 Motorräder.

MODEL 10F (1914) UND 11K RACER (1915)

Milwaukees Motorradtechnik machte 1914 noch ein paar weitere Sprünge. Zweiganggetriebe, Kickstarter, Fußbretter, gekapselte Ventilfedern und Ketten für den Primärtrieb erschienen ebenso wie eine neue Seitenwagenversion als Folge des großen Motorradbooms.

Harley-Davidson hatte beachtlichen Anteil an diesem Wachstumsmarkt, mußte ihn sich aber zu dieser Zeit mit mindestens drei Konkurrenten teilen. Das waren George Hendee bei Indian, Ignatz Schwinn bei Excelsior und die Gebrüder Henderson mit ihren Ace-Motorrädern. Und dann war da noch ein Auto-Mogul, der mächtiger und mächtiger wurde: Henry Ford.

Autos wurden damals, wie Motorräder auch, von Hand gefertigt, und erst die Einführung des Fließbands gab der Autoproduktion einen enormen Schub. Die Massenfertigung von Motorrädern würde für alle Zeiten eine Frage der Erschwinglichkeit des Autos bleiben, und schon zeichnete sich die Tendenz ab, Zweiräder weniger für den Alltagsverkehr als für Sport und Freizeit einzusetzen. Das Ringen um Anteile am kleiner werdenden Markt hatte stark zugenommen.

Trotz des wohlverdienten Images für robuste Ausführung und Zuverlässigkeit war HD im Begriff, die sehr vom Rennsport bestimmte Popularität einzubüßen. Wenn es stimmte, daß Motorräder auf ewig in die Kategorie Sport und Freizeit gehören sollten, dann war es für einen erfolgreichen Hersteller unerläßlich, die Ansprüche sportlicher Fahrer zu erfüllen. Doch in Milwaukee glaubte man, daß die jungen Draufgänger gegenüber reiferen Touren- und Sonntagsfahrern immer in der Minderheit bleiben würden. Also mußte man Maschinen für beide Käuferkreise bauen.

Der gleichzeitige Anspruch an Leistung und Fahrkomfort wurde von den größeren Herstellern recht unterschiedlich angegangen. Den V2-Motoren von HD und Indian stellte Henderson seine Reihen-Vierzylinder (R4) entgegen. Der R4 lief ruhig und war stark, aber auch teuer in Fertigung und Service. Die V2 liefen rauher, aber zuverlässig, und machten ihre Sache dort besonders gut, wo Tempo nicht so gefragt war. Die Wirtschaftlichkeit sprach letzten Endes für den V2, doch bis in die Endzwanziger blieb der Vierzylinder durchaus im Geschäft.

Sowohl HD wie auch Indian hielten sich an die Popularität des V2. Indian aber setzte Harley damit unter Druck, daß sie Rennsportmaschinen zu niedrigen Preisen in den normalen Handel brachte und außerdem talentierte Fahrer bei Rundstrecken- und Geländerennen sponserte. Doch der größte Dorn in Harleys Auge war Indians Irvin G. »Cannonball« Baker. Dieser, groß und gewaltig, war der dominierende Langstreckenfahrer jener Tage. Und er machte Schlagzeilen für den Sport und für die siegreiche Marke.

Unten: Alle Serienmodelle sind jetzt mit Gepäckträger und Freilaufkupplung in der Radnabe ausgerüstet. Die Zweigangnabe haben Bill Harley und Rennleiter William Ottaway entwickelt.

Unten: Der »schwebende« Sattel (Ful-Floeting) gehört bei allen Versionen zur Standardausstattung.

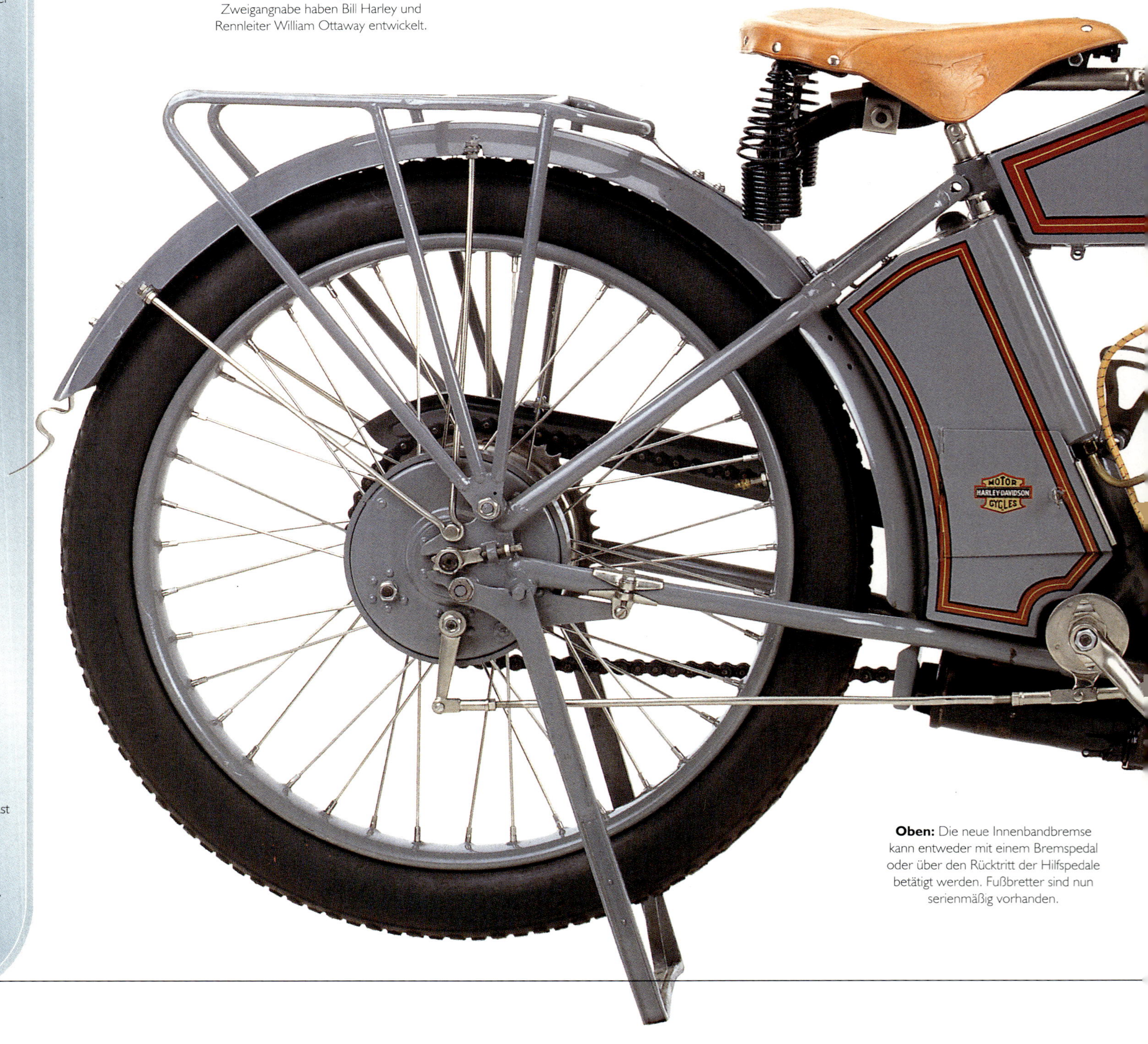

Oben: Die neue Innenbandbremse kann entweder mit einem Bremspedal oder über den Rücktritt der Hilfspedale betätigt werden. Fußbretter sind nun serienmäßig vorhanden.

Harley-Davidson beschloß, als erstes das Indian-Team auf den Rennstrecken anzugreifen. Dazu baute sie das K-Modell, eine Rennmaschine, die auf der 10E mit ihrem direkten Kettentrieb und dem V2 mit einem Liter Hubraum basierte. Die Rennmotoren trugen vor der Motornummer den Buchstaben M. Eine Handvoll wurde noch für 1914 gefertigt, und im Jahr darauf bot HDs Katalog volle acht Rennmodelle an, sechs V2 und zwei Einzylinder. (Auch von den 16427 produzierten Maschinen des Jahres 1914 waren die meisten, nämlich 13000, Zweizylinder).

So begann der Kampf um die Dominanz auf den Rennstrecken. Zwar waren die ersten Werksmaschinen in der Spitze schnell genug, doch es fehlte an Stehvermögen. Es handelte sich um lange Strecken zwischen 300 und 500 km, und die Harleys litten an Motor- und Kraftübertragungsschäden. Schließlich gewann das Team 1914 aber doch ein Rennen der US-Meisterschaft in Birmingham, Alabamana, und stand für die 1915er Saison kampfbereit da.

1915 11K
Eigentümer: Daniel Statnekov
Tesuque, New Mexico

Oben: Die Nummern der Rennmotoren haben den Präfix M. Das Rohr zwischen den Zylindern bringt Öl an die Kette.

Rechts: Der Gaserzeuger des Scheinwerfers ist am Lenker montiert.

1914 10F
Eigentümer: Bud Ekins, North Hollywood, Kalifornien

MODEL 16J (1916)

Technische Daten
Motor/Kraftübertragung
Motor: V2, 45° F-head
Hubraum: 988 cm³
Bohrung x Hub: 84 x 89 mm
Leistung: 11 PS/8 kW*) bei 3000/min
Gemischbildung: Schebler-Vergaser
Getriebe: 3-Gang
Kraftübertragung:
primär Kette
sekundär Kette
Bremse: Trommelbremse hinten
Batterie: 6 Volt
Zündung: Spulenzündung

Fahrwerk/Aufhängung
Rahmen: Einschleifen-Stahlrohrrahmen
Federung vorn: Schwingengabel
Radstand: 1511 mm
Gewicht: 147 kg
Tankinhalt: 10,4 Liter
Ölvolumen: 2,4 Liter
Bereifung: 28 x 3.0
Höchstgeschwindigkeit: 97 km/h
Lieferbare Farben: Harley-Davidson-Grau
Produziert wurden: 5898 Einh.
Preis: US-$ 295

*) Kilowatt-Angaben (kW) sind wegen der unterschiedlichen Methoden der Leistungsmessung nur angenähert

1914 bietet Harley-Davidson fünf Modelle an, drei Singles und zwei Zweizylinder. Für 1915 wächst die Palette auf 16 Versionen, die wahlweise Batterie- oder Magnetzündung haben. Acht davon sind Racer.

MODEL 11J (1915), MODEL 16J (1916) UND SEITENWAGEN

Milwaukee hatte 1914 bewiesen, daß man bereit und imstande sei, moderne Motorräder zu fertigen. Im folgenden Jahr beschleunigte HD nicht nur das Tempo in der Entwicklung, sondern demonstrierte auch ihre Entschlossenheit, professionell in den Rennsport einzusteigen.

Der bedeutendste Fortschritt für Straße und Circuit war das 3-Gang-Getriebe. Das Schubradgetriebe sorgte auch für die Verbindung mit dem Kickstarter. Mit Kupplung und Getriebe in Fahrzeugmitte wußte das Modell 11J Harleys Position unter den Großen der US-Motorradindustrie weiter zu festigen, nicht zuletzt aber auch als erstes Modell mit elektrischem Scheinwerfer.

Das J-Modell war für 310 Dollar nicht eben billig. Dagegen wurde die Einliter-V2-Maschine mit Magnetzünder in der Version ohne Gangstufen (11E) für 240 und mit Dreigang (11F) für 275 Dollar angeboten. Im Katalog verblieben auch zwei Einzylindermaschinen: das eingängige Modell B ($ 200) und das zweigängige C-Modell ($ 230). Das Racing-Modell K (das »gestrippte« Serienmodell) verkaufte man für 250 Dollar.

Der Rennsport gab HD 1915 allen Grund stolz zu sein. Nach dem Einzelerfolg der Werksmannschaft im Vorjahr brachten Bill Harley und William Ottaway neuen Schwung und neue Ausrüstung in die neue Saison mit: Von den mittlerweile angebotenen 16 unterschiedlichen Modellen waren acht Rennversionen.

Auch der Seitenwagen nahm 1915 wieder Formen an. Ein neues Fahrgestell und eine längere Karosserie ersetzten die Originalausführung, und die Werbung betonte das wirtschaftliche Fahren mit Beiwagenmaschinen. Post und Militär begannen sie auf breiter Front einzusetzen. Die Karosserien fertigte anfänglich die Seaman Company in Milwaukee. Für USA und Europa baute man den Seitenwagen rechts, für den britischen Markt aber links an.

Der Großteil der Militärmaschinen, die Harley-Davidson für den Einsatz im Ersten Weltkrieg herstellte, besaß Seitenwagen. Obgleich zumeist für Späh- und Kurieraufgaben verwendet, ließen sie sich panzern und mit MG-Halterungen ausrüsten.Das gleiche Chassis wurde für den zivilen Gebrauch mit Aufbauten für Kleintransporte geliefert.

Ein Wunsch, den sowohl Renn- wie Seitenwagenfahrer äußerten, war der nach höherer Leistung. Harley-Davidson warb mit garantierten 11 PS (8 kW) aus der Einliter-V2-Maschine und erwähnte, daß man auf der Bremse sogar bis zu 16 PS (12 kW) erreicht habe. Der Rennmotor leistete fast 20 PS (15 kW).

Diese Steigerungen waren weitgehend das Ergebnis konstruktiver Verbesserungen an Ein- und Auslaßseite, also größeren Kanälen, Ventilen und Vergasern. Um die höhere Leistung zu ertragen, waren Pleuellager, Kurbelzapfen und Schwungmassen verstärkt worden. Und wie erwähnt, wurden die technischen Entwicklungen auf der Rennstrecke erprobt.

Doch trotz Verbesserungen und überzeugender Rennerfolge blieb der Absatz hinter den Erwartungen zurück. Die Folgen von Henry Fords neuen Fertigungs- und Vertriebsmethoden hatten den US-Motorradmarkt hart getroffen. Und wenngleich die potentielle Käuferschaft etwa gleich groß blieb, wurde der Kampf um Marktanteile immer verbissener.

1916 führte Harley-Davidson den Kickstarter ein und verzichtete auf das letzte Relikt vom Fahrrad, die Pedale, wenigstens an den V2-Versionen mit Getriebe. Auch das System der Modellnummern änderte sich, indem man das laufende Jahr als Präfix vor die Nummer setzte. Und 1916 war das letzte Jahr der grau lackierten Maschinen.

Zu den konstruktiven Änderungen zählten verstärkte Rahmen für Ein- und Zweizylinder, und beide Motoren bot man mit Direktantrieb oder Dreiganggetriebe an. Für die Standard-Zweizylinder mit Magnetzündung zahlte man 240 Dollar, während die Getriebeversion mit Batterie und Elektrik 295 Dollar kostete. Die Einzylinder mit Direktantrieb war für 200 Dollar zu haben, und für das 3-Gang-Getriebe mußte man 30 Dollar extra berappen.

Aus der funktionellen Weiterentwicklung resultierten auch Stylingänderungen. Größerer Tank und massigere Kotflügel ergaben rundere Formen, zumal erste Gedanken an die »Stromlinienform« auch in Milwaukee auftauchten.

Unten: Der Tank des Modells 16 ist rundlicher als sein Vorgänger von 1915 (oben rechts). Im Gegensatz zu früher ist links außer dem Ölreservoir auch weiterer Platz für Kraftstoff.

1916 16F
Eigentümer und Restaurator: Mike Parti, North Hollywood, Kalifornien

Links: Zwanzigstes Jahrhundert oder nicht: Die elektrische Beleuchtung macht sich unter Motorradfahrern nicht sofort beliebt. Gaslicht hat zwar nicht viel Leuchtkraft, meldet sich aber, bevor es ganz dunkel wird.

1915 11J
Eigentümer/Restaurator: Bud Ekins, North Hollywood, Kalifornien

Oben: Die Handschaltung am Tank betätigt das Dreiganggetriebe. Mit dem unteren Hebel kann man einkuppeln, wenn bei Bergaufstarts der linke Fuß gebraucht wird. Zu beachten: keine Tretkurbel mehr!

Rechts: Der Kickstarter kommt 1916 neu heraus. In der Ausbeulung des Steuerkastendeckels sitzt die Ölpumpe; der Messingkragen umschließt ein Schauglas für die Kontrolle der Schmierung. Man beachte den Sperrmechanismus am Bremspedal, das bei Seitenwagenbetrieb für die Parkbremse benötigt wird.

Links: 1916 wird der Rahmen für Beiwagenbetrieb verstärkt, größere Lenkkopflager werden eingebaut. Die Gabel ist breiter und der Vorderkotflügel stärker geschwungen.

Links: Der Prest-O-Lite Acetylentank ist hinten-unten am Seitenwagen montiert. Der Sitz ist beidseitig mit Blattfedern abgefedert, so daß es der Beifahrer bequem hat.

8-VENTIL-RENNMASCHINE

Technische Daten
Motor/Kraftübertragung
Motor: V2, 45° OHV
Hubraum: 988 cm³
Bohrung x Hub: 84 x 89 mm
Verdichtung: etwa 6:1
Leistung: 14–16 PS/10–12 kW
Gemischbildung: Schebler-Vergaser
Getriebe: Direktantrieb
Kraftübertragung:
primär Kette
sekundär Kette
Bremse: keine
Batterie: Keine
Zündung: Magnetzünder

Fahrwerk/Aufhängung
Rahmen: Einschleifen-Stahlrohrrahmen
Federung vorn: Schwingengabel
Radstand: 1308 mm
Gewicht: 125 kg
Tankinhalt: 5,4 Liter
Ölvolumen: 2,4 Liter
Bereifung: 28 x 3.0
Höchstgeschwindigkeit: 170–185 km/h
Lieferbare Farben: Olivgrün
Produziert wurden: ca. 30–50 Einh.
Preis: US-$ 1500

Rechts: Der Achtventil-Racer ist das Ergebnis einer weiteren Zusammenarbeit von Bill Harley und Rennleiter William Ottaway. Der Preis von 1500 Dollar, mehr als das Vierfache einer entsprechenden Indian, wirkt entmutigend auf private Interessenten.

8-VENTIL-RENNMASCHINE (1916-1928)

Die Indian Motorcycle Company in Springfield, Massachussetts, beherrschte die ersten 20 Jahre amerikanischen Motorradbaus. Der Besitzer George Hendee und sein Ingenieur Oscar Hedstrom waren technische Innovatoren der frühen Jahre und sorgten für eine intensive, werksunterstützte Rennteilnahme.

1908 hatte Indian ihre ersten Werksrennmaschinen vorgestellt und sehr bald einen Ruf als harter Konkurrent im Rennsport erworben. Nach ihrem überzeugenden 1-2-3-Sieg von 1911 auf der Isle of Man begann für die Männer aus Springfield eine Siegesserie, die zunehmende Beliebtheit und Verkaufszahlen brachte. In Milwaukee merkte man schnell, daß man etwas tun müsse.

William Harley war schon früh der Meinung gewesen, daß man mit werksseitig unterstütztem Rennsport erhebliche Werbewirkung erzielen könne. Es dauerte aber Jahre, bis er auch Walter und Arthur Davidson davon überzeugt hatte, daß Rennsiege helfen könnten, auch den Absatz von Serienmaschinen zu steigern. Und Indian bewies seine Auffassung täglich von neuem.

Um diese Zeit war man sich bereits einig darüber, daß man, um höhere Motorleistung zu erzielen, den Gemischdurchsatz durch Ein- und Auslaßseite erhöhen muß. Während an Konzepten für besseres Handling des Motorrads damals noch kaum gearbeitet wurde, war »Top speed« der große Renner, und kopfgesteuerte Motoren waren einer der Wege, die dahin führten.

1913 einigte man sich bei HD mehr oder weniger auf die Aufstellung eines Werksteams. William Ottaway, ein Entwicklungsingenieur von Thor Motorcycles in Aurora, Illinois, wurde angeworben, um bei Harley-Davidson Rennmotoren auf der Basis des Einliter-V2 zu bauen. Und die erste und letzte große Schlacht auf der Rennpiste zwischen amerikanischen Motorradherstellern wurde mit Saisonbeginn 1915 eröffnet.

Indian hatte ihre 8-Ventil-Rennmaschine 1912 eingeführt und bot sie nur geringfügig teurer als das Straßenmodell zum Verkauf an. Im Bemühen um Chancengleichheit schrieb die FAM (Federation of American Motorcyclists) vor, daß die Hersteller ihre Rennmaschinen auch zum offenen Verkauf anbieten müßten. Über den Preis freilich wurde nichts gesagt. Deshalb stellte Milwaukee den neuen Achtventiler zum Abschreckpreis von 1500 Dollar zum Verkauf. Und das wirkte auch: Bis zur Auflösung des Teams ist kein Privaterwerb einer Harley-Achtventilmaschine bekannt geworden.

Wieviele dieser Achtventiler tatsächlich gebaut wurden, ist nicht bekannt, und nicht einmal die Historiker und Harley-Restauratoren sind sich darüber einig. Manche meinen, es wurden nur zehn gefertigt, andere wieder sprechen von fünfzig. Eine Anzahl von ihnen wurden nach England, dem übrigen Europa und Australien exportiert, und einige wurden wohl zu Einzylindern umgebaut. Da der Achtventiler noch bis 1928 erhältlich war, schätzen wir die Stückzahl auf insgesamt 30–50.

Nach den Aufzeichnungen der Firma HD wurden die ersten drei kopfgesteuerten (OHV-) Rennmotoren 1916 gefertigt. Einer hatte eine mechanische Ölpumpe, einer eine Handpumpe und

Unten: Außer dem Motor ist an der Rennversion kaum etwas dran. Die Pedale hängen am Rahmen und dienen nur noch als Fußrasten. Gestartet wird durch Anschleppen.

1923 8-Ventiler
Eigentümer: Daniel Statnekov, Tesuque, New Mexico; Restaurator: Brad Wilmarth

einer beide Versionen zur Wahl. Die Maschinen waren mit 1270 mm Radstand recht kurz. Sie hatten einen Trapezrahmen, dessen vordere und hintere Rahmenrohre über Blechplatten mit dem tragenden Kurbelgehäuse des Motors verschraubt waren.

Die Motoren leisteten unter günstigen Bedingungen vermutlich fast 20 PS/15 kW. Die Verdichtung war kräftig angehoben worden, und um die Maschine zu starten, waren zumeist ein Auto und ein Abschleppseil nötig. Und schon nach kurzer Zeit müssen diese Renner auf der Piste etwa 160 km/h Spitze erreicht haben. Mittlerweile aber waren die Maschinen mit dem F-head (ein stehendes, ein hängendes Ventil) nur um weniges langsamer und holten sich oft genug den Sieg, weil die 8-Ventiler mit verbrannten Ventilen oder andern Motordefekten ausgefallen waren. Harley-Davidson brachte den 8-Ventiler (1500 Dollar) und den 4-Ventil-Einzylinder (1400 Dollar) nur in die Prospekte, um der FAM-Forderung zu genügen. Der Motor, so hieß es, sei »luftgekühlt, der Hubraum nicht über 988 cm^3 und der mechanische Aufbau für jeden Einsatz geeignet.« Und weiter: »Schmierung mit Hand- oder mechanischer Pumpe oder mit beiden; oder mit jedem anderen Schmiersystem, das für die Sicherheit oder den Bedienungskomfort vorteilhaft erscheint.«

Oben: Der Ventilwinkel von 90° und der Halbkugelbrennraum sind Ergebnis der Flugmotorenentwicklung aus dem 1. Weltkrieg.

Unten: Sattel und Lenker sind so niedrig wie möglich angebracht. Um den Luftwiderstand zu verringern, kauern sich die Fahrer ganz eng an die Maschine.

Links: Der herausragende Reibungsdämpfer, »Ride control« genannt, ist zu dieser Zeit an europäischen Racern beliebt. Der Brite Fred Dixon gewinnt 1923 in Brooklands mit dem Rekordtempo von 100 mph oder 161 km/h.

Links: Die erste Achtventiler hat eine Nockenwelle mit vier Nocken. 1919 erscheint die Two Cam, und der neue Banjo-Steuerkastendeckel verbirgt eine größere Ölpumpe, die den bei hohem Tempo wachsenden Ölbedarf decken soll.

1917 MODEL J

TECHNISCHE DATEN
MOTOR/KRAFTÜBERTRAGUNG
Motor: V2, 45° F-head
Hubraum: 988 cm³
Bohrung x Hub: 84 x 89 mm
Leistung: 16 PS/12 kW bei 3000/min
Gemischbildung: Schebler-Vergaser
Getriebe: 3-Gang
Kraftübertragung:
primär Kette
sekundär Kette
Bremse: Innenbandbremse hinten
Batterie: 6 Volt
Zündung: Spulenzündung

FAHRWERK/AUFHÄNGUNG
Rahmen: Einschleifen-Stahlrohrrahmen
Federung vorn: Schwingengabel
Radstand: 1510 mm
Gewicht: 147 kg
Tankinhalt: 10,4 Liter
Ölvolumen: 2,4 Liter
Bereifung: 28 x 3.0
Höchstgeschwindigkeit: 105 km/h
Lieferbare Farben: Olivgrün
Produziert wurden: 9180 Einh.
Preis: US-$ 310

1917 wird aus Grau Olivgrün, offenbar weil aus Kriegszeiten zu viel Farbe nachgeblieben ist: Trotz ihres Namens »Military drab« (Feldgrau) ist es eine hochglänzende Lackierung.

MODEL 17 J (1917)

Die Maschinen des Frühjahrs 1917 waren die letzten der »Silent Gray Fellows«, denn der Krieg machte aus ihnen die »Silent Green Soldiers« (Leise grüne Soldaten) oder auch »Olive Drab Doughboys« (Olivgrüne Landser).

Im Harley-Davidson-Prospekt las man: »Es ist eigenartig, aber in den letzten Jahren wurde von vielen Ländern in der Welt entschieden, daß diese Farbe für die Lackierung ihrer militärischen Ausrüstung wie Motorräder, Pkw und Lastwagen am besten geeignet sei. Diese neue olivgrüne Militärfarbe bietet für Motorräder aber auch einen angenehmen Kontrast zu den matten, metallischen Oberflächen vieler mechanischer Bauteile.«

Die Farbe gefiel den Leuten, und das Olivgrün blieb in Milwaukee noch lange nach Kriegsende die Standardfarbe: Mit Ausnahme einer kurzen Episode in Dunkelgrün Anfang der 20er Jahre hielt die olivgrüne Periode bis zum Modelljahr 1932 an.

1917 erbte der normale V2-Motor vom 8-Ventil-Rennmotor die Nockenwelle mit den vier Nocken. Ventilhub und Steuerzeiten wurden zur Anhebung der Leistung überarbeitet. Die Zahnrad-Ölpumpe, 1915 eingeführt, stellte sicher, daß alle kritischen Teile die optimale Schmierölmenge erhielten. Mit den früheren Handpumpen und Tropfölern war oftmals entweder zu viel oder zu wenig Öl geflossen, und beides konnte Probleme bereiten.

Für Seitenwagenbetrieb empfahl das Werk den kleineren Abtriebszahnkranz mit 14 Zähnen, also eine kürzere Übersetzung. Auf der Bestellung hieß es: »Dieser Antrieb ist etwas langsamer, hat aber mehr Durchzugskraft, wo diese gebraucht wird. Er kann aber ohne weiteres auch für Solobetrieb verwendet werden.«

Gespanne erfreuten sich ihrer größten Beliebtheit gerade in diesen wilden Jahren und belebten die ländliche Postzustellung ebenso wie die moderne Kriegführung. Zwar war Indian während des Krieges die Nummer eins unter den Lieferanten von Militärmaschinen, doch Milwaukee versorgte die Truppe mit kriegs-

Oben: Die zweiteiligen Zündkerzen können zum Reinigen zerlegt werden.

Oben: Das Schauglas an der Ölpumpe wird noch viele Jahre dort bleiben, denn die Umlaufschmierung läßt weitere 20 Jahre auf sich warten.

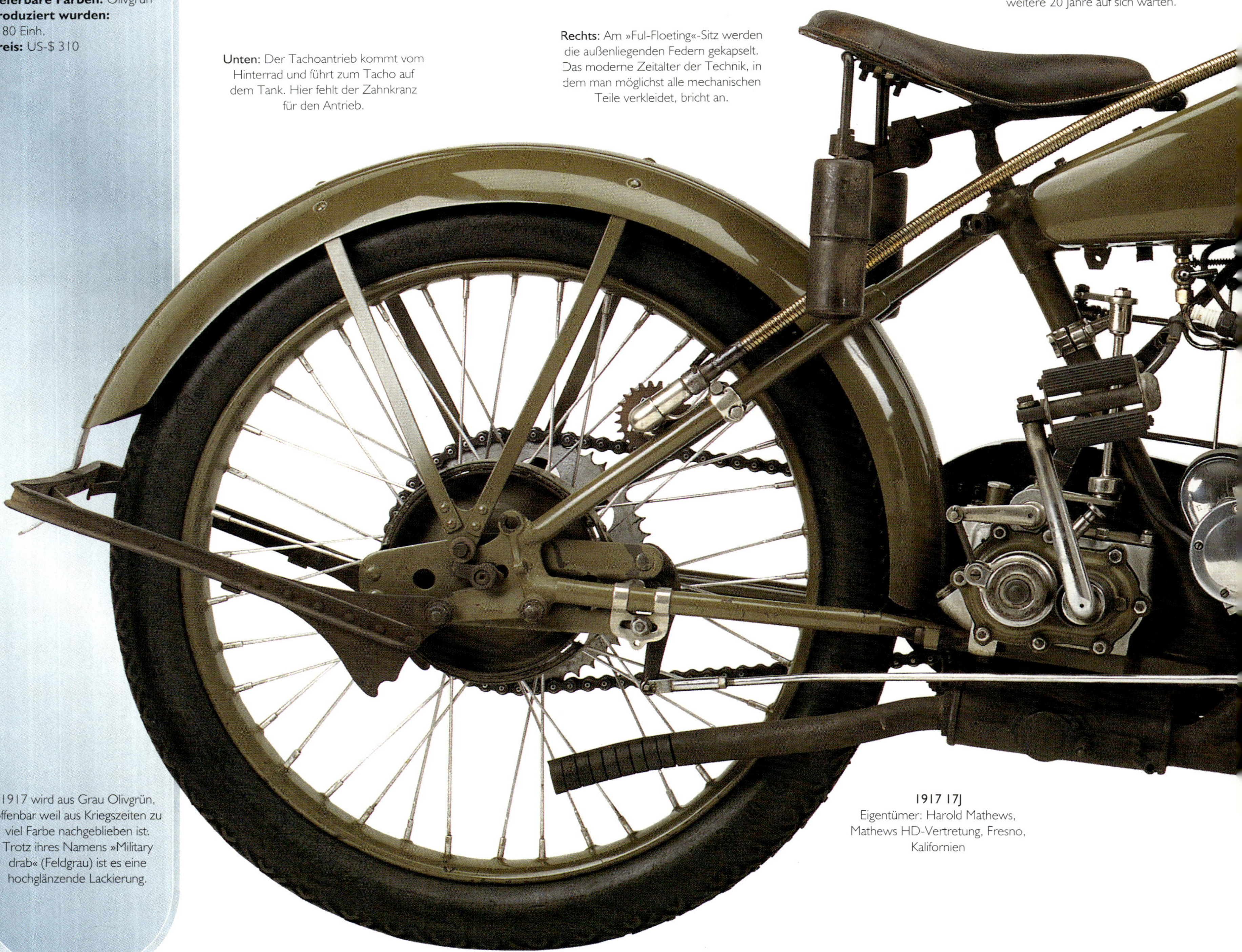

Unten: Der Tachoantrieb kommt vom Hinterrad und führt zum Tacho auf dem Tank. Hier fehlt der Zahnkranz für den Antrieb.

Rechts: Am »Ful-Floeting«-Sitz werden die außenliegenden Federn gekapselt. Das moderne Zeitalter der Technik, in dem man möglichst alle mechanischen Teile verkleidet, bricht an.

1917 17J
Eigentümer: Harold Mathews, Mathews HD-Vertretung, Fresno, Kalifornien

mäßig ausgerüsteten Gespannen. Der »Standard pleasure sidecar« für den zivilen Bedarf kostete damals ganze 80 Dollar.

Dem Prospekt nach war »...der Seitenwagen in der neuen Farbgebung eine bildhübsche Sache. Zum neuen in Army-Olivgrün lackierten Aufbau passen die dunkelgrünen Zierlinien (»near brewster green«) schöner als je zuvor.« Das echte »brewster green« war in den Kriegsjahren offenbar nicht erhältlich, ebenso wie die Bosch-Magnetzünder aus Deutschland, die durch inländische Produkte ersetzt werden mußten.

Um diese Zeit hatte die Beliebtheit des V2 den Einzylinder fast ganz in die Ecke der Nutz- und der Rennfahrzeuge abgedrängt. Unter den 18522 Einheiten, die Harley-Davidson 1917 herstellte, waren nur mehr 730 Einzylinder. Doch in Milwaukee hatte man erkannt, daß eine leichte Sportmaschine fehlte, und meinte, eine kleinere V2 wäre die logische Antwort. So begann man mit der Konzeption der Sport Model W mit einem 584 cm^3 Zweizylinder-Boxer für 1919.

Rechts: Den Tacho bekommt man gegen Aufpreis; der Schleppzeiger bleibt auf dem höchsten gefahrenen Wert stehen. Aber 127 km/h kann nur jemand »...bergab, mit Rückenwind und Frühzündung« erreicht haben!

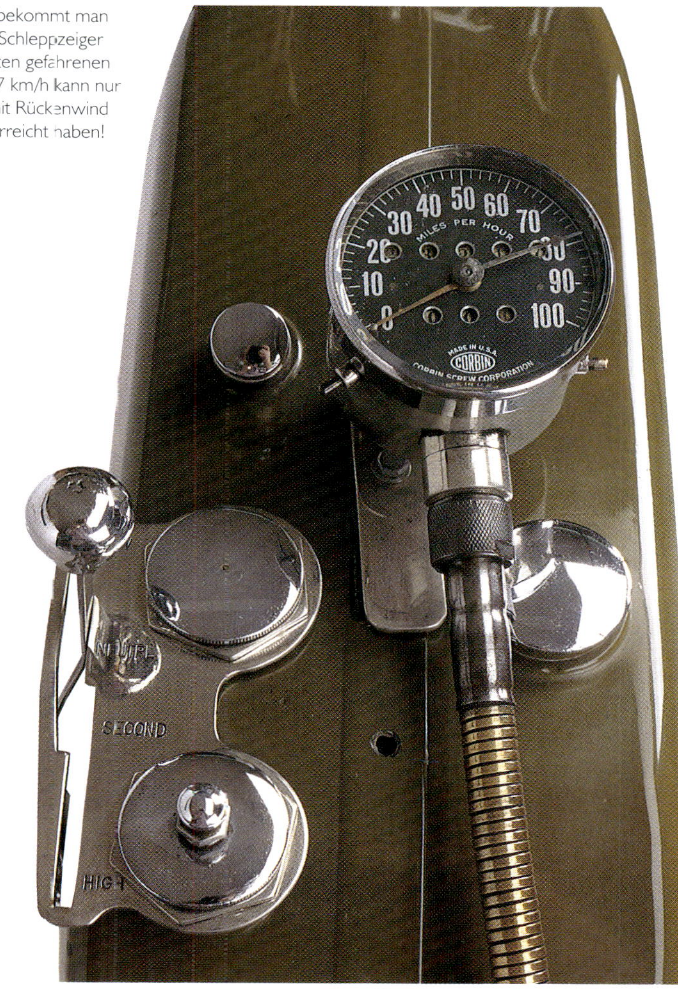

Unten: Firestone-Reifen schreiben Ihre Message direkt auf die Fahrbahn. Kaum ein Ausdruck wirkt auf Motorradfahrer so überzeugend wie »NON-SKID«.

Unten: An dieser restaurierten Maschine fehlen die Zierstreifen; im Original wären am Tank Streifen in Pullman-Grün mit goldenen Außen- und Mittellinien.

Oben: Die Federn des Einlaßventils werden 1917 gekapselt und seine Öffnungszeiten zur Leistungssteigerung geändert. Infolge des Krieges gibt es keine Bosch-Magnetzünder mehr; sie werden durch solche von Dixie ersetzt.

1919 MODEL W SPORT TWIN

Technische Daten
Motor/Kraftübertragung
Motor: 2-Zyl. Boxer, Flathead*)
Hubraum: 584 cm^3
Bohrung x Hub: 70 x 76 mm
Verdichtung: 3,75 : 1
Leistung: 6 PS/4 kW
Gemischbildung: Schebler-Vergaser
Getriebe: 3-Gang integriert
Kraftübertragung:
primär Schraubradtrieb
sekundär gekapselte Kette
Bremse: Außenbandbremse hinten
Zündung: Magnetzündung

Fahrwerk/Aufhängung
Rahmen: Einschleifen-Stahlrohrrahmen
Federung vorn: gezogene Schwinge
Radstand: 1448 mm
Gewicht: 120 kg
Tankinhalt: 10,4 Liter
Ölvolumen: 1,9 Liter
Bereifung: 26 x 3.0
Höchstgeschwindigkeit: 80 km/h
Lieferbare Farben: Olivgrün
Produziert wurden: 753 (1919), gesamt: 9883
Preis: US-$ 335

*) Flathead = Flachkopf, seitengesteuert, stehende Ventile

MODEL W SPORT TWIN (1919)

Als sich nach dem Krieg der amerikanische Motorradmarkt vom Verkehrsmittel zum Freizeitgerät hin verlagerte, wuchs gleichzeitig auch das Interesse an leichtgewichtigen Sportmaschinen. HD antwortete mit dem Model W Sport Twin, einer 2-Zylinder-Boxermaschine von 584 cm^3 Hubraum mit integriertem 3-Gang-Getriebe.

Der längs (Kurbelwelle quer) eingebaute, seitengesteuerte Boxer besaß ein großes außenliegendes Schwungrad und eine gekapselte Kette zum Hinterrad. Da diese Zylinderanordnung im Hinblick auf freie Kräfte und Momente nahezu perfekt ist, war die Sport Twin bei weitem die ruhigste, vibrationsärmste Harley aller Zeiten. Der Motor war mit seiner bescheidenen Leistung von 6 PS/4 kW angenehm unterbeansprucht, und die kleine Maschine wog nur 120 kg.

Im Konzept an die britische Douglas angelehnt, stellte das Model W für die Konstruktion und Erprobung in Milwaukee völliges Neuland dar. Zwar entsprach der Fahrwerksrahmen, der den Motor als mittragendes Element nutzte, in soweit dem des 8-Ventil-Racers, doch in allem anderen unterschied sich das Fahrzeug von den V2-Maschinen.

Saug- und Abgaskrümmer waren lange, zusammengewachsene Rohre, die gemeinsam an der rechten Seite entlangliefen, denn man wußte bereits, daß Gemischvorwärmung den Verbrennungsprozeß begünstigt. Eine einzige Nockenwelle betätigte alle vier Ventile. Die eingeschraubten Ventilführungen waren leicht auswechselbar, und die Ventile ließen sich bei eingebautem Motor demontieren. Zylinder und Köpfe wurden damals noch zusammen gegossen, und auch sie konnten abgenommen werden, ohne den Motor auszubauen. In der Konstruktion dieser Maschine hatten gute Zugänglichkeit und leichtes Reparieren offenbar eine große Rolle gespielt.

Haupt- und Pleuellager waren rollengelagert, und die Zahnräder der Primärwelle trieben die Ölbadkupplung und den oben auf dem Motor sitzenden Magneten. Die ersten Exemplare erschienen nämlich nur mit Magnetzündung und mit oder ohne Acetylengaslampen. Von 1921 bis zur Aufgabe des Modells 1923 konnte man die Maschine wahlweise mit Magnet- (WF) oder Batteriezündung (WJ) erwerben.

Auch die Gabel entsprach nicht den übrigen Harley-Modellen. Die gezogenen unteren Schwingen, verbunden über Gestänge mit einem oberen Schwingenpaar, wirkten auf eine zentrale Feder. Der Kotflügel, mit der Merkel-Gabel verschraubt, blieb stehen, wenn sich das Vorderrad auf und ab bewegte. Eine Hinterradfederung gab es nicht, abgesehen von den gekapselten Federn des Solosattels. Der Tank, der 10,4 Liter Benzin und 1,9 Liter Öl faßte, lag zwischen den oberen Rahmenrohren. Der Gepäckträger hinten war serienmäßig.

Trotz Mangel an Leistung und Bodenfreiheit setzte die Sport Twin neue Rekorde. Im Dreiflaggenrennen von Kanada nach Mexiko siegte der Fahrer Hap Scherer damit, und die WJ war das erste Motorrad, das den Mt.Baldy in Kalifornien bezwang.

Leider hatten aber diese Siege kaum Auswirkungen auf die Beliebtheit der Boxermaschine. Der V2 hatte sich als amerikanisches Triebwerk mit Wahlmöglichkeit zwischen mittlerem, großem und ganz großem Hubraum einen festen Platz gesichert. Gebrauchsmotoren mit zwei Zylindern in anderer als V-Form hatten in den USA wenig Freunde. Zum Glück für Milwaukee traf das auf Europa nicht zu.

Die Gebrüder Douglas in Bristol (GB) hatten mit Hilfe von Freddy Dixon einen beliebten Zweizylinder-Boxer entwickelt. Da die britische Motorradindustrie aber vom Krieg sehr mitgenommen war, war der Markt jetzt reif für Importe. Und daher verkauften sich die leichtgewichtigen Boxer aus Milwaukee in England und auf dem Kontinent recht gut.

Unten: Der Gepäckträger ist am Modell W serienmäßig. Die Reifen dieser 1919er Version sind größer als original.

Rechts: Einen Boxermotor wie den der Sport Twin hat es bei Harley-Davidson nie zuvor und nie seither gegeben. Obschon in vielerlei Hinsicht sehr fortschrittlich, kann dieses leichte Sportfahrzeug in den USA nur wenig Erfolg verbuchen und bleibt im Schatten der Indian Scout.

Oben: Der Saug-/Abgaskrümmer als gemeinsames Gußteil ist eine kuriose Idee; beabsichtigt ist eine Vorwärmung der Ansaugluft, doch der Weg vom Vergaser zum Brennraum ist sehr lang.

Links: 1920 erhält die Sport elektrische Beleuchtung, daher der Batteriekasten unterm Sitz. 1921 wird die Tankaufschrift den übrigen Modellen angeglichen.

1921 WJ Sport
Eigentümer/Restaurator: Armando Magri, HD-Vertretung in Sacramento, Kalifornien

Links: 1922 wechselt Milwaukee von Olivgrün zu Brewster-Grün. Golddekor erscheint jetzt auch an Kotfügeln und anderswo. Gabel und Lenker werden leicht abgeändert.

Links: Das Sportmodell ist von links her leicht an seinem großen außenliegenden Schwungrad erkennbar. Das Bike war auch ohne Kettenkasten zu haben.

1922 WJ Sport
Eigentümer: Trev Deely Museum, Vancouver, Kanada

Oben: Langstreckenfahrer Hap Scherer stellt 1919 mit der Sport zwei neue Dauerrekorde auf, einen von British Columbia nach Tijuana, Mexiko, den anderen von New York nach Chicago.

1919 W Sport Twin
Eigentümer: Otis Chandler, Ojai, Kalifornien;
Restaurator: Glenn Bator

Model J (1921) und Model CA (1920)

Harley-Davidson verkaufte das erste J-Modell 1915. Die Bezeichnung verwendete HD sowohl für die erste 3-Gang-V-Twin als auch für das erste Modell mit »vollständiger Elektrik«. Auf Straße und Rennstrecke, in Krieg und Frieden bewährt, wurde das Model J zum Spitzenmodell des Hauses Harley-Davidson.

1921 bekam die Einliter-V2 einen größeren Bruder mit 1,2 Liter Hubraum, genannt JD (mit Batterie-) oder FD (mit Magnetzündung). Vom Werk mit 18 PS/13 kW Leistung angeboten, empfahl man die 1200er als die ideale Paarung zum neuen zweisitzigen Seitenwagen. Für Gespannbetrieb (JDS) wurde der Motor mit Kompressionsscheiben ausgestattet, um die Gespannarbeit mit niedrigeren Drehzahlen besser zu bewältigen. Auch ein um zwei Zähne kleinerer 16er Zahnkranz auf der Abtriebswelle sorgte für mehr Drehmoment am Rad.

Die Entwicklung der großen JD war ausgelöst durch die wachsende Beliebtheit der Vierzylindermaschinen von Indian, Henderson und Cleveland. Ruhiger laufende, leistungsstarke Vierzylinder drohten den V2-Modellen auf den Märkten der Sport-, Polizei- und Nutzfahrzeuge den Rang abzulaufen. Auch in Milwaukee hatte man sich Gedanken über einen Vierzylinder gemacht, ihn aber zugunsten einer vergrößerten Version der V-Twin aufgegeben. Und die Entscheidung war gut.

1921 Model J

Technische Daten

Motor/Kraftübertragung
Motor: V2, 45° F-head
Hubraum: 1207 cm³
Bohrung x Hub: 87 x 102 mm
Leistung: 18 PS/13 kW bei 3000/min
Gemischbildung: 32 mm Schebler-Vergaser
Getriebe: 3-Gang
Kraftübertragung:
primär Kette
sekundär Kette
Bremse: Trommelbremse hinten
Batterie: 6 Volt
Zündung: Spulenzündung

Fahrwerk/Aufhängung
Rahmen: Einschleifen-Stahlrohrrahmen
Federung vorn: Schwingengabel
Radstand: 1510 mm
Gewicht: 166 kg
Tankinhalt: 10,4 Liter
Ölvolumen: 1,9 Liter
Bereifung: 28 x 3.0
Höchstgeschwindigkeit: 113 km/h
Lieferbare Farben: Olivgrün
Produziert wurden: 4526 Einh. (V2 gesamt: 9477)
Preis: US-$ 485

Unten: 1920 dominiert die Two Cam mit gekapselten Ventilfedern. Jim Davis gewinnt das Dodge City Race, Ray Weishaar die 200 Meilen von Marion, Indiana.

1920 FCA Racer
Eigentümer: Daniel Statnekov, Tesuque, New Mexico

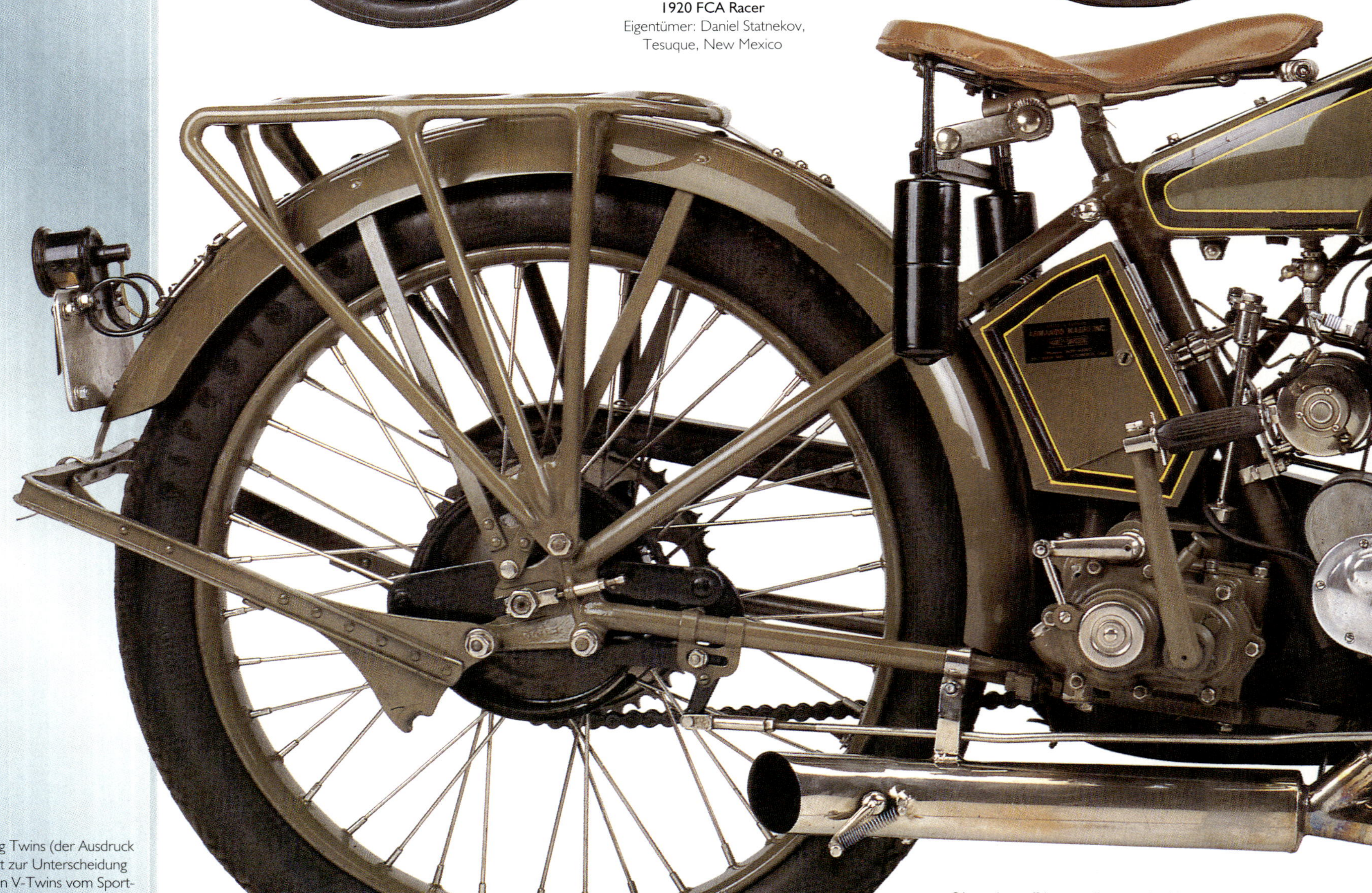

Oben: Auspuffklappen gibt es weiterhin serienmäßig. Diese Anlage ist Standard bis auf den Schalldämpfer, der größer als normal ist.

Für die Big Twins (der Ausdruck wird jetzt zur Unterscheidung der großen V-Twins vom Sport-Modell benutzt) gibt es einige Sonderwünsche gegen Aufpreis. Der Gepäckträger kostet 6 Dollar extra. Reifen kommen von Firestone, Goodyear oder Goodrich.

Unten links: 1921 verlängert HD ihre Erfolgsliste und gewinnt sämtliche Läufe zur US-Meisterschaft der Saison. D. H. Davidson (kein Verwandter) wird erster Fahrer, der die 100-Meilen-Grenze (161 km/h) in England durchbricht. In Brooklands fährt er auf dem HD-Racer mit gekapselten Ventilfedern mit 162,1 km/h neuen Rekord.

Natürlich weiß man nicht, ob einer der Firmengründer Hellseher war. Doch das Jahr 1921 wurde für das Motorradgeschäft katastrophal. Rüstungsaufträge während des Kriegs hatten die Produktion in die Höhe getrieben, und 1920 war für Harley-Davidson mit über 27000 Einheiten ein Rekordjahr gewesen. Angesichts eines großen Restbestands wurden 1921 nur noch 11460 Motorräder gefertigt. Erst 1926 erreichte die Produktionszahl wieder die 20000.

Der Krieg aber hatte auch zur Verbesserung von Konstruktion und Fertigung geführt, nicht zuletzt durch Forschungs- und Entwicklungsergebnisse auf dem Sektor Flugmotoren. Da diese Fortschritte auch bis zu den Fließbändern der Pkw- und Motorradmotoren durchsickerten, waren dort deutliche Anstiege an Leistung, Wirkungsgrad und Lebensdauer zu erkennen. Doch aller Fortschritt im Motorenbau konnte nicht verhindern, daß der Markt insgesamt stark zurückging. Daran war aber nicht allein die schlechte Wirtschaftslage schuld; zwei andere Faktoren wirkten sich negativ auf den Motorradabsatz aus: Henry Ford hatte die Preise seiner Wagen nochmals gesenkt, und das Motorradfahren mußte in der Bevölkerung ein weiteres Mal mit Imageproblemen kämpfen.

Walter Davidson riet seinen Händlern dringend, in ihren Bezirken mehr Öffentlichkeitsarbeit zu betreiben. Werbekampagnen zielten darauf ab, den Unterschied zwischen verantwortungsbewußten Motorradfahrern und rasenden Hooligans herauszustellen. Zur selben Zeit schwand der professionelle Motorradrennsport mehr und mehr dahin.

Inzwischen war Harley-Davidson der größte Motorradhersteller der Welt. Die Firma hatte Händlernetze in 67 Ländern der Erde, und das Werbebudget war auf eine Viertelmillion Dollar angewachsen. Nun aber überzeugte ein 40%iger Absatzrückgang die Leute in Milwaukee, daß ein eigenes Werksrennteam einen unnötigen Luxus darstellte. Und man versteht, daß es Walter Davidson ganz und gar nicht paßte, daß nach vier Siegen in Folge beim 300-Meilen-Rennen von Dodge City die Polizei dort immer noch Indians kaufte.

HD gab jedoch die Rennabteilung nicht vollständig auf. Die Händler bekamen weiterhin spezielle Rennfahrwerke, und Rennmotoren mit größerem Passungsspiel wurden gebaut und vor Auslieferung getestet. HD setzte also zwar kein eigenes Werksteam mehr ein, stellte aber sicher, daß private Kunden ihre Rennteile in wettbewerbsfähiger Qualität weiterhin beziehen konnten.

So endete das erste Goldene Zeitalter des amerikanischen Werksrennsports und machte einer Ära der Amateurwettbewerbe Platz. Auch die Weiterentwicklung des Motorrads ging auf Sparflamme, zuerst wegen der allgemeinen Nachkriegsflaute, später als Folge der »Great Depression«, der Wirtschaftskrise der 30er Jahre. Und das Ringen um den ersten Platz reduzierte sich auf die beiden überlebenden Marken, Indian und Harley-Davidson.

Unten: Beim 1920er Modell haben Horn und Scheinwerfer die Plätze gewechselt. 1921 wird ein neuer Vorderkotflügel eingeführt, dessen Seiten bis nach vorn durchgezogen sind.

Unten: Der Werkzeugkasten (oder Universalbehälter) ist jetzt oben auf dem Tank.

1921 J
Eigentümer/Restaurator: Armando Magri, HD-Vertretung in Sacramento, Kalifornien

Oben: Das J-Modell, die »61« oder 1000er, ist von der JD, der »74« oder 1200er, durch die fünf anstatt sechs Kühlrippen über dem Auslaßkanal zu unterscheiden.

1926 MODEL JD

Technische Daten
Motor/Kraftübertragung
Motor: V2, 45° F-head
Hubraum: 1207 cm³
Bohrung x Hub: 87 x 102 mm
Leistung: 24 PS/18 kW
Gemischbildung:
32 mm Schebler-Vergaser
Getriebe: 3-Gang
Kraftübertragung:
primär Kette
sekundär Kette
Bremse:
Trommelbremse hinten
Batterie: 6 Volt
Zündung: Spulenzündung

Fahrwerk/Aufhängung
Rahmen:
Einschleifen-Stahlrohrrahmen
Federung vorn:
Schwingengabel
Radstand: 1510 mm
Gewicht: 184 kg
Tankinhalt: 5,4 Liter
Ölvolumen: 2,4 Liter
Bereifung: 27 x 3.85
Höchstgeschwindigkeit:
97 km/h
Lieferbare Farben: Olivgrün, wahlw. Weiß und Creme
Produziert wurden:
9544 Einh.
Preis: US-$ 335

1926 MODEL A

Technische Daten
Motor/Kraftübertragung
Motor: Einzylinder Flathead
Hubraum: 346 cm³
Bohrung x Hub: 73 x 82 mm
Leistung:
8 PS/6 kW bei 4000/min
Gemischbildung:
Schebler-Vergaser
Getriebe: 3-Gang
Kraftübertragung:
primär Kette
sekundär Kette
Bremse:
Außenbandbremse hinten
Zündung: Magnetzündung

Fahrwerk/Aufhängung
Rahmen:
Einschleifen-Stahlrohrrahmen
Federung vorn:
Schwingengabel
Radstand: 1436 mm
Gewicht: 114 kg
Tankinhalt: 11,4 Liter
Ölvolumen: 2,8 Liter
Bereifung: 26 x 3.30
Höchstgeschwindigkeit:
ca. 90 km/h
Lieferbare Farben: Olivgrün
Produziert wurden:
1128 Einh.
Preis: US-$ 210

MODEL JD TWIN, MODEL A UND B EINZYLINDER (1926)

In den ersten zwanzig Jahren ihrer Geschichte hatte bei HD der mechanische Teil des Motorrads die Priorität vor dem Rest gehabt. Die Mittzwanziger brachten eine Wende zum Styling. Die »Silent Gray Fellows« machten der gestylten »Speedy Green Hornet« (schnelle grüne Hornisse) Platz.

1922 und 1923 ersetzte Milwaukee das traditionelle Olivgrün durch das dunkle »Brewster Green« mit goldenen Zierlinien. Oliv blieb als wahlweise Lackierung bestehen und kehrte als Standardfarbe 1924 zurück. 1926 offerierte das Werk wahlweise auch Weiß und Creme.

Der saft- und kraftlose Markt hatte in Milwaukee zu Aktivitäten an mehreren Fronten geführt. Werbung und Öffentlichkeitsarbeit hatten zugenommen, und die Konstrukteure machten Fortschritte bei Leistungsausbeute, Federung und Servicefreundlichkeit der Produkte. 1924 führte man Schmiernippel am Fahrwerk ein, dazu verstärkte Vorderradgabeln, Kolben aus Eisen mit Aluminium, neue Abgasrohre, stärkere Batterien und Lichtmaschinen. Gegen Jahresende erhielt der Zweiventiler eine neue Ventilsteuerung, die einige PS brachte.

Während »streamlined« Styling und Direktwerbung neue Käuferkreise anlocken sollten, wollte man mit Konstruktion und Ausführung dieser neuen Modelle und den damit verbesserten Fahrleistungen und der größeren Zuverlässig‹eit die Fahrer beeindrucken. 1925 ersetzte man den bisherigen Rahmen durch eine niedrigere Version mit einer Motormontageplatte zwischen vorderem und hinterem Rahmenrohr. Die Sitzhöhe wurde um 76 mm verringert, wodurch der Schwerpunkt abgesenkt und das Handling verbessert wurde.

Zur verringerten Gesamthöhe trugen auch kleinere Räder bei, während breitere Reifen bessere Bodenhaftung versprachen. Mit ihrer weicheren Federung und einem kürzeren, leicht abwärts gebogenen Lenker waren die neuen Zweizylindermaschinen deutlich handlicher als ihre Vorgänger. Die weiter vorgerückte Sitzposition vermittelte dem Fahrer bessere Kontrolle über das Motorrad, und die Sattelfeder war von etwa 230 auf 360 mm verlängert worden.

Die Werbung lobte: »Nie gab es eine Maschine wie diese – so stark, so schnell, so perfekt ausgeglichen, so sicher auf der Straße. Aus jedem Blickwinkel – Fahrleistung, Styling, Wirtschaftlichkeit – setzt die ›Stromlinie‹ neue Maßstäbe. **Und trotzdem das alles zu einem reduzierten Preis!«**

Tatsächlich hatte HD den Preis der Einlitermaschine um fünf Dollar gesenkt und bot die 1200er zum Vorjahrspreis an, trotz der Tatsache, daß das neue Modell erhebliche Investitionen in Konstruktion, Versuch, Werkzeuge und Teile erfordert hatte.

Harley-Davidson war also ungeachtet der schlechten Absatzlage entschlossen, ihre hart erarbeitete Führungsposition zu verteidigen. Und jedesmal wenn Indian mit einem neuen Modell kam, kam die Antwort postwendend aus Milwaukee. Meistens trafen sich die Konkurrenten zuerst auf den Rennstrecken.

Board-Track-(Bretterbahn-) Rennen gehörten 1925 bald der Vergangenheit an. Die Risiken, die aus den immer schnelleren V2-Maschinen erwuchsen, führten zur Einführung von kleineren Hubraumklassen, und das bedeutete Einzylinder. Seit 1922 hatte HD bei den Rennen um die US-Meisterschaft ihre 500er »Thirty-fifty« eingesetzt, doch bis 1926 gab es eine ganze Auswahl von Hubraumklassen für Ein- und Zweizylinder.

Drei Jahre lang hatte es in Milwaukee keine Einzylinder-Straßenmodelle mehr gegeben. Doch nach dem Erscheinen der 350er Prince bei Indian 1925 reagierte HD im Jahr darauf prompt mit zwei neuen Einzylindern. Die beiden 350er verkörperten sowohl Harleys erste seitengesteuerte Maschine seit der Sport Twin, als auch die erste rein kopfgesteuerte für den normalen Käufer (siehe die Modelle AA und BA). Letztere debütierte 1925 bei einem Rennen in Milwaukee und erhielt wegen ihres aparten Auspuffsounds prompt den Beinamen »Peashooter« (Blasrohr). Diese Version wurde in kleiner Stückzahl vornehmlich für den Renneinsatz gebaut.

Von den seitengesteuerten Varianten A (Batterie-) und B (Magnetzündung) wurden mehr als 7000 Einheiten gefertigt, von denen die meisten nach England, Europa und Australien exportiert wurden. Zum Einzylinder gehörte ein Dreiganggetriebe, ein »Ful-Floeting« Sattel und eine Außenbandbremse hinten. Der Preis, 210 Dollar, lag um 50 Dollar unter dem des Vorgängers mit »F-head« von 1918.

Rechts: Die ersten »streamlined« oder »Stromlinien«-Modelle aus dem Hause Harley-Davidson erscheinen 1925. Die Tropfenform des Tanks entspricht damaligem Styling und erlaubt eine niedrigere Sitzhöhe.

Rechts: Die Original-Lackierung enthält einen maronenbraunen Streifen mit schmaler goldener Zierlinie in der Mitte.

Unten: Das B-Modell mit Elektrik kostet 25 Dollar mehr als die Magnetzünder-Version. Der hintere Zahnkranz besitzt vier Gummidämpfer.

1926 B
Eigentümer: Trev Deeley Museum, Vancouver, Kanada

Links: Die Singles haben eine Menge Gemeinsamkeiten mit den V-Twins: Fahrwerkskonstruktion, Elektrik und Betätigungen ähneln sich sehr. Der Vorderkotflügel wird an den starren, nicht an den gefederten Holmen der »Springergabel« befestigt.

Unten: Der Hinterradständer ist weiterhin serienmäßig; den Seitenständer gibt es für US-$ 2,50 Aufpreis.

Rechts: Zwei Tachos werden als Extra angeboten: einer von Corbin Brown, einer von Johns-Manville.

Unten: 1926 wird an den Big Twins die Kupplung geändert, an die Stelle einer Betätigung durch Nocken tritt eine Ausrückgabel.

1926 JD
Eigentümer: Trev Deeley Museum, Vancouver, Kanada

Oben: Die Schutzbleche werden 1926 breiter, und die Speichen werden mit einem neuartigen Rostschutz versehen. Als Reifen werden 3.50er »fabric« oder 3.85er »balloon cord« angeboten.

1926 MODEL BA

Technische Daten
Motor/Kraftübertragung
Motor: OHV-Einzylinder
Hubraum: 346 cm³
Bohrung x Hub: 73 x 83 mm
Leistung: 12 PS/9 kW bei 4000/min
Gemischbildung: Schebler-Vergaser
Getriebe: 3-Gang
Kraftübertragung:
primär Kette
sekundär Kette
Bremse: Außenbandbremse hinten
Zündung: Batterie/Spulenzündung

Fahrwerk/Aufhängung
Rahmen: Einschleifen-Stahlrohrrahmen
Federung vorn: Schwingengabel
Radstand: 1463 mm
Gewicht: 119 kg
Tankinhalt: 11,4 Liter
Ölvolumen: 2,8 Liter
Bereifung: 26 x 3.30
Höchstgeschwindigkeit: 97 km/h
Lieferbare Farben: Olivgrün
Produziert wurden: 524 Einh.
Preis: US-$ 275

Oben: Das einfache Schaltbrett hat links den Zünd-, rechts den Lichtschalter. Das 3-Gang-Getriebe wird mit dem Schalthebel links am Tank bedient.

Rechts: Die OHV-Einzylinder werden zu dieser Zeit in viel geringerer Zahl gefertigt als die seitengesteuerten »Flatheads«, von denen 1927 über 4000 Stück gegenüber 722 OHV-Versionen vom Band rollen. Letztere schließen auch die Export- und Rennmaschinen ein.

MODELLE AA, BA UND FHAC (1926)

Harley-Davidsons erste Erfahrungen mit »Flatheads« oder seitengesteuerten Motoren waren nicht gerade berauschend. Die Sport Twin (Boxer) verkaufte sich in den USA schlecht und verlor gegen die beliebte Indian Sport Scout, eine 750er V2. Doch Milwaukee blieb interessiert an den stehenden Ventilen.

1924 besuchten leitende Harley-Leute Europa und Australien, um sich selbst auf dem internationalen Markt umzusehen. In Übersee, wo Gewicht und Verbrauch die Kaufentscheidung stärker beeinflußten, hatte sich die Sport Twin gut verkaufen lassen. Doch die Boxerbauweise war relativ teuer in der Fertigung, und die Europäer konzentrierten sich auf den Einzylinder als vernünftigsten Kompromiß für sportliches und sparsames Fahren. Daher kam man in Milwaukee auf den »Single« zurück.

Nicht, daß HD den Einzylinder jemals völlig verlassen hätte. Wirtschaftliche Realitäten hatten stets auch die Forderung nach billigen Gebrauchs- und auch Rennsportmaschinen aufrecht erhalten. In den 20ern bauten Harley und Indian eine Anzahl Renn-Einzylinder, weil es schien, als würden die großvolumigen V2 allmählich der Vergangenheit angehören. Aus teuren Werksrennmaschinen waren werksunterstützte Privatracer geworden, und die Aussichten auf eine Ausweitung des Amateur-Rennsports waren gut. Auch die Zahl von Fahrern, die sich keinen Zweizylinder leisten konnten, schien zu steigen. Vorerst jedenfalls.

So beschloß man, gleichzeitig zwei Einzylinderversionen zu entwickeln, ein seitengesteuertes Billigmodell und ein kopfgesteuertes für Sport- und Rennfahrer. Natürlich wurde der »Flathead« mit Magnetzünder (A) und mit Spulenzündung (B) in viel größeren Stückzahlen gefertigt. Mit ihren 8 PS/6 kW kostete die seitengesteuerte Maschine 210 bzw. 235 Dollar, während man für die kopfgesteuerte (AA und BA) mit 12 PS/8 kW schon 250 bzw. 275 Dollar berappen mußte. Das Rennmodell S mit Magnetzünder bot HD für 300 Dollar an.

Im Gegensatz zu den V2 besaßen die Einzylinder jetzt demontierbare Köpfe. Der nach den Patenten von Harry Ricardo (GB) gestaltete Brennraum mit »squish band« erzeugte eine Turbulenz der einströmenden Gemischmenge, die zu einer vollständigeren Verbrennung und zu größerer Leistungsausbeute führte. In Rennausführung wog das »Blasrohr« etwa 107 kg und erreichte ca. 115 km/h Spitze. Harley-Davidson gewann 1926 sechs der Läufe zur amerikanischen Meisterschaft in der 350er Klasse, Indian die übrigen acht.

Attraktiv waren die Einzylinder also vor allem für die beiden stabilen Gruppen von Motorradkäufern, die sich entweder für leichte Sportfahrzeuge begeisterten oder keinen Zweizylinder leisten konnten. Und obgleich ihre Zahl, wenigstens in den USA, verhältnismäßig klein war, war für sie die Auswahl infolge der geschilderten Situation eher reichhaltig.

Als aber die 750er V2-Sportmaschinen von Indian und Excelsior in immer größerer Zahl auf den Straßen erschienen, sah sich HD genötigt, auch ihre Zweizylindermaschinen mit seitengesteuerten Motoren auszurüsten. Über 20 Jahre hatte der F-head (ein Ventil stehend, eines hängend) seine Pflicht getan, doch die Zukunft lag offenbar in leistungsfähigeren Motoren. Indian hatte mit Hilfe des irischen Motorenzauberers Charley Franklin bewiesen, daß 4-Ventil-Flatheads sogar OHC-Motoren mit acht Ventilen auf der Rennpiste schlagen konnten, und hatte damit der nächsten Motorengeneration den Weg gewiesen.

Rechts: Singles und Twins behalten weiterhin den »Ful-Floeting«-Sitz als Serienausstattung.

1927 BA
Eigentümer: Trev Deeley Museum, Vancouver, Kanada

1926 FHAC
Eigentümer: Daniel Statnekov, Tesuque, Mew Mexico; Restaurator: Brad Wilmarth

Oben: Die Entwicklung der Two Cam mit gekapselten Ventilfedern führt einige Jahre später zur Serienproduktion der Straßenmodelle »61« und »74« (1000er und 1200er) mit zwei Nockenwellen.

Unten: Trotz guter Kritiken in der Fachpresse wird die Einzylinder OHV in Übersee populärer als in den USA.

Rechts: Der normale Lenker (Foto) kann gegen einen kürzeren und flacheren »Speedster«-Lenker ausgetauscht werden.

Oben: Die 1927er Einzylinder bekommen stärkere Rahmen, Tanks und Motoraufhängungen. Der Vorderkotflügel wird an den starren Gabelholmen befestigt.

1929 JDH

Technische Daten
Motor/Kraftübertragung
Motor: V2 45° Two-Cam IOE
Hubraum: 1200 cm³
Bohrung x Hub: 87 x 102 mm
Verdichtung: 6,5 : 1
Leistung: 29 PS/21 kW bei 4000/min
Gemischbildung: Schebler-Vergaser
Getriebe: 3-Gang
Kraftübertragung:
primär Kette
sekundär Kette
Bremse: Trommelbremse vorn+hinten
Batterie: 6 Volt
Zündung: Spulenzündung

Fahrwerk/Aufhängung
Rahmen: Einschleifen-Stahlrohrrahmen
Federung vorn: Gabel mit Doppelfedern
Radstand: 1511 mm
Gewicht: 185 kg
Tankinhalt: 18 Liter
Ölvolumen: 3,8 Liter
Bereifung: 18 x 3.85
Höchstgeschwindigkeit: 137 km/h
Lieferbare Farben: Olivgrün (wahlw. Azurblau, Polizeiblau, Braungrau, Creme, Marone, Orange)
Produziert wurden: 10182 Einh. (JD); JDH unbekannt
Preis: US-$ 370

MODEL JDH (1929)

Die JDH, bekannt als die Two-Cam (zwei Nockenwellen), erschien erstmals 1928. Sie wurde als JH und JDH mit 1,0 bzw. 1,2 Liter Hubraum gefertigt und war das Ergebnis von Harleys Rennerfolgen der 20er Jahre.

Unter Druck gesetzt durch die stark angehobene Leistung der Indian Powerplus und der Vierzylinder von Excelsior, mußte auch HD eine schnellere Maschine anbieten. Das Werk hatte viele Rennmotoren mit zwei Nockenwellen gebaut und beschloß nun einfach, diese Erfahrungen in die Produktion einer Straßenmaschine einzubringen. Also bekam die JDH die direkte Ventilsteuerung der Racer, nur daß die Rollen-Schwinghebel durch Stößel ersetzt wurden. Durch Verwendung doppelter Einlaßventilfedern ließ sich die Drehzahl weiter erhöhen. Größere Kühlrippen am Kopf halfen den infolge höherer Leistung vermehrten Wärmeanfall abzuführen, und eine neue vom Gaszug gesteuerte Ölpumpe sorgte für bessere Schmierung.

Die Two-Cam war mit bombierten Dow-Metal-Magnesiumkolben ausgestattet, die die Verdichtung anhoben und die es wahlweise auch für den J und JD gab.

Die JDH hatte einen kleineren, leichteren Tank als die normalen Straßenversionen, der statt 20 nur mehr 18 Liter Benzin faßte. Kleinere Räder senkten den Schwerpunkt ab, und verstärkte Speichen im Hinterrad waren nötig, um die höhere Leistung zu übertragen. Auch die zusätzliche Vorderradbremse wurde von den Fahrern der schnellen, schweren Maschine begrüßt.

Da sich viele Käufer über das ewige Grün aus Milwaukee beklagt hatten, bot man jetzt auch eine ganze Farbpalette an. Die neuen Farben wurden zwar nicht in den Prospekten bekanntgemacht, aber das Werk informierte die Händler über die Wahlmöglichkeiten. Käufer, die danach fragten, konnten sogar unter einer Anzahl Zweifarbenlackierungen wählen.

Das erste goldene Zeitalter des amerikanischen Motorradrennsports (1915–25 mit Ausnahme der Kriegsjahre) gehörte jetzt der Geschichte an. Gewaltige Rennbudgets hielt man für verzichtbar. Indian und Excelsior hatten Harley gezwungen, ins Renngeschehen einzugreifen, und Milwaukee hatte den Fehdehandschuh angenommen. Am 4. Juli 1925 erreichte der junge Fahrer Joe Petrali erstmals einen Schnitt von 100 mph (161 km/h) mit einer Harley-Davidson Two-Cam auf der Piste von Altoona, Pennsylvania.

Die Zeit des Testens, Tunens und der Rennteilnahme beschleunigte Harley-Davidsons Entwicklung als Hersteller sportlicher Fahrzeuge, vor allem in der Klasse der großen Zweizylinder. Die kleinere, leichtere und weniger starke 600er Sport Twin hatte wenig Erfolg zu verbuchen und blieb nur fünf Jahre im Programm. Dieser Mißerfolg ist schuld daran, daß sich die Amerikaner bis heute voll auf schwere Motorräder mit großen V2-Motoren eingestellt haben. Schwer, stark und echt amerikanisch.

Doch 1929, unmittelbar vor der großen Depression, lief auch die Serie J aus. In den neun Jahren waren rund 75000 Stück gefertigt worden. Das J-Modell war auf der Basis der V-Twin von 1911 bis zum äußersten weiterentwickelt worden. Die Leistung war mehrfach angehoben, die Elektrik war verläßlich, das Styling kam beim Käufer gut an, und die ganze Maschine war hinsichtlich Fahrleistungen und Zuverlässigkeit durchweg anerkannt. Doch der Markt wurde von anderen Mächten bestimmt, und der F-head-Motor geriet bald – zumindest für eine Weile – ins Hintertreffen.

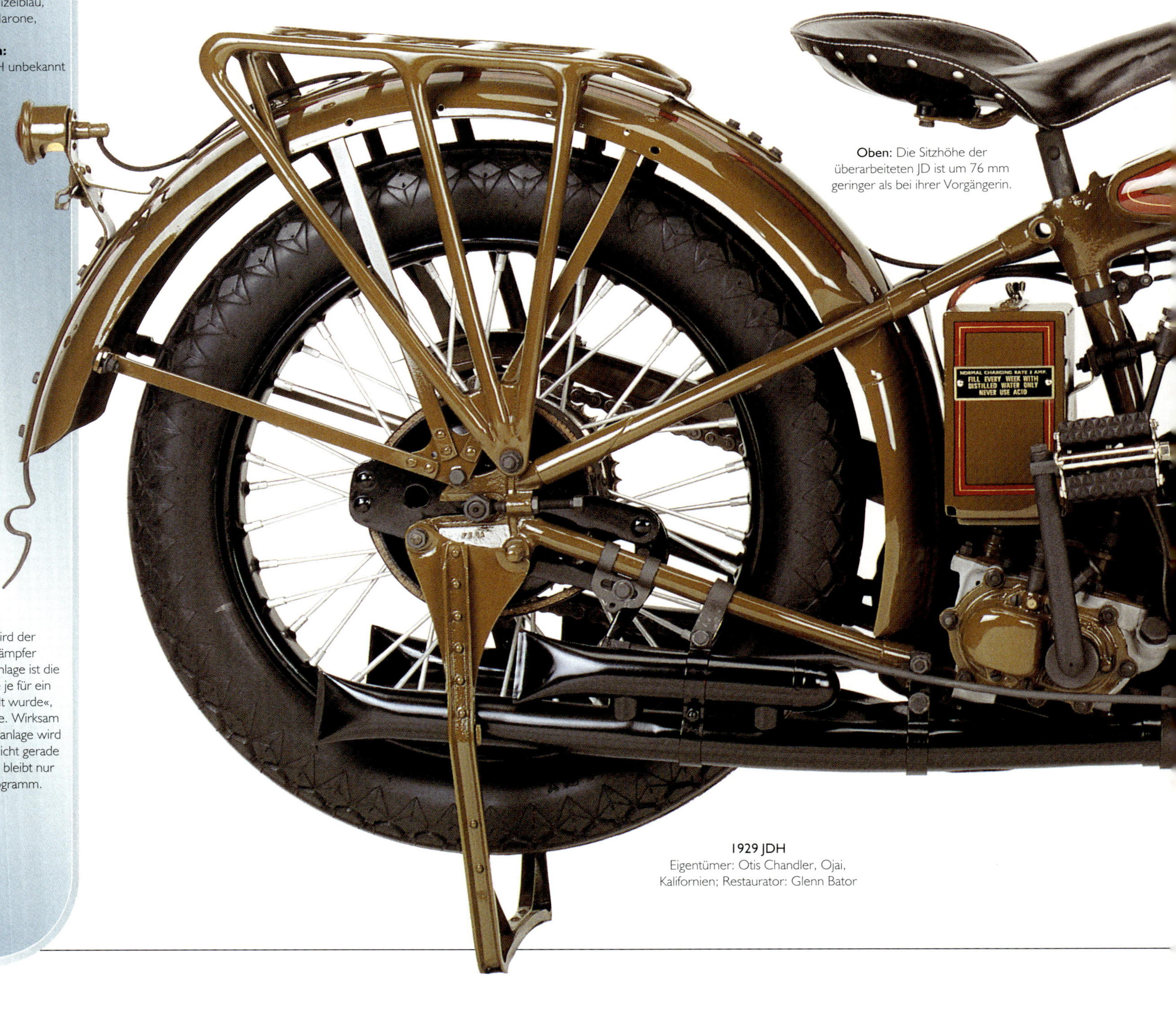

Oben: Die Sitzhöhe der überarbeiteten JD ist um 76 mm geringer als bei ihrer Vorgängerin.

Rechts: 1929 wird der Vierrohr-Schalldämpfer eingeführt. »Diese Anlage ist die absolut leiseste, die je für ein Motorrad entwickelt wurde«, behauptet Milwaukee. Wirksam oder nicht, die Abgasanlage wird vom Aussehen her nicht gerade freudig begrüßt und bleibt nur zwei Jahre im Programm.

1929 JDH
Eigentümer: Otis Chandler, Ojai, Kalifornien; Restaurator: Glenn Bator

Oben: Die Scheinwerfer namens »Two-Bullet« werden nur 1929 und 1930 montiert.

Dennoch waren diese Motoren mit 1,0 und 1,2 Liter Hubraum das Produkt, das mehr als alles andere für Harley-Davidsons Platz im Motorradgeschäft verantwortlich war. Man fand sie überall, sei es für reine Transportaufgaben oder für Sportzwecke, für den professionellen Renneinsatz oder als solide Beiwagenmaschinen, bei Firmen und bei der Polizei. Das J-Modell war das amerikanische Allzweckmotorrad.

Gleichzeitig brachte die JDH das Unternehmen einen großen Schritt näher an die internationalen Standards in der Motorradkonstruktion. Noch war die Motorschmierung zwar ein Einwegsystem ohne Rückförderung, doch 1928 wurde die drosselklappenabhängige Zahnradpumpe eingeführt. Und die Vorderradbremse zeigte, daß man erkannt hatte, wie wichtig rasches Abbremsen bei sportlichem Fahren auf offener Straße ist.

Die Realität aber kam jetzt in Form der großen Wirtschaftskrise, und mit ihr die Tatsache, daß Flatheads billiger zu fertigen waren. Dennoch hatte die JDS den Maßstab für Harleys nächste Hochleistungsmaschine gesetzt, die 1936er OHV mit dem Beinamen »Knucklehead«. Die »Roaring Twenties« gingen zu Ende, doch als es so weit war, hatte sich die Harley-Davidson JD ihren Platz als Pionier der Motorradgeschichte gesichert.

Rechts: Zünd- und Lichtschalter sitzen zu beiden Seiten des Amperemeters. Der Ladestrom läßt sich mit einem Hebel am Generator einstellen.

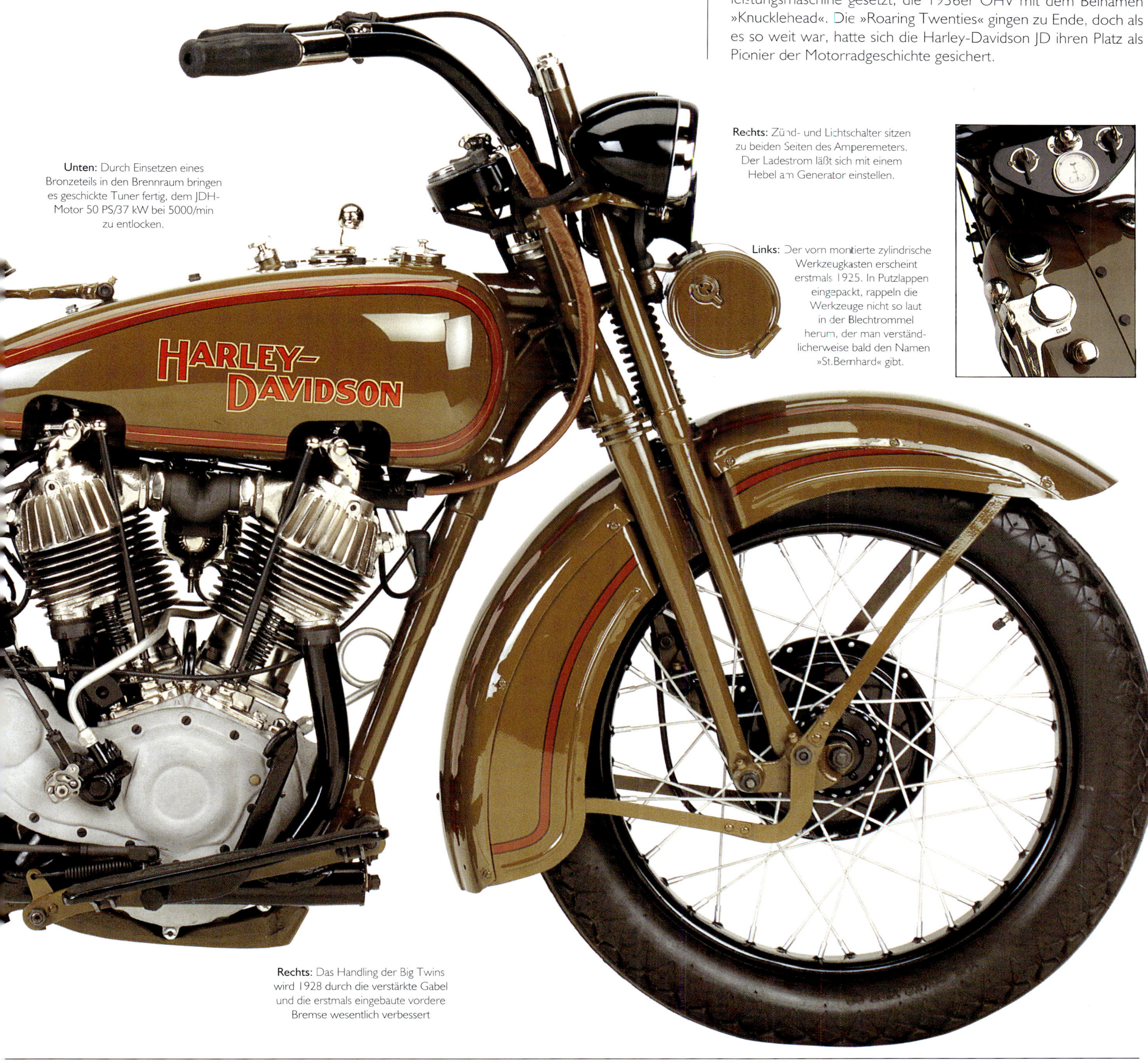

Unten: Durch Einsetzen eines Bronzeteils in den Brennraum bringen es geschickte Tuner fertig, dem JDH-Motor 50 PS/37 kW bei 5000/min zu entlocken.

Links: Der vorn montierte zylindrische Werkzeugkasten erscheint erstmals 1925. In Putzlappen eingepackt, rappeln die Werkzeuge nicht so laut in der Blechtrommel herum, der man verständlicherweise bald den Namen »St.Bernhard« gibt.

Rechts: Das Handling der Big Twins wird 1928 durch die verstärkte Gabel und die erstmals eingebaute vordere Bremse wesentlich verbessert

Rechts: Die Vierfach-Schalldämpfer bleiben bei der 750er und den Einzylindern noch etliche Jahre in Serie.

MODEL D (1929), MODEL C (1930) UND MODEL DAH (1932)

Das Jahr 1929 gilt gewiß nicht als eines der besten in der Geschichte der USA. Doch obschon alles vom Zusammenbruch der Börse, vom »Schwarzen Freitag«, überschattet wurde, sahen die ersten neun Monate in Milwaukee noch ganz erfreulich aus.

Damals erschienen zwei neue Modelle, die 750er V2 D (Standard) mit der Variante DL (höher verdichtet) einerseits und die 500er Einzylinder C. Keine der beiden gefiel den an 1000er und 1200er gewöhnten Kunden besonders, zumal die großen Kaliber immer noch erhältlich waren. Mit 260 Dollar war die neue Single um 115 Dollar billiger als die JDH, und die 750er V2 gab es sogar schon um 290 Dollar. Auf jeden Fall bot man den Käufern, die sich die großen Zweizylinder nicht leisten konnten, preisgünstigere Fahrzeuge an.

Indian hatte beachtliche Leistungen aus ihren V2-Flatheads herausgeholt, und Harley traf es schwer, daß sich der Konkurrent 1928 alle Läufe zur US-Meisterschaft zu holen vermochte und das gleiche 1929 noch einmal wiederholte. Die Firma in Springfield hatte die Zuverlässigkeit und Stärke der Flatheads mit ihren 750er, 1000er und 1200er Motoren bewiesen. Klar, daß man in Milwaukee jetzt an mehr als nur einem leicht getunten Straßen-Flathead arbeitete.

Der kleinere V2 aber war nie als Motor für eine Hochleistungsmaschine vorgesehen, sondern für praktische , sparsame und zuverläsige Verkehrsmittel und Nutzfahrzeuge. Dennoch saß William Ottaway bereits an einer stärkeren OHV-Version des D-Modells, und es gab schon konkrete Pläne für große Zweizylinder in Flathead-Ausführung. In Milwaukee kannte man die Fakten: Seitengesteuerte gaben ausreichende Leistung für die Straßenversion, liefen leiser und waren billiger zu fertigen als OHV-Motoren. 1930 erhielt der »kleine V2« einen neuen Rahmen und eine neue Gabel, und ein Sportmodell wurde eingeführt, das mit angehobener Verdichtung und größerem Vergaser 20 PS/15 kW leistete.

Die Entwicklungsrichtung bei den Einzylindern war ähnlich. Obgleich der Absatz der 350er Single seit Jahren zurückging, meinte man, es wäre gut, auch eine größere Einzylinder zu haben. So entstand die Einzylinder-Halbliter, das C-Modell, das den gleichen Rahmen erhielt wie die 350er Single und die 750er V2.

Die 500er Einzylinder, in den USA als »Thirty-fifty« bekannt, war dann 1931 die einzige Single in Harley-Davidsons Programm.

1930 C
Eigentümer/Restaurator: Armando Magri, HD-Vertretung in Sacramento, Kalifornien

Unten: Die kopfgesteuerte DAH 750 ist speziell für Bergrennen gebaut.

1932 DAH 750
Eigentümer: Daniel Statnekov, Tesuque, New Mexico

Zwar fegte jetzt Joe Petrali mit der 350er »Blasrohr« die Rennstrecken leer, doch die schlimmen Auswirkungen der Depression waren im ganzen Land zu spüren. Die meisten Leute konnten sich ein Motorrad ganz einfach nicht leisten. 1932 bot Harley-Davidson wieder um die 350er Single an und drückte den Preis auf 195 Dollar, den niedrigsten, zu dem je eine HD-Maschine verkauft wurde. Auch der Preis der 500er Single wurde auf 235 Dollar reduziert, und so viel hatte noch vor drei Jahren die 350er gekostet.

Als auch Europa in die Wirtschaftskrise geriet und man begann, Schutzzölle zu erheben, schrumpften die Exportmärkte für Milwaukee zusammen. Die Tage der sparsamen und/oder sportlichen Einzylinder waren gezählt, und 1934 sollte ihr letztes Produktionsjahr werden. Noch einige Jahre blieb die Klasse A bis 350 cm³ in der US-Meisterschaft bestehen, und 1935 gewann der Harley-Fahrer Joe Petrali sämtliche Läufe der Saison. Einige Jahre später machte man die Klasse C, also die 750er, zur Standardklasse im US-Rennsport.

Zu dieser Entscheidung trug vor allem die Tatsache bei, daß sowohl Indian als auch Harley-Davidson Rennmaschinen dieses Hubraums herstellten. Die Indian Sport Scout hatte die Maßstäbe für die »kleinen« Zweizylinder gesetzt, und Harleys Fourty-five wurde nach Behebung einiger Kinderkrankheiten zum schärfsten Konkurrenten auf Straße und Piste. Mochten auch einige Fans der großen Zweizylinder diese schwächlichen, unsportlich wirkenden Zwerge verspotten – die 750er Flathead sollte die Maschine mit der längsten Produktionsdauer im ganzen Harley-Davidson-Programm werden.

Die »45«, die 750er-Flathead, diente als Harleys Arbeitstier, als Polizeimaschine, als Lastesel, als Zugpferd, als Postfahrzeug, als Militärkurier und als Rennmotorrad. Und – Zufall oder nicht – genau 45 Jahre später rollte die letzte dieser Serie vom Montageband.

1929 D
Eigentümer/Restaurator: Harold Mathews, Mathews HD-Vertretung in Fresno, Kalifornien

Links: Die 750er »45« hat anfangs gegen die marktbeherrschende Indian 101 Scout zu kämpfen. 1930 wird die Baureihe durch verstärkte Gabel, Rahmen und Kupplung aufgewertet.

Oben: Die normale D läßt sich durch anderen Kopf und hinteren Zahnkranz (28 Zähne) leicht in die höherverdichtete DL verwandeln.

1930 MODEL VL

TECHNISCHE DATEN
MOTOR/KRAFTÜBERTRAGUNG
Motor: V2 45° Flathead
Hubraum: 1208 cm³
Bohrung x Hub: 87 x 102 mm
Verdichtung: 4,5 : 1
Leistung:
30 PS/22 kW bei 4000/min
Gemischbildung:
32 mm Schebler-Vergaser
Getriebe: 3-Gang
Kraftübertragung:
primär Duplexkette
sekundär Kette
Bremse:
Trommelbremse vorn+hinten
Batterie: 6 Volt/22 Ah
Zündung: Spulenzündung

FAHRWERK/AUFHÄNGUNG
Rahmen:
Einschleifen-Stahlrohrrahmen
Federung vorn:
Schwingengabel
Radstand: 1524 mm
Gewicht: 240 kg
Tankinhalt: 15 Liter
Ölvolumen: 3,8 Liter
Bereifung: 4.00 x 18
Höchstgeschwindigkeit:
137 km/h
Lieferbare Farben: Olivgrün (wahlw. Schwarz, Grau, Blau, Marone, Grün, Creme)
Produziert wurden:
3246 Einh.
Preis: US-$ 340

MODEL VL UND SEITENWAGEN (1930) UND MODEL VL (1932)

Obgleich man sie immer noch die »Seventy-four« (1200er) nannte, unterschieden sich die 1930er Modelle V (Standard) und VL (hochverdichtet) doch erheblich von den früheren »74«, den FD- und JD-Modellen. Anfangs war man in Milwaukee auch gar nicht mit ihnen zufrieden. Die VL lieferte zwar etwas mehr Leistung als die JD, und Rahmen und Gabel waren neu. Doch mit der Zuverlässigkeit haperte es gewaltig.

Die neue »74« war Mitte 1929 erschienen, kaum mehr als zwei Monate vor dem Schwarzen Freitag. Für 340 Dollar, zwanzig mehr als die JD kostete, hatte sie Schwächen an der Kupplung, an der Kurbelwelle, an der Schmierung, an den Ventilfedern, an den Schalldämpfern und sogar an den Kolben. Der Rest war tadellos in Ordnung.

Fans der JD und vor allem der leistungfähigeren JDH lachten über die Mißgeburt. Ihnen erschien es ein echter Rückschritt zu sein, eine ungeschickte Konstruktion mit 45 kg Mehrgewicht. Die Fahrleistungen freilich waren fast identisch, und Milwaukee bemühte sich rasch, die Schwächen, die die ersten Exemplare gezeigt hatten, zu beheben. Überdies enthielt die VL Neuerungen wie demontierbare Köpfe, untereinander austauschbare Räder, größere Bremsen und Reifen, niedrigere Sitzposition und mehr Bodenfreiheit. Und der Motor hatte ein breiteres Drehmomentband als der J.

Harley-Davidson hatte die 1200er Flathead als Antwort auf die Indian Chief herausgebracht, die ganz ähnlich gebaut war. Die Zukunft, zumindest die absehbare, würde also dem Flathead, dem seitengesteuerten Motor, gehören. Das Standardmodell V leistete 28 PS/21 kW, der höherverdichtete VL volle 30 PS/22 kW. Wie beim 750er Motor hatte jedes Ventil seinen eigenen Nocken, und das Schmiersystem war ohne Rückförderung. Eine geschmiedete Doppel-T-Vorderradgabel ersetzte die alte Rohrstruktur des J-Modells. Schließlich wurden neue 19-Zoll-Räder mit 4 Zoll breiten Reifen Standard; gegen Aufpreis gab es die noch breitere 4.40er Bereifung.

1930 waren vier Versionen der neuen »74« verfügbar: die V und VL mit Batteriezündung und die VM und VLM mit Lichtmagnetzünder. Die Batterie war eine kompaktere

Oben: Zehn Jahre lang bleibt der Seitenwagen im wesentlichen unverändert. Inzwischen sind alle drei Räder untereinander auswechselbar, und der Beiwagen besitzt eine in die Bremsanlage des Motorrads integrierte Bremse.

1932 VL
Eigentümer: Trev Deely Museum, Vancouver, Kanada

Rechts: Die ersten »74« Flathead werden im Sommer 1929 eingeführt. Bald schon zeigen sich Probleme mit Rädern, Kupplungen, Kickstartern und Kolben. Die Montage wird unterbrochen, bis neue Teile gefertigt und an die Händler ausgeliefert sind.

1930 VL
Eigentümer/Restaurator: Dave Royal, Nipomo, Kalifornien

22-Ah-Ausführung, und als Zündspule wurde eine besser abgedichtete verwendet. Den immer noch zylindrischen Werkzeugkasten hatte man unter Hupe und doppelten Scheinwerfern angebracht; 1931 kam er jedoch in ovaler Form heraus und trug am vorderen Ende eine neue, scheibenförmige Hupe. Die doppelten Scheinwerfer wurden 1931 durch einen einzelnen ersetzt.

Im gleichen Jahr mußte die Abgasanlage mit doppelten Schalldämpfern einer Anlage mit einem Rohr weichen. Links im Kurbelgehäuse verdeckte ein Stopfen die Marke für die Zündeinstellung, und der neue Schebler-Vergaser bekam ein Druckgußgehäuse. Milwaukee bot gegen Aufpreis auch ein Dreiganggetriebe mit Rückwärtsgang für Seitenwagenbetrieb an, das auch im Servi-Car Verwendung fand. Olivgrün blieb Standardfarbe, doch die Händler konnten Zweifarbenlackierungen in Schwarz/Rot, Marone/Creme, Weiß/Gold oder Blau/Grau bestellen.

Die große Flathead-V2 sollte achtzehn Jahre lang ihren Platz im Harley-Programm behaupten. 1936 würde die Maschine als VLH einen 1340 cm³ großen V-Motor erhalten und ein Jahr später als Version U endlich auch eine Ölpumpe mit Rückförderung. Später einmal würden hängende Ventile den Flathead endgültig Vergangenheit werden lassen. Doch nicht wenige Fahrer sind überzeugt, daß die »Side-valve 74« Harley-Davidsons feinstes Motorrad war.

Rechts: Der kürzere Solo-Lenker ist damals ohne Aufpreis erhältlich. Die Gabel kann mit einem hinter dem Scheinwerfer liegenden Reibungsdämpfer, dem »Ride Control«, eingestellt werden.

Oben: Für das Modell 1932 werden die Zylinder abgeändert, um mehr Kühlluft an die Auslaßkanäle zu bringen. Gabel und Getriebe werden zur Erhöhung der Lebensdauer verstärkt.

Rechts: 1931 wird der bisherige Werkzeugkasten durch einen mit ovaler Form abgelöst, ebenso die trompetenförmige Hupe durch eine flache mit verchromtem Grilldeckel.

MODEL VLD (1934), RL (1935) UND CB SINGLE (1934)

1935 MODEL RL

Technische Daten
Motor/Kraftübertragung
Motor: V2 45° Flathead
Hubraum: 746 cm^3
Bohrung x Hub: 70 x 97 mm
Leistung: 18,5 PS/14 kW bei 4000/min
Gemischbildung: Schebler-Deluxe-Vergaser
Getriebe: 3-Gang
Kraftübertragung:
primär Duplexkette
sekundär Kette
Bremse: Trommelbremse vorn, Außenbandbremse hinten
Batterie: 6 Volt
Zündung: Spulenzündung

Fahrwerk/Aufhängung
Rahmen: Einschleifen-Stahlrohrrahmen
Federung vorn: Schwingengabel
Radstand: 1460 mm
Gewicht: 177 kg
Tankinhalt: 14 Liter
Ölvolumen: 3,6 Liter
Bereifung: 4.00 x 18
Höchstgeschwindigkeit: 113 km/h
Lieferbare Farben: Teakrot/Schwarz, Venedigblau/Silber, Ägyptisch-Elfenbein/Regent-Braun, Olivgrün/Schwarz
Produziert wurden: 819 Einh.
Preis: US-$ 295

Die VLD Special Sport Solo wurde 1933 eingeführt. Die ganze Wucht der großen Depression hatte Milwaukee 1931 erreicht, und die Produktionszahlen waren auf den niedrigsten Stand der letzten 20 Jahre gefallen. In den beiden folgenden Jahren verschlimmerte sich die Lage noch weiter.

Bei Harley-Davidson, wo Management und Belegschaft zu reduzierten Gehältern arbeiteten, stand technische Weiterentwicklung nicht im Programm. Deshalb gewannen Farbpaletten und Verzierungen an Bedeutung. Man folgte dem Beispiel der Autoindustrie und führte Art deco ins Styling der Maschinen ein. Den Tank von 1933 zierte ein stilisierter Adler im Flug, hervorgehoben durch goldene Linien und kontrastierende Farben. Der Adler ersetzte das Dekor, das es 1932 auf Wunsch gegeben hatte, aber nur für ein Jahr.

Nun waren die neuen Modelle aber auch nicht bloße Aufgüsse der alten in neuer Lackierung. Zahlreiche schon vor der Krise entwickelte Verbesserungen waren im Vorjahr eingeführt worden.

Die 1200er V-Serie besaß neue Zylinder mit besserer Wärmeabfuhr und eine optimierte Ölpumpe, einen neuen Generator und eine stärkere Gabel. Die gleichen Neuerungen wie die 1200er wiesen auch die 750er, die jetzt R hieß, und die 500er Single auf. Die kleine V2 erhielt einen verstärkten Rahmen, größere Schwungmassen, bessere Ventilfedern und eine neue Vierscheibenkupplung.

Die VLD wurde bei den großen V2-Flatheads das, was für die frühere »74« die Version JDH gewesen war, nämlich Harleys »heißer Ofen«. Ein neues Y-förmiges Saugrohr sorgte für einen direkteren Weg des Gemischs in die Zylinder, und dazu gab es einen neuen Linkert-Vergaser aus Messingguß. Mit Alu- statt Magnesiumkolben, verbesserten Zylinderköpfen und 5 : 1 Verdichtung leistete der Motor jetzt 36 PS/27 kW bei 4500/min. Angesichts ihres Gesamtgewichts hatte die Maschine eine respektable Beschleunigung.

1934 fertigte man die Serien V und R mit seitlich geschlossenen Hinterkotflügeln und hochgezogenen Auspuffrohren und die »74« mit längerem Schalldämpfer. Der dekorative Trend umfaßte auch ein Chrompaket für 15 Dollar, das Lenker, Abgasrohre, Kettenschutz und Generatorabdeckung enthielt. Ein weiteres Extra war der »Buddy Seat«, ein übergroßer Sattel, der zwei eng sitzenden Personen Platz bot. Er war auch bei Solofahrern beliebt, um bei Bedarf die Sitzposition wechseln zu können.

1934 erschien an den V2-Maschinen der »Fishtail muffler«, ein Schalldämpfer mit Schwalbenschwanz wieder, und der Werkzeugbehälter der »74« wurde zu einem Kasten am Rahmen hinter dem Getriebe. Die neue 1340er V-Twin folgte gegen Ende 1935 unter der Bezeichnung VLDD und 1936 als VLH. Ebenfalls im 1935er Prospekt fand man eine Rennsportversion der »74«, die VLDJ hieß.

Mit dem Übergang vom Profi- zum Amateurrennsport bot Milwaukee die RLDR an, eine 750 mit Rennkonzeption. Die kleinere V2 hatte Anteil an den meisten der Neuerungen, die die große Schwester erfahren hatte, einschließlich eines Getriebes mit Rädern in Dauereingriff. Die R-Serie erhielt auch Innenbackenbremsen, deren Trommeln und Bremsbacken gehärtet waren, um Funktion und Lebensdauer zu verbessern. Die Rennmotoren wurden mit etwas größerem Kolbenspiel montiert.

Vier verschiedene Zweifarbenlackierungen gab es für die 1935er V2-Modelle, nämlich Teakrot/Schwarz, Venedigblau/Silber, Ägyptisch-Elfenbein/Regent-Braun und Olivgrün/Schwarz.

Unten: Der tiefer ausgearbeitete Sattel ist etwas luxuriöser ausgestattet. Den »Buddy Seat« gibt es zum Aufpreis von US-$ 6,75.

Rechts: 1934 verschwindet der Schalldämpfer mit »fishtail« wieder zugunsten des neuen »High-flo muffler«. Neu sind auch der seitlich geschlossene Hinterkotflügel und das »Airflow«-Schlußlicht. Der Käufer kann zwischen 18- und 19-Zoll-Rädern wählen.

1934 VLD
Eigentümer: Mike Lady, Arroyo Grande, Kalifornien;
Restaurator: Scott Ashley

1934 CB
Eigentümer/Restaurator: Harold Mathews, Mathews HD-Vertretung, Fresno, Kalifornien

Links: Mit der letzten Einzylinder endet das erste Kapitel. Von nun an beherrscht die V2, die »V-Twin«, das Feld. Die nächste Single der Marke HD wird erst 1948 erscheinen, eine Zweitakter aus Deutschland.

1935 RL
Eigentümer: Trev Deely Museum, Vancouver, Kanada

Oben: 1935 umfaßt die R-Baureihe bereits fünf Modelle einschließlich Seitenwagen- und Rennmaschine. Auf Wunsch bekommt man die verchromte Auspuffanlage.

Oben: Die »streamlined« Kotflügel weisen auf den Einfluß der Art deco der 30er Jahre hin. Die Lackierung in Seafoam-Blau und Silber bekommt man nur auf Sonderwunsch.

1936 EL

Technische Daten
Motor/Kraftübertragung
Motor: V2 45° OHV
Hubraum: 989 cm³
Bohrung x Hub: 84 x 89 mm
Verdichtung: (E) 6.5 : 1, (EL) 7 : 1
Leistung: (E) 37 PS/27 kW, (EL) 40 PS/30 kW bei 4800/min
Gemischbildung: 32 mm Linkert-Vergaser
Getriebe: 4-Gang
Kraftübertragung:
primär Duplexkette
sekundär Kette
Bremse: Trommelbremse vorn+hinten
Batterie: 6 Volt
Zündung: Spulenzündung

Fahrwerk/Aufhängung
Rahmen: Doppelschleifen-Stahlrohrrahmen
Federung vorn: Schwingengabel (Ovalrohr)
Radstand: 1511 mm
Gewicht: 256 kg
Tankinhalt: 14 Liter
Ölvolumen: 3,8 Liter
Bereifung: 4.50 x 18
Höchstgeschwindigkeit: 153 km/h
Lieferbare Farben: Sherwood-Grün/Silber, Teakrot/Schwarz, Dunkelgrau/Blaßgelb, Venedigblau/Croydon-Creme, Marone/Nilgrün
Produziert wurden: 1526 Einh.
Preis: US-$ 380

EL 61 OHV (1936)

1931 hatten die Firmengründer Pläne für eine neue V2 diskutiert. Dieses Motorrad würde der logische Nachfolger der JDH sein und sich die Fortschritte in moderner Technik, Formgestaltung und erhöhten Fahrleistungen zunutze machen. Also vor allem schneller sein.

In jenem Sommer baute man eine Attrappe für eine Maschine mit 1065 cm³ Flathead-Motor. Die Entwürfe enthielten einen Doppelschleifenrahmen, eine verstärkte Gabel und ein integriertes Instrumentenbrett auf dem Tank, das Milwaukees ersten serienmäßigen Tachometer enthalten sollte. Rahmen und Styling stießen auf Zustimmung, doch der seitengesteuerte Motor wurde abgelehnt. Einige Monate später wurde beschlossen, ein Einliter-OHV-Triebwerk zu erstellen.

Das eigentlich für 1935 geplante Projekt 1000 OHV verzögerte sich als Folge der Depression und aufgrund von Problemen mit Ölleckagen an den Prototypen. Daher wurde das Debüt der ersten schweren V-Twin-OHV aus Milwaukee mit Druckumlaufschmierung auf 1936 vertagt. Trotz dieser Verspätung wurde die schmucke neue Harley ein sofortiger Erfolg.

Wegen ihrer an Fingerknöchel erinnernden Kipphebelgehäuse erhielt die von Grund auf neue Maschine bald den Beinamen »Knucklehead«. Der Doppelschleifen-Rohrrahmen war erforderlich, um die zusätzliche Leistung zu verkraften, und die ersten Exemplare waren darin nicht ganz befriedigend. Für 1937 wurden deshalb die Rahmen weiter verstärkt. Die Gabel bestand aus Ovalrohren, die glatter und schöner wirkten als die aus geschmiedetem Doppel-T-Material. Auf 18-Zoll-Rädern saßen 4.50er Reifen, und die Sitzhöhe sank auf 660 mm ab, niedriger als einige Jahre zuvor die 500er war.

Der neue Motor betonte ein Styling, das Kraft und Schnelligkeit versprach. Die polierten Kipphebelgehäuse und Stößelrohre gaben dem V2 einen dekorativen Hauch und lenkten den Blick auf den Motor. Denn dem sah man seine PS wirklich an. Und die klare, von der Hinterachse bis zum Lenkkopf ungebrochene Linie wirkte stark und schön. Die meisten Fahrer von 1936 waren sich denn auch einig: das bestaussehende Motorrad, das sie je gesehen hatten.

Und es klappte. Die einzelne Nockenwelle arbeite besser und leiser als die zwei oder gar vier der Flathead-Vorgänger. Der halbkugelige Brennraum, den die unter 90° zueinander angeordneten Ventile ermöglichten, brachte Leistung: 37 PS/27 kW bei 4800/min beim Standardmodell E und 40 PS/30 kW bei der EL-Version mit höherer Verdichtung. Und trotz des stattlichen Gewichts (272 kg vollgetankt) genügte das, um den mutigen Fahrer mit seiner Maschine auf über 150 km/h zu beschleunigen.

Milwaukee scheute sich denn auch nicht, aus den Fahrleistungen Kapital zu schlagen. Im März 1937 fuhr Joe Petrali in Daytona Beach mit einer Höchstgeschwindigkeit von 219 km/h neuen Rekord und überbot damit den früher von Indian aufgestellten Bestwert. Später gelang Fred Ham mit der Knucklehead auf dem Muroc Dry Lake in Kalifornien ein neuer 24-Stunden-Rekord über 2937 km mit einem Schnitt von rund 122 km/h. Die neue 1000er OHV hatte ihre Feuerprobe bestanden.

Unten: Viele Leute halten die 1936er Knucklehead für die schönste Maschine, die Harley-Davidson je gebaut hat. Man kann ihnen zustimmen.

Unten: An den meisten Modellen sind die Felgen in der zweiten Farbe lackiert. Bei der Farbkombination Teak/Schwarz sind die Felgen jedoch teakrot lackiert.

Rechts: Die »61«, die 1000er OHV, die wegen der Form ihrer Ventildeckel bald als Knucklehead bekannt wird, hätte 1935 in Serie gehen sollen. Kleine Probleme und HDs bekannte Sorgfalt verzögern ihr Erscheinen bis 1936.

Zur gleichen Zeit, da sich die Wirtschaft von der Depression zu erholen begann, hatte Milwaukee ein modernes Motorrad auf die Räder gestellt. Man hatte den großen Widersacher Indian hinter sich gelassen und zog die Aufmerksamkeit der US-Motorradwelt voll auf sich. Natürlich war die 1000er, die »61 OHV«, nicht völlig problemlos: Die frühen Exemplare litten immer noch an Undichtigkeiten und der Ölverbrauch war höher als nötig; die Übersetzung des Kickstarters und die Zündeinstellung konnten das Starten erschweren, und die Kraftübertragung verlangte nach stabileren Einbauelementen. Doch noch vor 1937 waren all diese Probleme behoben.

Die Knucklehead sah einfach gut aus und hatte tolle Fahrleistungen. Sie besaß eine kräftige Trockenkupplung und ein Viergangetriebe. Ihr Instrumentenbrett auf dem Tank und das schnittige Styling stellten alles, was sonst noch auf der Straße fuhr, in den Schatten. Harley-Davidson hatte es gerade noch geschafft, die schlimmen Jahre zu überleben, brachte aber jetzt im richtigen Augenblick das richtige Produkt. Und so begann ein neues Kapitel der »unendlichen Geschichte« mit einem Motorrad namens Knucklehead.

Oben: Der Drehknopf der »Ride control« sitzt noch an der rechten Seite. Zwei Jahre später findet man ihn links, wo die Gabeldämpfung während der Fahrt verstellt werden kann. Sehr vernünftig.

Links: Der erste serienmäßige Tacho bei HD. Bis 100 mph (161 km/h) reicht er nur 1936, im Jahr darauf geht die Skala bis 120 mph (193 km/h).

Unten: Das Art-deco-Tankemblem wird von 1936–39 beibehalten. Es sollte zu einem der beliebtesten Dekors an Retro-Bikes aller Zeiten werden.

1936 EL
Eigentümer: Otis Chandler, Ojai, Kalifornien;
Restauratoren: Carmen und Eldon Brown

1936 VLH

TECHNISCHE DATEN
MOTOR/KRAFTÜBERTRAGUNG
Motor: V2 45° Flathead
Hubraum: 1340 cm³
Bohrung x Hub: 87 x 109 mm
Verdichtung: 5,5 : 1
Leistung: 34 PS/25 kW bei 4000/min
Gemischbildung: Linkert-Vergaser
Getriebe: 3- oder 4-Gang
Kraftübertragung:
primär Kette
sekundär Kette
Bremse: Trommelbremse vorn+hinten
Batterie: 6 Volt
Zündung: Spulenzündung

FAHRWERK/AUFHÄNGUNG
Rahmen: Doppelschleifen-Stahlrohrrahmen
Federung vorn: Schwingengabel
Radstand: 1524 mm
Gewicht: 247 kg
Tankinhalt: 11,4 Liter
Ölvolumen: 4 Liter
Bereifung: 4.00 x 18 oder 19
Höchstgeschwindigkeit: 145 km/h
Lieferbare Farben: Sherwood-Grün/Silber, Teakrot/Schwarz, Dunkelgrau/Blaßgelb, Venetiablau/Creme, Marone/Nilgrün
Produziert wurden: 2046 Einh.
Preis: US-$ 340

VLH (1936) UND U-BAUREIHE (1938)

Die »80«, also die 1340er Flathead, wurde im Spätjahr 1935 vorgestellt und erschien offiziell im folgenden Jahr. Die superschwere V2 hatte wie ihre kleineren Schwestern neue Zylinderköpfe mit größeren Rippen und umgestalteten Brennräumen. Die großen Kühlrippen an den Zylindern überragten nun sogar die Einlaßkanäle.

Die Bohrung der »Eighty« entsprach der der 1200er, nur der Hub war um gut 6 mm länger. Im übrigen waren die Motoren – einschließlich der Schmierung ohne Rückförderung, die erst im Jahr darauf ersetzt werden sollte – identisch. In Milwaukee hielt man die größere V2 aus mehreren Gründen für nötig: Indian hatte eine; für die Mehrleistung würden sich Gespannfahrer interessieren; die Konzeption der Maschine hatte sich bewährt. Außerdem konnte sie um 40 Dollar billiger angeboten werden als die 1000 OHV, die ihre Zuverlässigkeit erst noch unter Beweis stellen mußte.

Werksmäßige Extras gab es vermehrt seit 1934, und im Jahr darauf kamen noch diverse Sonderausstattungen hinzu. Das wichtigste 1936er Paket enthielt »Safety Guard« (Sturzbügel), beleuchteten Tacho, Jiffy-Ständer, Höhenverstellung, Lenkungsdämpfer, Chromzierat, Rück- und Bremsleuchten, anders geformten Schaltknopf, andere Schalter, Sattel- und Gepäcktaschen. Und das alles für US-$49,50. Für weitere 15 Dollar lieferte Milwaukee die 1200er und 1340er mit 4-Gang-Getriebe.

Als Extra bekam man den Tacho mit Schleppzeiger, der auf der höchsten gefahrenen Geschwindigkeit stehenblieb. So hatte man den Beweis dafür, wenn man von seiner Maschine im Vergleich mit anderen Wunderdinge behauptete.

1937 wurde die V-Baureihe geändert und erhielt als U-Modell den Rahmen mit Doppelschleife, die Druckumlaufschmierung und das Vierganggetriebe als Standard. Ebenso wurde die revidierte 750er R-Serie als W-Modell mit der neuen Trockensumpfschmierung ausgerüstet. Die meisten zuerst bei der 1000er OHV eingeführten Neuerungen erschienen jetzt auch im gesamten Harley-Programm, und alle großen V2 erhielten für 1937 den verstärkten Rahmen.

Die 1200er bekam den längeren Kolbenhub der 1340er und die kleinere Bohrung der 1000er. Das hatte natürlich seinen Grund in den Fertigungskosten; die beiden kleineren Motoren konnten die gleichen Kolben verwenden. Die großen V2-Flatheads erhielten ebenfalls Zylinder mit mehr Kühlfläche und verbesserte Lager und Dichtungen im Getriebe. Nur im Jahr 1937 lackierte man die Öltanks aller Modelle in der gleichen Farbe wie Benzintank und Kotflügel, während es später nur noch schwarze Öltanks gab.

Und die Prospekte lobten: »Die Schönheit der 1938er Modelle hat einen neuen Höhepunkt erreicht.« Rote und grüne Kontrollampen ersetzten Öldruckmesser und Ampèremeter am Schaltbrett, und die wenig beliebte bronzefarbene Lackierung verschwand. Teakrot mit Schwarz und goldenen Zierlinien war noch erhältlich, und als neue Farbwahl standen Venetiablau mit Weiß, Hollywood-Grün mit Gold oder Silberbraun mit Sunshine-Blau zur Verfügung. Zierlinien gab es jetzt an den Flanken von Tank und Kotflügeln. Höhere Lenker konnten montiert werden, um das Handling bei langsamer Fahrweise zu verbessern.

Noch ein weiteres Mal wurden die Rahmen der großen Zweizylinder verstärkt und mit einem kräftigeren Rückgrat ausgestattet. Der untere Konus der Lenkungslager wurde selbstzentrierend ausgeführt, um die Lager gleichmäßig zu beanspruchen. Die Kupplung wurde verbessert und die Ölablaßschraube vom Boden des Tanks an dessen hinteres Ende verlegt.

1938 wurden die Zubehörpakete vereinheitlicht; der Kunde konnte jetzt zum Aufpreis von US-$16,70 bzw. $49,75 zwischen »Standard« und »Deluxe« wählen. Das letztere Paket enthielt Vierlagenreifen, Ride Control, farbigen Schaltknopf, Luftfilter, Satteltaschen und einen Chromteilesatz. Für Nachtfahrten konnte man ein Paar Little-King-Suchscheinwerfer ($11,50), oder ähnliche mit Namen Little Beauty ($13,25) erwerben.

Rechts: 1937 bietet HD eine besonders hübsche Lackierung in Sherwood-Grün und Silber an. Die Felgen sind serienmäßig silberfarben, für zusätzliche 50 Cents pro Rad bekam man sie auch in kadmierter Ausführung.

1936 VLH
Eigentümer/Restaurator: Dave Royal, Nipomo, Kalifornien

1938 U
Eigentümer: Trev Deely Museum, Vancouver, Kanada

Oben: Das 1200er Standard-U-Modell war beliebt für Seitenwagenbetrieb und als Geschäftsfahrzeug. Für das 1938er Modell werden Rahmen, Bremsen, Kupplung und Getriebe verstärkt.

Links: Die Verkleidung der Gabelfedern gibt es bei den Big Twins nur eine Saison, die 750er behalten sie volle vier Jahre.

Oben: Für 15 Dollar Aufpreis erhielt man das 4-Gang-Getriebe für die »80« VLH (1340er) und für die »74« VLD (1200er). Die neuen Zylinder haben größere Kühlrippen.

1938 WLDR

Technische Daten
Motor/Kraftübertragung
Motor: V2 45° Flathead
Hubraum: 743 cm³
Bohrung x Hub: 70 x 97 mm
Leistung: 27 PS/20 kW
Gemischbildung: Linkert-Vergaser
Getriebe: 3-Gang
Kraftübertragung:
primär Duplex-Kette
sekundär Kette
Bremse: Trommelbremse vorn, Außenbandbremse hinten
Batterie: 6 Volt
Zündung: Spulenzündung

Fahrwerk/Aufhängung
Rahmen: Einschleifen-Stahlrohrrahmen
Federung vorn: Schwingengabel
Radstand: 1435 mm
Gewicht: 177 kg
Tankinhalt: 13 Liter
Ölvolumen: 3,6 Liter
Bereifung: 4.00 x 18
Höchstgeschwindigkeit: 137 km/h
Lieferbare Farben: Teakrot/Schwarz, Venetiablau/Creme, Hollywood-Grün/Gold, Silberbraun/Blau
Produziert wurden: 139 Einh.
Preis: US-$ 380

Oben: Die Flathead »45« wird zum Fundament der amerikanischen Klasse-C-Rennen. HD geht daran, Indians Vorherrschaft zu brechen.

Rechts: Die WLDR erscheint erstmals 1937 und kostet 25 Dollar mehr als die normale 750er. Im Motor sind überall Rollenlager montiert, und auch das Steuergehäuse bekommt Kühlrippen.

WLDR (1938) und EL (1939)

Die meisten der Neuerungen an den großen V-Twins hatte Harley 1938 auch schon für die 750er übernommen. Die kleinen Flatheads besaßen rollengelagerte Pleuel und einteilige Nockenwellen, Getriebe mit stärkeren Rädern und neuem Schaltmechanismus. Die Ölpumpe war verbessert worden, und Steuergehäusedeckel und linke Kurbelgehäusehälfte hatten Kühlrippen erhalten. Und ebenso wie die großen V2 hatte HD die 750er mit Schmiernippeln aus dem Automobilbau ausgestattet.

Nach der 1000er OHV und den großen seitengesteuerten V2 wandte man sich in Milwaukee wieder mehr der »kleinen« Zweizylinder zu. Hauptgrund dafür war die große Beliebtheit, die die 750er Indian Sport Scout zu dieser Zeit bei zahlreichen Fans auf Straße und Piste genoß. Daher plädierte Bill Harley für eine 750er OHV unter Verwendung des Kurbeltriebs der vorhandenen Flathead. Die Kalkulation der Fertigungskosten freilich legte diese Idee auf Eis. Beschlossen wurde jedoch, eine begrenzte Zahl sportlich aufgemachter 750er Flathead als Gegengewicht gegen die Indian zu bauen.

1938 stieg die Klasse C zur führenden Rennkategorie auf. Einer geeigneten Werksrennmaschine am nächsten kam Harley-Davidsons 750er WLDR mit ihren 27 PS/20 kW. Da die Klasse C für Amateure ausgeschrieben war, erwartete man, daß die Fahrer ihre Maschine per Achse zum Rennkurs fuhren und dort zum Rennen die Beleuchtung und andere unnötige Teile abschraubten. Also homologierte man die WLDR als normales Straßenmodell, gab ihr aber eine höhere Verdichtung und größere Ventile. Mit der Verwendung von Aluköpfen und größeren Einlaßkanälen stieg 1939 die Leistung bis um die 35 PS/26 kW an.

Wesentlichen Anteil an der Leistungssteigerung der 750er hatte der Harley-Händler in San José, Tom Sifton. Als Tuner brachte Sifton es fertig, die mit einer Rennausführung stets verbundenen Probleme Gaswechsel, Schmierung und Wärmeabfuhr zu lösen. Schon bald schlug Sam Arena mit dieser 750er die Indian-Fahrer, und die meisten von Sifton stammenden Verbesserungen übernahm Harley auch für die Folgemodelle. So erschien 1941 die erste Werksversion, die ausschließlich für den Rennsport gebaut wurde.

Die »61 OHV«

Die mächtige Knucklehead erhielt 1939 Verbesserungen in Form von Keilprofilen an den Wellen für Ölpumpe und Antriebszahnkranz und einer einteiligen Getriebabtriebswelle. Ebenso wurden stärkere Ventilfedern eingebaut und (schon im Jahr zuvor) der gesamte Ventiltrieb gekapselt. Und die selbstjustierenden oberen und unteren Lenkkopflager waren inzwischen in allen V2-Maschinen zu finden.

Das Instrumentenbrett wurde strömungsgünstig gestaltet und farblich an das Motorrad angepaßt. Seiner Form wegen nannte man es das »Cat's eye panel«. Die aufgemalten Zierlinien am Kotflügel mußten Einfassungen aus Edelstahl weichen. Und die wählbaren Farbkombinationen waren Airway-Blau/Weiß, Schwarz/Elfenbein und Teak-Rot/Schwarz. Der Preis betrug nun im dritten Jahr 435 Dollar.

Die Entwicklung von Militärmaschinen lief in Milwaukee bereits seit über einem Jahr, und Prototypen sowohl der 1000er OHV (»61«) als auch der 750er (»45«) befanden sich in intensiver Erprobung. Kurz vor dem deutschen Einmarsch in Polen gingen zwei 750er mit der Bezeichnung WLA zum Army-Test nach Fort Knox in Kentucky.

Unten: 1938 ist noch immer keine Hinterradfederung in Sicht. Der verchromte Rahmen ist nicht serienmäßig.

Unten: Milwaukees 750er ist nicht so leicht und flink wie Indians damalige Flathead-Racer. Dafür ist sie aber robust, und Tom Sifton entlockte ihr zusätzliche PS.

Links: 1939 werden die aufgepinselten Zierlinien am Kotflügel durch Einfassungen in Edelstahl ersetzt. Leuchten am Kotflügel werden in die Serienausstattung einbezogen. Statt der schnittigen Rückleuchte montiert HD jetzt eine größere mit integrierter Nummernschildplatte.

1939 EL
Eigentümer/Restaurator: Harold Mathews, Mathews HD-Vertretung, Fresno, Kalifornien

Oben: Teakrot und Schwarz sind auch die Farben für 1939, doch die Kotflügel sind einfarbig. An diesem Exemplar sind die Farben umgestellt.

Oben: Die Knucklehead bekommt neue Ventilfedern, Kolben, Saugrohr, Getriebe und weichere Federn an der Springergabel.

1938 WLDR
Eigentümer/Restaurator: Armando Magri, HD-Vertretung Sacramento, Kalifornien

1941 GA SERVI-CAR

Technische Daten
Motor/Kraftübertragung
Motor: V2 45° Flathead
Hubraum: 743 cm³
Bohrung x Hub: 70 x 97 mm
Verdichtung: 4,75 : 1
Leistung:
22 PS/16 kW bei 4500/min
Gemischbildung:
Linkert-Vergaser
Getriebe: 3-Gang mit R-Gang
Kraftübertragung:
primär Duplex-Kette
sekundär Differential
Bremse:
Trommelbremse vorn+hinten
Batterie: 6 Volt
Zündung: Spulenzündung

Fahrwerk/Aufhängung
Rahmen:
Einschleifen-Stahlrohrrahmen
Federung vorn:
Schwinge/Dämpfergabel
Federung hinten:
Schraubenfedern
Radstand: 1550 mm
Spurweite: 1067 mm
Gewicht: 619 kg
Tankinhalt: 13 Liter
Ölvolumen: 3,3 Liter
Bereifung: 5.00 x 16
Höchstgeschwindigkeit:
80 km/h
Lieferbare Farben:
Skyway-Blau, Cruiser-Grün, Flight-Rot, Brillantschwarz
Produziert wurden:
1159 Einh. (alle Modelle)
Preis: US-$ 510

SERVI-CAR (1941)

Harley-Davidson erkannte schon früh den Bedarf an Kleinfahrzeugen auf Motorradbasis für gewerbliche Zwecke. Bis 1930 verwendeten solche Maschinen fast durchweg das Seitenwagenfahrwerk. Die Rahmen wurden für den Einsatz mit offenen und geschlossenen Beiwagenaufbauten z. B. als Paket- oder Postzustellfahrzeug umgebaut.

Das Konzept für den Servi-Car ging zurück auf den Cycle-Tow, ein Motorrad mit zwei Stützrädern links und rechts vom Hinterrad. Diese Maschine kauften vor allem Autowerkstätten, die damit Kundenfahrzeuge in die Werkstatt holten. Doch das war keine gute Lösung.

1932 erschien der Servi-Car als echtes Dreirad. Im Jahr darauf waren kleine und größere Aufbauten verfügbar, und das 3-Gang-Getriebe erhielt einen Rückwärtsgang. Angetrieben vom 750er Flathead, wurde die Maschine bald auch mit Schleppstange, Stoßfänger und Reserveradhalterung ausgerüstet. Vom Getriebe aus lief eine Kette zu einem Zahnkranz auf der Hinterachse, der die Räder über ein Auto-Differential antrieb. Ebenfalls auf der Achse saß eine einzelne Trommelbremse von der 1000er VL.

Den Servi-Car bestellten viele Autohändler und -werkstätten, weil damit ein Mann allein den Wagen des Kunden holen und bringen konnte, wenn er das Dreirad hinten anhängte. Kleinbetriebe setzten das Dreirad auch als Lieferwagen ein, doch am häufigsten sah man es im Dienst der Polizei zum Entleeren von Parkuhren und für Beamte, die Strafzettel schrieben.

Solofahrer belächelten zumeist das Dreirad: Gespanne und derlei Vehikel waren für sie häßliche Zwitter aus Auto und Motorrad, etwas zum Hinein-, aber nicht zum Draufsetzen. Der Nutzeffekt des Servi-Car aber ließ sich nicht abstreiten. Wer, etwa aus körperlichen Ursachen, kein Zweirad fahren konnte, war dennoch imstande, das Motorradfahren zu genießen.

Kleine Unternehmer bedienten sich des Servi-Car als Lieferauto und als fahrende Plakatsäule. Die Rückwand des Aufbaus bot jede Menge Platz für Firmennamen und Rufnummer. Und für die Reklame an den Seiten des Fahrzeugs bot das Werk um $3.50 ein Paar Kotflügeleinsätze mit Werbeflächen an.

Der Servi-Car wurde in den 30er und 40er Jahren immer wieder mit vielen der Verbesserungen an seinen Zweirad-Schwestern auf Stand gebracht. Er erhielt 1937 zwei Hinterradbremsen und 1938 eine gekapselte Kette. 1939 wurde die Schleppstange verstärkt und in einer ständigen Halterung montiert, so daß man sie nach Gebrauch nicht mehr abbauen und im Gepäckraum verstauen mußte. HD bot größere Aufbauten an und änderte die hintere Federung, um Rollbewegungen zu verringern.

1940 wurde das Achsgehäuse verstärkt und die Schaltbetätigung vereinfacht. Graugußtrommeln ersetzten die bisherigen aus Blech gepreßten, und 1941 kam ein neuer Rahmen mit kräftigerer Hinterachse in einem geschweißten statt genieteten Achsrohr. Die Verdichtung stieg auf 4,75 : 1. Schließlich wurde die Vorderradbremse von der 1000er eingebaut.

Rechts: Der Servi-Car wird als wirtschaftliche Alternative zum Lieferwagen angepriesen. Die Polizei benutzt das Dreirad für die Überwachung des ruhenden Verkehrs, Autowerkstätten zum Holen und Bringen der Kundenwagen.

Oben: Der haltbarste Motor im HD-Programm ist der »45«, der 750er Flathead. Der Servi-Car bleibt über 40 Jahre im Programm.

Rechts: Den Servi-Car, eingeführt 1932, hat HD nie in größeren Stückzahlen gefertigt. 1941 erreicht die Produktion den Höhepunkt mit 1159 Einheiten. Nach dem Krieg steigen die Stückzahlen noch einmal.

Oben: 1940 bekommt die Gabel der 750er anstelle der geschmiedeten Doppel-T-Holme solche in Rohrform. Kupplung und Getriebe werden verbessert.

Links: Für den Servi-Car wird ein größerer Nutzaufbau angeboten. Beide Modelle können für 15 Dollar mit einer Schleppstange ausgerüstet werden.

Links: 1940 werden stärkere Achsgehäuse montiert und anstelle der tiefgezogenen Bremstrommeln solche aus Grauguß. 5.00 x 16 wird serienmäßige Reifengröße. 1941 wird die Verdichtung des 750er Motors von 4,5 auf 4,75 : 1 erhöht.

1941 GA Servi-Car
Eigentümer: Trev Deely Museum, Vancouver, Kanada

»Die große Beliebtheit des Harley-Davidson Servi-Car überall in der Autobranche beruht auf seiner Fähigkeit, den Geschäftsbetrieb entscheidend zu erleichtern, Kosten einzusparen und größere Profite einzufahren.« (Aus einer Werbeanzeige von 1941)

1941 WLA

TECHNISCHE DATEN
MOTOR/KRAFTÜBERTRAGUNG
Motor: V2 45° Flathead
Hubraum: 743 cm³
Bohrung x Hub: 70 x 97 mm
Verdichtung: 5 : 1
Leistung:
23,5 PS/17 kW bei 4600/min
Gemischbildung:
Linkert-Vergaser
Getriebe: 3-Gang
Kraftübertragung:
primär Duplex-Kette
sekundär Kette
Bremse:
Trommelbremse vorn+hinten
Batterie: 6 Volt
Zündung: Spulenzündung

FAHRWERK/AUFHÄNGUNG
Rahmen:
Einschleifen-Stahlrohrrahmen
Federung vorn:
Schwingengabel
Radstand: 1460 mm
Gewicht: 250 kg
Tankinhalt: 13 Liter
Ölvolumen: 3,6 Liter
Bereifung: 4.00 x 18
Höchstgeschwindigkeit:
105 km/h
Lieferbare Farben: Olivgrün
Produziert wurden:
2282 Einh.
Preis: US-$ 380

1942 XA

TECHNISCHE DATEN
MOTOR/KRAFTÜBERTRAGUNG
Motor: Flathead, 2-Zyl. Boxer
Hubraum: 738 cm³
Bohrung x Hub: 78 x 78 mm
Verdichtung: 5,7 : 1
Leistung:
23 PS/17 kW bei 4600/min
Gemischbildung:
2 Linkert-Vergaser
Getriebe: 4-Gang
Kraftübertragung:
primär Zahnräder
sekundär
Kardanwelle
Bremse:
Trommelbremse
vorn+hinten
Batterie: 6 Volt
Zündung: Spulenzündung

FAHRWERK/AUFHÄNGUNG
Rahmen:
Doppelschleifen-Stahlrohrrahmen
Federung vorn:
Schwingengabel
Federung hinten: Kolbenfeder
Radstand: 1492 mm
Gewicht: 244 kg
Tankinhalt: 15,5 Liter
Ölvolumen: 1,9 Liter
Bereifung:
4.00 x 18
Höchst-geschwindigkeit:
105 km/h
Lieferbare Farben: Olivgrün
Produziert wurden:
1000 Einh.
Preis: US-$ 870,35

1942 wechselt Harley-Davidsons zivile Ausbildungsabteilung zur Quatermaster School hinüber, wo Wehrtechnik gelehrt wird. Top-Priorität haben jetzt Wartung und Instandsetzung der 750er WLA für die Army.

WLA (1941-45) UND XA (1942)

Das Jahr 1938 ließ Gerüchte aufkommen, daß es Krieg geben würde, und bei HD überlegte man Möglichkeiten, Militärmaschinen zu produzieren. Die Army war mit den bei ihr laufenden 1200er Gespannen nicht zufrieden. Deshalb bereitete Milwaukee einige OHV-1000er und 750er Modelle für offizielle Tests vor.

Um diese Zeit liefen bei Harley-Davidson Entwicklungen für (zivile) OHV-Versionen der großen und kleinen V2-Flatheads, doch wegen der militärischen Lage wurde das Programm verlangsamt. 1939 veranstaltete die Army einen Härtetest für Motorräder von Indian, Harley-Davidson und Delco. Die letztere, ein Ableger der BMW, besaß Telegabel und Kardantrieb. Die Maschinen von Indian und HD waren jeweils die 750er Flathead-Modelle dieser Werke. Die Army forderte eine Spitze von 105 km/h ohne Überhitzung bei langsamer Fahrt.

Gegen Ende dieser Dekade ging es Indian trotz der Beliebtheit ihrer Modelle Chief und Scout nicht besonders gut. Ihre Vierzylindermaschine war ein teurer Irrweg gewesen, und im Feld gab es Probleme mit der Qualitätskontrolle. Beide, Indian und Harley-Davidson, lieferten ihre Maschinen an verbündete Streitkräfte in Übersee, und im Kampf um Lieferverträge mit der US-Regierung wollten beide Firmen die Führungsposition erringen.

Im März 1940 bestellte die Army in Milwaukee 745 Einheiten der 750er WLA. HD baute die neue rohrförmige Gabel ein, die um 60 mm verlängert werden mußte, um genügend Bodenfreiheit zu erzielen. Die olivgrünen Maschinen wurden auf die neuen Aluköpfe umgerüstet und erhielten D-förmige Fußbretter, Sturzbügel, Gepäckträger und Satteltaschen. Bald trafen Bestellungen aus Südafrika über 2000 Stück, aus Großbritannien über 5000 Stück und von der US-Army über 659 Stück ein. Auch an die chinesischen und russischen Streitkräfte würde Milwaukee später Militärmaschinen liefern.

In ihrer endgültigen Form war die WLA 5 : 1 verdichtet und leistete 23.5 PS/17 kW bei 4600/min. Sie bekam ein Ölbadluftfilter, Kupplung und Getriebe wurden verbessert und die Motorschmierung durch Einbau eines von der Motordrehzahl gesteuerten Bypassventils verfeinert. Bei Kriegsende hatte Milwaukee rund 88000 Motorräder für den Militäreinsatz produziert.

XA

1941 stand bei Harley-Davidson fast die ganze Fertigung im Zeichen der Rüstungsaufträge. Man führte eine neue 1200er OHV Model FL ein, von der aber weniger als 2500 Stück gebaut wurden. Die Army hatte lange nach einem Prototyp einer Kardanmaschine nach Art der BMW verlangt. Obgleich gar nicht überzeugt davon, daß so etwas nötig sei, antwortete Harley mit der XA.

Die 750er Flathead in Boxerform war eine ein wenig freche Kopie der BMW. Sie hatte ein fußgeschaltetes 4-Gang-Getriebe, Kardantrieb, handbetätigte Kupplung, Kolben-Hinterradfederung und eine verlängerte Gabel der WLA. Die Army bestellte 1000 Exemplare davon zu 870 Dollar das Stück. Die Produktion stoppte, als die Militärs beschlossen, daß die WLA den Job auch tun würde – zu einem Bruchteil des Preises.

Auch von einer Gespannversion der Zweizylinder-Boxer XA wurde ein Prototyp erstellt, mit Seitenwagenantrieb über eine Welle. Ebenso befand sich ein kardangetriebenes Dreirad in Entwicklung, doch das Erscheinen des Jeep kippte beide Projekte.

Unten: Der Gepäckträger aus Rohrmaterial wird durch einen wesentlich stärkeren aus ersetzt, der auch das Radio tragen soll.

Unten: HD lehnt den Bau der XA mit Kardantrieb zunächst ab. Nur 1000 Exemplare der BMW-Kopie werden gefertigt.

1942 XA
Eigentümer/Restaurator: Fred Lange, Santa Maria, Kalifornien

Links: Die XA wird mit einer verlängerten WLA-Gabel ausgerüstet. Das flache, weit über dem Reifen hängende Schutzblech soll verhindern, daß sich Schmutz und Schlamm um das Vorderrad herum ansammeln können. Am Standrohr der Gabel ist eine Thompson-MP befestigt.

Oben: Der Vorteil der Boxeranordnung besteht darin, daß die Zylinder frei im Kühlluftstrom liegen. Die Betriebstemperaturen sind weit niedriger als bei hintereinander stehenden Zylindern einer V2.

Oben: 1943 teilt die Army Harley-Davidson mit, daß die XA künftig nicht mehr als Militärmaschine eingesetzt werden soll. Später werden auch Pläne für eine Nachkriegs-OHV-Sportversion aufgegeben.

1942 WLA
Eigentümer: Trev Deely Museum, Vancouver, Kanada

1941 FL

Technische Daten

Motor/Kraftübertragung
Motor: V2 45° OHV
Hubraum: 1208 cm³
Bohrung x Hub: 87 x 102 mm
Verdichtung: (F) 6,6 : 1, (FL) 7 : 1
Leistung: 48 PS/35 kW bei 5000/min
Gemischbildung: 33 mm Linkert-Vergaser
Getriebe: 4-Gang
Kraftübertragung:
primär Kette
sekundär Kette
Bremse: Trommelbremse vorn+hinten
Batterie: 6 Volt
Zündung: Spulenzündung

Fahrwerk/Aufhängung
Rahmen: Doppelschleifen-Stahlrohrrahmen
Federung vorn: Schwingengabel
Radstand: 1511 mm
Gewicht: 261 kg
Tankinhalt: 14 Liter
Ölvolumen: 3,8 Liter
Bereifung: 5.00 x 16
Höchstgeschwindigkeit: 153 km/h
Lieferbare Farben: Clipper-Blau, Flight-Rot, Cruiser-Grün, Schwarz, Olivgrün (Export)
Produziert wurden: 2452 Einh.
Preis: US-$ 465

FL 74 OHV (1941) und WLDR (1941)

Die »61« OHV Knucklehead, die kopfgesteuerte 1000er, war für ihre Zeit sicher eine leistungsstarke Maschine, doch in den USA galt nun einmal das »Bigger Is Better«, und auch die Polizei verlangte besonders schnelle Fahrzeuge. Die J-Serie hatte auf dem Markt eine Vorliebe für die 1200er-Klasse geschaffen, und daher war eine größere OHV Teil des vernünftigen Fortschritts.

Die großen V-Twins hatten zwei Jahre zuvor stärkere, leichtgängigere Kupplungen bekommen. Die 1939er Modelle besaßen ein Getriebe, das sowohl Schub- als auch Dauereingriffsräder enthielt, und dessen Leerlauf zwischen zweitem und drittem Gang lag. Diese Konzeption hielt aber nur ein Jahr. Dauertests mit Prototypen der neuen 1200er OHV zeigten, daß man kräftigere Kurbelgehäuse brauchte, und die Kipphebelmechanik mußte ebenfalls geändert werden, um die Schmierung des Ventiltriebs zu verbessern.

Die Kurbelzapfen wuchsen im Durchmesser, und die neuen Kurbelgehäuse für 1000er und 1200er hatten nicht mehr die Prallbleche, die zuvor für die Ölverteilung auf die Zylinder gebraucht wurden. Die Änderung half, das hartnäckige Problem hohen Gehäuseüberdrucks zu lösen, und sorgte für ein Mehr an Leistung. Größere Einlaßkanäle und Vergaser und geänderte Krümmer trugen ebenfalls zur Leistungserhöhung bei. Eine neue Flügelrad-Ölpumpe half die Laufruhe des Motors zu verbessern, und ein Wechsel zu 5.00 x 16er Bereifung ergab zusätzlichen Fahrkomfort. Diese 1200er V2 wurde mit den Buchstaben F und FL (höherverdichtet) bezeichnet.

Für 1941 änderte sich das Styling nur wenig. Bei der Beschriftung des Tachos wurden aus schwarzen Ziffern auf weißem jetzt silberne auf schwarzem Grund. Der Benzintank erhielt ein Chromband, das die Seiten halbierte. Immer noch standen vier Farben zur Wahl, wobei »Cruiser green« das »Squadron gray« ersetzte. Doch schon bald sollte die Farbauswahl dem Krieg zum Opfer fallen, und die Käufer mußten nehmen, was sie bekamen.

In den Prospekten hieß es 1941: »Das Deluxe-Solo-Paket enthält einfach alles – außer der verchromten Dusche allerdings – und wird Ihre Harley herausputzen wie einen Christbaum!«

WLDR

Die harten Army-Testprozeduren hatten zu Verbesserungen geführt, die man auf die zivilen 750er übertrug. Viele Neuerungen an den »Big Twins« erhielt die kleine Schwester genauso; die Kupplung wurde stabiler und leichtgängiger, die Getrieberäder wurden verstärkt und die Schaltbetätigung verbessert.

Die WL mit Graugußköpfen machte man zum Arbeitspferd, zum Sparmodell mit auf 4,75 : 1 abgesenkter Verdichtung. Dagegen stieg die WLDR mit Aluköpfen zu einer eher sportlichen Maschine auf, bekam dickere Kurbelzapfen, stärkere Ventilfedern, schärfere Nocken und einen größeren Vergaser. Es heißt, diese Motoren leisteten etwa 35 PS/26 kW. Und ebenfalls 1941 tauchten wieder Werksrennmaschinen auf. Die WR (für Rundstrecken) und die WRTT (für Berg- und Straßenrennen) hatten für ihre erhöhten Drehzahlen im Gegensatz zur normalen OHV Schwinghebel ohne Rollen.

Die Klasse-C-Rennen wurden gerade zu der Zeit besonders beliebt, als sich der Zweite Weltkrieg auch auf die USA auswirkte und solche Spielereien zunichte machte. Im Sommer stellte man den Bau der WLDR ein, und mit Eintritt der USA in den Krieg entfiel die Fertigung von Rennversionen gänzlich.

Doch das 750er Arbeitspferd WL sollte die Basis für Armeefahrzeuge und für den Servi-Car bleiben und später, nach Kriegsende, sogar für sportliche und Rennversionen zu neuem Leben erweckt werden. Schließlich würde es in den 50er Jahren zum K-Modell weiterentwickelt werden, aus dem noch später die Sportster werden sollte. So schrieb die kleine Twin ein eigenes Blatt in der Geschichte Harley-Davidsons.

Unten: Zum erstenmal erscheint jetzt der neue Schalldämpfer mit »Rocketfins«. Zweifarbenlackierungen gibt es nicht mehr; 1941 ist Teakrot eine der vier erhältlichen Farben

Rechts: Die Knucklehead wird als 1200er erstmals 1941 angeboten. Sowohl Bohrung wie Hub sind größer als bei der 1000er, und die neue Kurbelwelle hat größere, schwerere Schwungmassen. Mehr Leistung heißt die immer neue Forderung.

Links: Mit dem Erscheinen der WR-Rennversion wird das Jahr 1941 das letzte Jahr für die WLDR. Der 750er Racer leistet sieben PS mehr als die WLD bei nun 5500 Touren.

1941 WLDR
Eigentümer/Restaurator: Armando Magri, HD-Vertretung Sacramento, Kalifornien

Oben: Die »45« (750er) erhält 1941 stärkere Kupplung, Getriebe und Hinterradbremse.

Unten: Die Edelstahleinfassungen gibt es jetzt auch am Tank, und das Luxusmodell bekommt verchromte Zierringe und Chrom am Schaltbrett.

1941 FL
Eigentümer: Armando Magri, HD-Vertretung Sacramento, Kalifornien; Restaurator: Larry Galyean

ULH (1941), EL (1941) UND WLD (1945)

Durch die Kriegsumstände unterblieben bei Harley-Davidson zwischen 1941 und 1946 praktisch alle Modelländerungen. Farbskalen verkümmerten zu Grau oder Silbergrau, und ab 1944 nur mehr zu Grau. Wahlweise Rot gab es erst 1946 wieder.

Wie erwähnt, hatten die großen Zweizylinder kurz vor Kriegsausbruch noch zahlreiche Verbesserungen erfahren. Bei der 1340er gehörten ab 1940 Aluköpfe zur Serienausführung, und für die 1200er gab es sie als Extra. Der Alukopf wog um die 2,3 kg weniger als der aus Grauguß. Damals, 1940, waren auch dickere Kurbelzapfen, stabilere Kupplungen und laufruhige Getriebe eingeführt worden.

Die vorderen Bremstrommeln waren nun aus Grauguß statt aus Blech gepreßt, und auch die Gabelrohre hatten durch Wärmebehandlung an Festigkeit gewonnen. Die Halterung des Kupplungshebels und der Hinterradständer waren überarbeitet worden, und die rechteckigen Fußbretter waren D-förmigen gewichen. Ab diesem Jahr gab es auch einen Reservehahn links oben am Tank und ein größeres Luftfilter von 180 mm Durchmesser.

Die »Buckhorn«-Lenker waren 1941 immer noch in Serie, doch ohne Aufpreis erhielt man seit zehn Jahren auch flachere Speedster-Lenker. 16-Zoll-Räder waren jetzt Standard und 18 Zoll gab es wahlweise, gerade umgekehrt wie zuvor. Für verchromte Felgen zahlte man $ 2.50 extra. Den Schalldämpfer mit Fishtail ersetzte nun einer mit »Raketenflosse«, und die Gehäuse der Rückleuchten waren schwarz und nicht mehr in Fahrzeugfarbe lackiert.

Die 1000er OHV Knucklehead Model E erhielt die schwerere Kurbelwelle der 1200er. Ein um 13 mm längeres Saugrohr erbrachte in Verbindung mit einem kleineren 29er Lufttrichter besseren Durchzug im langsamen Bereich, und ebenfalls für die 1000er gab es nun die verstärkte Kupplung der großen Schwester; die größere Kupplungsnabe war besser gelagert, sieben Scheiben bedeuteten 65 % mehr Reibfläche, und federbelastete Kugeln in den Stahlscheiben ließen das Rasselgeräusch verschwinden.

Während die Rüstungsaufträge ausliefen, konzentrierte sich Harley-Davidson wieder auf die zivile

1941 EL
Eigentümer: Trev Deely Museum, Vancouver, Kanada;
Restaurator: Fred Pazaski

Oben: Fred Pazaski aus Bellingham, Washington, ist mit seiner Knucklehead fast 100000 km gefahren, einschließlich der Teilnahme an Rennen. Er verkaufte sie, kaufte sie zurück und restaurierte sie.

Oben und unten: Die »61« OHV und die »80« mit Seitenventilen sind außer dem Motor identische Maschinen.

Rechts: Das Jahr 1941 bringt für die 1340er Flathead das Aus. Der »Rocketfin«-Schalldämpfer ist leiser als sein Vorgänger, enthält aber keine Stahlwolle.

1945 WLD
Eigentümer: Trev Deely Museum, Vancouver, Kanada

Links: Bis zum Jahr 1946 bietet HD das »Katzenaugen«-Schaltbrett an. Die Kontrollleuchten sind für Ölstand (links) und Generator (rechts).

Produktion. Die meisten der 88000 Militärmaschinen waren 750er WL-Modelle gewesen. Zusätzlich zu den Tausenden von noch vorhandenen Motorrädern in England, Westeuropa und der Sowjetunion gab es auch noch einen stattlichen Restbestand in Milwaukee. Die überzähligen Militärmaschinen wurden in großen Stückzahlen an HD- und Autohändler im ganzen Land zu Discountpreisen verkauft.

Der Nachkriegsbedarf an Motorrädern war groß, und Milwaukee fand schwerpunktmäßig wieder zu ihren schweren Zweizylindern zurück. Das erste Modelljahr mit voll laufender Fertigung für zivilen Bedarf war 1946, und im Jahr darauf stellte HD über 20000 Einheiten her, die höchste Zahl seit 1929 (mit Ausnahme der Rüstungsproduktion).

Klasse-C-Rennsport wurde ab dem Daytona-Beach-Rennen 1947 wieder ernsthaft betrieben. Und obschon es Indian, verglichen mit Harley-Davidson, während der Kriegsjahre ziemlich schlecht gegangen war, sollte der gewohnte Kampf der beiden Firmen auf den Rennstrecken wieder in alter Schärfe aufflackern. Und eine große Anzahl junger, aus dem Krieg heimgekehrter GIs sehnten sich nach dem früheren Wohlstand und nach der Freiheit der Landstraßen.

Links: Aluminiumköpfe hat die ULH 80 (1340er) serienmäßig, für die UL 74 (1200er) gibt es sie auf Sonderwunsch. Die Tankdekoration in Edelstahl wird von 1941–46 angeboten.

1941 ULH
Eigentümer/Restaurator: Harold Mathews, Mathews HD-Vertretung, Fresno, Kalifornien

F und FL (1946)

Die Produktionszahlen der F-Baureihe mit Knucklehead-Motoren schnellten von unter 100 im Jahr 1945 auf über 4000 für 1946 und gar über 7000 für das folgende Jahr hoch. Die »74«, also die 1200er, hatte bei weitem die »61«, die Einlitermaschine, überholt.

Das wie ein Katzenauge geformte Schaltbrett gab es 1946 zum letzten Mal. Das Ziffernblatt des Tachos war zweifarbig statt silberfarben, wobei die Ziffern die Farbe des inneren Kreises hatten. Die drei angebotenen Farbkombinationen hießen Schwarz/Silber, Grün/Creme und Grau/Weiß, und das Design entsprach etwa dem eines Flugzeug-Bordinstruments. Auch für die »streamlined« gestylte Rückleuchte war dies das letzte Jahr: ein weiterer Hinweis darauf, daß die Ära des Art deco zu Ende ging, und zwar zugunsten eckiger, kantiger Formen.

Die kriegsbedingte Materialknappheit war Anfang des Jahres noch zu spüren. Grau und Rot waren bis gegen Jahresmitte die einzigen zur Wahl stehenden Lackierungen, dann kamen Skyway-Blau und Schwarz wieder hinzu. Auch Chrom- und Edelstahldekor fehlte anfangs noch, desgleichen verchromte Schalthebel und -kulissen, Scheinwerferringe oder Tankdeckel.

Nur wenig über 2000 OHV-Modelle hatte Milwaukee während des Krieges gefertigt, und die meisten davon für militärische Zwecke. Doch die Entwicklung war weitergegangen, weil man natürlich die Märkte der Nachkriegsjahre im Auge behielt. So waren die Arbeiten an der ersten hydraulischen Teleskopgabel im Gange, und 1945 wurde ein Gabel-Prototyp an einer Knucklehead erprobt. 1949 würde sie als Hydra-Glide in Serienmodellen auf dem Markt erscheinen.

Die ersten Vorboten einer hydraulisch gedämpften Vorderradgabel erschienen 1946 bei den großen V2-Modellen. Die bisherige Gabelfederung erhielt einen Monroe-Stoßdämpfer, der den als »Ride-Control« bezeichneten primitiven Reibungsdämpfer ersetzte. Am Hinterrad gab es weiterhin keine Federung, sondern eine starre Rahmenverbindung. Offenbar wollte man in Milwaukee Neuerungen an den Radaufhängungen nur an einem Rad zur Zeit einführen.

Die Knuckleheads selber waren 1946 auf dem besten Weg ins Museum. Zwar war Harley-Davidson für ihre Zurückhaltung bei der Einführung neuer Konstruktionen berühmt, doch man hatte erkannt, daß sich die Motorradtechnik bald ändern und daß immer mehr Fahrer die weich und leise laufende, öldichte Maschine verlangen würden, die leicht ansprang, auch in Laienhand problemlos und zuverlässig arbeitete und deren Getriebe sich schalten ließ, ohne die Hand vom Lenker zu nehmen.

Solche und ähnliche Neuerungen standen zweifellos bei HD in der Agenda, als n den USA die Friedenswirtschaft wieder zu greifen begann. Der Wettlauf zwischen Springfield und Milwaukee begann von neuem, sowohl auf dem wachsenden Markt der Motorräder, als auch auf den Rennstrecken. Das traditionelle Eröffnungsrennen der Saison, Daytona 200, fand erst 1947 wieder statt und ging an den Indian-Fahrer Johnny Spiegelhoff. Und 1948 wechselte der ehemalige Harley-Fahrer Floyd Emde zu Indian und gewann das prestigeträchtige Rennen an Floridas Strand – wiederum für Springfield.

Inzwischen war der geschickte Tuner Tom Sifton daran, der ehrwürdigen WR weitere PS abzuringen. Und HD versuchte, Hinterradfederung, Fußschaltung und wirksame Bremsen für den Renneinsatz vorzubereiten. All das würde bald aber auch in Straßenmaschinen für den normalen Käufer zu finden sein.

Oben: Den Tacho im Stil der Flugzeuginstrumente baut HD von 1941–46 ein. Das Ziffernblatt wird entweder schwarz/silber, grün/creme oder grau/weiß ausgeführt.

Unten: In der Nachkriegszeit wird nur eine begrenzte Auswahl an Sätteln angeboten. Den Deluxe-Solosattel gibt es weiterhin zusammen mit der »Ful-Floeting spring«.

Unten: Nach dem Krieg kommen immer mehr Arten von Satteltaschen heraus. Die Type 1 King Size ist aus dem Jahr 1948. Zwei Jahre später gibt es auch ein Modell mit Fransen.

Unten: Der hochklappbare Hinterkotflügel, der lange Zeit in Serie bleibt, erleichtert den Radwechsel.

1946 F
Eigentümer/Restaurator: Ken Lang, Oakville, Ontario, Kanada

Unten: Der erste Stoßdämpfer an der Springergabel erscheint 1946. In die Sonderausstattung Solo, die aus Sturzbügeln, Meilenzähler und schafledernem Sitzbezug besteht, wird ein Rückspiegel einbezogen.

Oben: Bis Mitte des Jahres sind verchromte Teile nicht erhältlich. Die Tankembleme an den ersten Exemplaren sind aufgemalt.

1946 FL
Eigentümer: Oliver Shokouh, HD-Vertretung in Glendale, Kalifornien

125 MODEL S

Technische Daten
Motor/Kraftübertragung
Motor: Einzylinder Zweitakt
Hubraum: 125 cm^3
Bohrung x Hub: 52 x 58 mm
Verdichtung: 6,6 : 1
Leistung: 3 PS/ca.2 kW
Gemischbildung: L&L-Vergaser
Getriebe: 3-Gang
Kraftübertragung:
primär Kette
sekundär Kette
Bremse:
Trommelbremse vorn+hinten
Batterie: 6 Volt
Zündung: Spulenzündung

Fahrwerk/Aufhängung
Rahmen:
Einschleifen-Stahlrohrrahmen
Federung vorn:
Gummibandfederung
Radstand: 1270 mm
Gewicht: 84 kg
Tankinhalt: 6,6 Liter Gemisch
Bereifung: 3,25 x 19
Höchstgeschwindigkeit:
80 km/h
Lieferbare Farben: Schwarz
Produziert wurden:
10117 Einh.
Preis: US-$ 325

Oben: Die Werbung nennt die 125er Zweitakter ein besonders wirtschaftliches Verkehrsmittel und ein geeignetes Einsteigermodell für den Motorradneuling. Die Konstruktion kommt von DKW.

FL (1947) und 125 Model S (1948)

Die größte Änderung an Harley-Davidsons 1947er Modellen war der Preis. Milwaukees Flaggschiff, die »74 OHC«, war sechs Jahre lang zum gleichen Preis, 465 Dollar, angeboten worden (obschon von 1941–45 nur sehr wenige hergestellt wurden). Jetzt, im letzten Modelljahr, sprang der Preis der 1200er um volle 30% auf 605 Dollar. Die Inflation kam mit Riesenschritten, und die Umstellung auf den Frieden sollte teuer werden.

Für 1947 gab es eine Anzahl Neuerungen, die die letzte Knucklehead von ihren Vorgängern unterschied. Da waren am Tank neue Markenzeichen, die »Speed ball badges« genannt wurden. Die Verzierung der Kotflügel mit Edelstahl kehrte ebenso wie die vordere Kotflügelleuchte in die Serie zurück. Die vergrößerte Rückleuchte, in die das Nummernschild integriert war, erhielt bald den Beinamen »Tombstone« (Grabstein).

Der Tank war umkonstruiert, um das neue Schaltbrett aufzunehmen, und der Tacho bekam ein schwarz-weißes Ziffernblatt mit kursiven Silberziffern und rotem Zeiger. Die Kontrolleuchten für Generator und Öldruck waren in einem kleinen rechteckigen Gehäuse in Tankmitte untergebracht.

Der Luxus-»Buddy Seat« war während der Kriegsjahre weggefallen und kehrte 1946 zur zivilen Maschine zurück. Die 1947er Ausführung gab es nur in schwarzem Rindsleder, mit breitem Kunststoffrand und verchromten Zierteilen zu beiden Seiten.

1947 wurden wieder vier Lackierungen zur Wahl gestellt, Skyway-Blau, Cruiser-Grün, Flight-Rot und Brillantschwarz. Fast 12000 Knuckleheads wurden im Modelljahr gefertigt, mehr als die Hälfte der Harley-Produktion. In ihrer zwölfjährigen Geschichte hatte sich die kopfgesteuerte 1200er Knucklehead durchaus beliebt gemacht. Sie wurde zum Inbegriff des original amerikanischen Superbikes.

125 S

Harley-Davidson war vor, während und nach dem Krieg die einzige gesunde, gutgehende US-Motorradfabrik. Eines der interessantesten Stücke der Siegesbeute waren die Herstellungsrechte an den deutschen DKW-Motorrädern, in die sich Milwaukee mit BSA in England teilte. So kam Harley plötzlich zu seinem Fliegengewicht.

Kleine Zweitaktmotorräder waren in den USA zu keiner Zeit besonders beliebt gewesen, und die 125 S würde da keine Ausnahme machen. Doch langfristig bedeutete sie für Harley-Davidson gewisse Vorteile. Die Kleine bot (für $5.50 wöchentlich) einen billigen Einstieg ins Motorradfahren und machte sicherlich dem jungen Motorradneuling Appetit auf etwas Schwereres, Besseres, am besten (aus Milwaukee-Sicht) natürlich auf eine Viertaktmaschine.

DKW hatte zuvor unter anderem sehr schnelle Rennmaschinen gebaut; die simple 125er war ein billiges Gebrauchsmotorrad. So etwas hatte als Massentransportmittel auf den verkehrsreichen Straßen Europas vielleicht seine Berechtigung, doch auf den an schwere Kaliber gewöhnten Amerikaner wirkte es wie ein Fahrrad mit Hilfsmotor. Die Harley-Davidson-Händler wollten durchweg mit einem solchen Zwerg nichts zu tun haben und taten wenig zu seiner Verbreitung.

Andererseits haben Tausende junger Leute das Fahren auf dieser 3-PS-Maschine gelernt. Rennfahrer lobten den kleinen, leichten Tank, den einige Jahre später die Sportster erbte. Obgleich das S-Modell nie zum Verkaufsschlager wurde, entwickelte es sich später zu einem Vielzweckmotorrad namens Hummer, und Abkömmlinge von ihm waren die 165 und 175 cm^3 großen Geländeversionen.

Das S-Modell wurde schließlich doch zu einer guten und billigen Investition in Harleys Zukunft. Es lockte eine ganze Anzahl junger Leute in die aufregende Welt des Motorradfahrens. Und es lehrte sie genau im richtigen Moment, mit der Hand zu kuppeln und mit dem Fuß zu schalten. Dieser Prozeß würde sich bald noch beschleunigen, nämlich mit dem Eintreffen weiterer, ernstzunehmender Produkte aus Übersee.

Rechts: Mit den 1947er Modellen kehrt Milwaukee zur rein zivilen Produktion zurück. Das letzte Produktionsjahr der Knucklehead bringt nur noch neue Ausstattungspakete.

1948 125 S
Eigentümer/Restaurator: Fred Lange, Santa Maria, Kalifornien

Oben: Die 125 S wird Mitte 1948 herausgebracht. In den Anzeigen wird mit dem niedrigen Verbrauch um die 3 l/100 km geworben.

Oben: Die Rückleuchte, die »Tombstone« (Grabmal) genannt wird, sieht man 1947 zum erstenmal. Zur Sonderausstattung Solo gehören jetzt auch verchromte Scheinwerfer, Auspuffrohrabdeckungen und Kotflügelspitzen.

Unten: 1947 erscheint die rote »speedball«-Tankbeschriftung ebenso wie der versetzte, in Gummi gelagerte Lenker. Das Instrumentenbrett ist neu gestylt.

1947 FL
Eigentümer: Trev Deely Museum, Vancouver, Kanada

1948 FL

Technische Daten
Motor/Kraftübertragung
Motor: V2 45° OHV
Hubraum: 1208 cm³
Bohrung x Hub: 87 x 102 mm
Verdichtung: 7 : 1
Leistung:
50 PS/37 kW bei 4800/min
Gemischbildung:
33 mm Schebler-Vergaser
Getriebe: 4-Gang
Kraftübertragung:
primär Kette
sekundär Kette
Bremse:
Trommelbremse vorn+hinten
Batterie: 6 Volt
Zündung: Spulenzündung

Fahrwerk/Aufhängung
Rahmen:
Doppelschleifen-Stahlrohrrahmen
Federung vorn:
Schwinge/Dämpfer
Radstand: 1511 mm
Gewicht: 256 kg
Tankinhalt: 14 Liter
Ölvolumen: 3,8 Liter
Bereifung: 5.00 x 16
Höchstgeschwindigkeit:
161 km/h
Lieferbare Farben:
Azurblau, Flight-Rot, Schwarz
Produziert wurden:
8071 Einh.
Preis: US-$ 650

FL (1948)

NEU! VERBESSERT! Das waren die beiden nach Kriegsende am häufigsten gebrauchten Wörter der amerikanischen Werbung. Bezogen auf Motorradmotoren bedeuteten sie zumeist kopfgesteuerte Motoren, hydraulische Stößel, Aluköpfe sowie verbesserte Schmierung und Verbrennung. Auf zum »Panhead«!

Wenn, wie der Harley-Chronist Allan Girdler sagt, »...technischer Fortschritt das einzig Nutzbare, was ein Krieg produziert« ist, so verdankte der Panhead – ein kopfgesteuerter Motor mit Ventildeckeln in »Pfannenform« – viel von seiner Nützlichkeit dem militärischen Einsatz. Die Entwicklung von Hochleistungs-Flugmotoren hatte eine Art Standardlehrbuch für Konstruktion und Auslegung luftgekühlter Motoren für Landfahrzeuge geschaffen. Ein Ergebnis war, daß weniger Wert auf Form und mehr auf Funktion gelegt wurde.

Nicht daß der neue FL jetzt – wie zwölf Jahre zuvor der Knucklehead – ein komplett neuer Motor gewesen wäre. In Harley-Davidsons Produktentwicklung behielt man immer die Evolution, die stetige Weiterentwicklung, im Auge. Der Rahmen wurde gestreckt, um den längeren Motor unterzubringen, der nun leichter war und seine Ölleitungen im Gehäuse verbarg. Die neue Ölpumpe sorgte für eine noch feinere Verteilung des Öls auf die einzelnen Schmierstellen. Doch die bedeutendste Neuerung gegenüber den Vorgängern waren die hydraulischen Ventilstößel des Panhead, die zwei Vorteile boten: die einfachere Einhaltung des genauen Ventilspiels und die niedrigere Betriebstemperatur.

Mit dem Panhead ging Milwaukee daran, das Motorradfahren einfacher, komfortabler zu gestalten. Bis jetzt war es vor allem eine Sache von Leuten gewesen, die sich mit der Wartung, häufig auch dem Instandsetzen, eines kleinen technischen Wunderwerks auskannten. Motorräder, die ohne viel Fachkenntnis des Besitzers gut und dauerhaft funktionierten, mußten deshalb für viele neue Fahrer attraktiv sein. Und das sollte die wichtigste Mission der Panhead sein.

Der untere Teil des Motors war weitgehend gleich geblieben. Für die neue Ventilsteuerung wurde eigens eine Nockenwelle konstruiert, und die Gehäuse mußten für die neuen Zylinder geändert werden. Wegen der Form seiner senkrechten Rohre sprach man jetzt vom »Wishbone-Rahmen« (Gabelknochen, Wünschelrute); er enthielt jetzt ein Lenkschloß und Montageplatten für Sturzbügel. Mit Einführung der Hydra-Glide-Gabel im folgenden Jahr wurde die 1200er erheblich aufgewertet – die erste Panhead und die letzte Springergabel! Wie bei der Knucklehead lauteten die Kürzel für die Panhead-Versionen E für den 1000er und F für den 1200er Motor.

Die Leistung der neuen Maschine war nur geringfügig gestiegen, aber es waren zuverlässigere »Pferde« unter dem Tank. Die pfannenförmigen Ventildeckel hielten das Öl mehr im Motorinnern, und die Aluköpfe senkten die Betriebstemperatur auf Langstrecken und an heißen Tagen. Die 14-mm-Kerzen saßen in Stahleinsätzen. Natürlich funktionierte auch das neue System nicht problemlos. Von 1948–52 waren die Hydrostößel über den Stoßstangen an-

Unten: Dieser »Buddy Seat« mit dem aufwendigen Haltegriff, den Fransen und all dem andern Zierat ist etwa zehn Jahre zuvor entstanden.

Unten: Schalldämpfer, Werkzeugkasten und Öltank sind ursprünglich schwarz lackiert. Oft werden beim Restaurieren zur (vermeintlichen) Verschönerung zusätzliche Chromteile angebracht.

Rechts: Die erste Panhead ist praktisch identisch mit der letzten Knucklehead. Diese Version besitzt den Luxus-»Buddy Seat« und den Gepäckträger. Chromränder und Kotflügelspitzen gehören zum Deluxe-Ausstattungspaket.

geordnet, und zu knappe Ölversorgung konnte zu ihrem Ausfall führen. 1953 verlegte HD deshalb die Stößel in Führungen am unteren Ende der Stoßstangen.

Weitere Änderungen umfaßten 1948 die Schaltbetätigung, die umgedreht wurde, so daß nun der 1. Gang hinten und der 4. Gang vorn lag. Das Zifferblatt des Tachos wurde passend zur Lackierung des Motorrads ausgeführt, und einiges Aufsehen erregte der neue Farbton Azurblau, der sehr hell ausfiel und oft verächtlich »Babyblau« genannt wurde.

Für ihr erstes Modelljahr erzielte die Panhead enorme Absatzerfolge. In E- und F-Version verließen fast 11000 Maschinen das Werk; Harleys 1948er Gesamtproduktion stieg auf 29612 Einheiten, ein neuer Rekord für Friedenszeiten. Wieder waren bundesweite Werbekampagnen im Gange, man bot Zahlungserleichterungen an, Motorradrennen lebten wieder auf, die weiten, friedlichen Straßen Amerikas lockten.

Und Harley-Davidson stand mit neuen Motorradmodellen bereit. Verbesserten, natürlich.

Rechts: Aluminiumköpfe, Hydraulikstößel und Ventildeckel in »Bratpfannenform« unterscheiden die Panhead von der Knucklehead. Ansonsten sind die Motoren fast identisch.

Rechts: Die erste Panhead ist auch die erste Big Twin mit dem »Wishbone frame«, dem Rahmen in Wünschelrutenform, und mit gebogenen vorderen Rahmenrohren.

Links: Gabel und Federn wären im Original schwarz lackiert. Ein Jahr später wird die Springer- von der Telegabel abgelöst, um 40 Jahre später als nostalgische Neuheit ihre Wiederauferstehung zu feiern.

1948 FL
Eigentümer: Mike Lady, Arroyo Grande, Kalifornien; Restaurator: Scott Ashley

1951 FL

Technische Daten
Motor/Kraftübertragung
Motor: V2 45° OHV
Hubraum: 1208 cm³
Bohrung x Hub: 87 x 102 mm
Verdichtung: 7 : 1
Leistung: 55 PS/40 kW bei 4800/min
Gemischbildung: 33 mm Schebler-Vergaser
Getriebe: 4-Gang
Kraftübertragung:
primär Kette
sekundär Kette
Bremse: Trommelbremse vorn+hinten
Batterie: 6 Volt
Zündung: Spulenzündung

Fahrwerk/Aufhängung
Rahmen: Doppelschleifen-Stahlrohrrahmen
Federung vorn: Teleskop- (Tele-)gabel
Radstand: 1511 mm
Gewicht: 268 kg
Tankinhalt: 14 Liter
Ölvolumen: 3,8 Liter
Bereifung: 5.00 x 16
Höchstgeschwindigkeit: 161 km/h
Lieferbare Farben: Brillantschwarz, Persischrot, Rio-Blau
Produziert wurden: 6560 Einh.
Preis: US-$ 900

EL (1950) und FL (1951) Hydra-Glide

NOCH NEUER! NOCH WEITER VERBESSERT! Harley-Davidsons Sprung in die Gegenwart war die Einführung der Hydra-Glide-Vorderradgabel. Kurz nach Kriegsende hatte man in Milwaukee erkannt, daß Großbritannien und das übrige Europa immer mehr Motorräder in die USA zu liefern begannen. Und daß die Importe hydraulische Federsysteme besaßen. Und daß diese Maschinen sehr schnell waren.

Wie der amerikanische Käufer die ausländischen Erzeugnisse aufnehmen würde, war 1950 noch recht ungewiß. Doch HD war nicht konservativ genug, um das in aller Ruhe abzuwarten. Mochte Indian als Wettbewerber auch ziemlich am Boden sein – andere würden als neue Konkurrenten erwachsen. Deshalb blieb man auch dran an der Entwicklung und Verfeinerung der großen Zweizylinder, wenngleich mit dem angemessenen Pragmatismus, für den Harley bekannt war.

Die Hydra-Glide-Gabel erfüllte zwei Funktionen: Die beiden Feder-Dämpfer-Elemente der Telegabel machten das Fahren deutlich komfortabler, und das Ganze sah auch viel moderner aus. Der Trend bei Autos wie bei Motorrädern verlangte mehr Verkleidung der bislang sichtbaren mechanischen Teile. Das Styling tendierte zu runderen, nahtlosen Formen, die das New Modern Age widerspiegelten.

Solche neuen Stylingideen fand man auch bei den tiefer gezogenen, in einem Stück gefertigten Kotflügeln, die nicht unterbrochen wurden von Nähten oder Zierlinien. Parkleuchten verzierten die untere Gabelbrücke, und die Hupe war zwischen den Rahmenrohren versteckt. Am Tank befand sich noch das triste Markenlogo, das, entworfen von Designer Brooks Stevens, 1947 erstmals auftauchte. Erst 1951 erschien stattdessen ein Logo in Schreibschrift.

Zu dieser Zeit war es, daß man in Milwaukee entdeckte, was ein Name bewirken kann. Harley-Davidson-Motorräder trugen stets nur Kennbuchstaben und eine Zahl davor, die den Hubraum (in Kubikzoll) bezeichnete, also etwa 61 EL. Beinamen wie »Silent Gray Fellow«, »Peashooter«, »Knucklehead« oder »Panhead« waren zumeist vom Volksmund erfundene Kosenamen.

Selbst »Hydra-Glide« war anfangs nicht eigentlich ein Modellname, sondern die Bezeichnung der neuen Telegabel.

Dann aber, 1952, verwendete HD den Ausdruck »Hydra-Glide« als regulären Modellnamen auf dem Auftragsformular. Drei Jahre später erhielt das S-Modell, die Zweitaktmaschine, den Namen »Hummer« (Summer), und 1957 taufte das Werk die neue XL auf den für ein Motorrad äußerst attraktiven Namen »Sportster«. Als im Jahr darauf die erste große Zweizylinder mit Telegabel und hinteren Federbeinen vom Band rollte, schrieb man ihren Namen weithin sichtbar auf den Vorderkotflügel: »Duo-Glide«. Seither ist keine Harley-Davidson mehr (außer den Rennversionen) ohne einen offiziellen Namen auf die Straße geschickt worden.

Zurück zum Jahr 1950: Zeitgleich mit dem Trend zu weniger Zierat kam nun die steigende Nachfrage nach Extras. Milwaukee erkannte, daß viele Besitzer es liebten, ihre Maschine nach eigenem Gusto, »customized« auszustatten. Der Ausdruck »Full Dress« wurde geschaffen, später verkürzt zu »Dresser«, und das war ein reich mit Extras beladenes Motorrad. HD baute sowohl die Liste der werksseitigen Extras als auch die der funktionellen, aber vor allem modernen weiteren Zubehörteile aus.

Die Panhead war tatsächlich Milwaukees erster »Easy Rider«. Eine große Maschine, in vollem Dreß über 270 kg schwer, ausgelegt auf Komfort und nicht auf Tempo. Gewiß, man konnte damit 160 km/h schnell sein, und der in Gummi gelagerte Lenker dämpfte die Vibrationen einigermaßen ab, doch der Motor war nicht glücklich dabei. Zwischen 3500 und 4500 Touren kam der Hauptteil der 55 PS/40 kW auf die Straße, mehr als genug, um munter herumzuflanieren. Eine größere Vorderradbremse bot übrigens zusätzliche Hilfe, um die schwere Maschine rasch zum Stehen zu bringen.

Unten: Diese Ausführung des Deluxe-Solositzes erscheint erstmals 1955. Die seitlichen Verzierungen sind verchromt.

Rechts: Die lederne Satteltasche »Speed King« wird ab 1954 angeboten. Milwaukee liefert auch eine Variante mit Fransen, entsprechend ihr Name: »Fringe King«.

Oben: Die Solo-Windschutzscheibe für die 1951er FL mit Hydra-Glide-Gabel kostet 21 Dollar Aufpreis. Für verchromte Spotlights mit Montageteilen muß man weitere 21,25 Dollar bezahlen.

1951 FL
Eigentümer/Restaurator: Dave Royal, Nipomo, Kalifornien

Oben: Kotflügelembleme mit der Aufschrift »Deluxe OHV« erscheinen ab 1952. Ein Hauch von »Custom« (Ausstattung nach Kundenwunsch) ist die Zweifarbenlackierung.

Unten: Chrombügel für vordere und hintere Kotflügel bezeichnet man gern als »cheese graters«. Diese Abgasanlage wird erstmals als Sonderzubehör 1954 angeboten.

1950 EL
Eigentümer: Trev Deely Museum, Vancouver, Kanada

FLF (1951/52)

Manch einer der Harley-Davidson-Fans früherer Zeiten (und immer häufiger sind auch weibliche darunter) wird beim Erscheinen der 1952 als Extra eingeführten Fußschaltung (Bezeichnung der 1200er Version: FLF) überrascht gewesen sein. Denn viele Fahrer betrachteten das Kuppeln mit dem Fuß und das Schalten von Hand nicht als Unbequemlichkeit. So war's beim Auto, warum nicht auch beim Motorrad? Die meisten, die dann aber einmal die umgekehrte Version ausprobiert hatten, empfanden sie als Bedienungserleichterung im Verkehr. Und im Nachhinein betrachtet, war die alte Methode ja auch Unsinn.

Die 1000er und 1200er bekam man auf Wunsch weiterhin mit Handschaltung, und zwar bis 1972, als sie von zu wenigen Käufern verlangt wurde. Beide Hubraumgrößen, jetzt im zweiten Jahr offiziell Hydra-Glide genannt, gab es ausschließlich in der höherverdichteten Variante. Da der Kupplungshandhebel an der linken Lenkerseite montiert wurde, verlegte Milwaukee den Bremshebel auf die rechte Seite – wie beim Rest der Welt üblich. Außer bei den Briten, deren Motorräder die Schaltung rechts hatten.

Für die 1000er Panhead war dies das Auslaufjahr. Jedes Jahr hatte die 1200er in den Verkaufszahlen die kleinere Schwester mehr in die Enge gedrängt, und HD sah keinen Grund mehr, zwei so ähnliche Maschinen anzubieten. Da die Kupplungsfedern sehr kräftig sein müssen, wurde das Handkupplungsmodell mit einer Einrichtung zur Verstärkung der Handkraft ausgerüstet, die von den Benutzern als »Mausefalle« bezeichnet wurde. Sicher war die Bedienungserleichterung vom Werk gut gemeint, aber manche Erfindung erweist sich schließlich doch als Flop.

Der Panhead war noch immer nicht frei von Schmierproblemen am Ventiltrieb, wie sie auch den Knucklehead-Motor geplagt hatten. Schwierigkeiten mit verschmutztem Öl, das den Hydrostößeln schadete, sollte ein Druckventil mit Filter beheben.

Unten: Der »Buckhorn«-Lenker ist damals bei den Käufern der Hydra-Glide beliebt. Der Namenszug am Tank stammt aus der Zeit ab 1963.

Unten: 1952 wird der Preis der »Deluxe Solo Group« von $115 auf $73,50 reduziert. Er schließt einen hohen oder niedrigen, in Gummi gelagerter Lenker ein. Die Frontscheibe kostet $22,75.

Oben: Die erste fußgeschaltete Panhead hat einen Verstärkungsmechanismus für die Kupplung, der als »Mausefalle« bekannt wird (gleich über dem Schalthebel sichtbar).

Das ging so lange gut, bis auch der Filter verstopft war und die Ölförderung blockierte. Dieses Problem wurde erst gelöst, als man 1953 die Hydrostößel vom oberen Ende der Stoßstangen ans untere Ende verlegte.

Eine weitere 1952er Änderung im Ventiltrieb waren rotierende Auslaßventile. Um dem »Verbrennen« der Ventile entgegenzuwirken, ordnete man zwischen Ventilschaft und Kipphebel eine Kappe an, mit deren Hilfe sich das Ventil im geöffneten Zustand um seine Achse drehen konnte. Damit glich man einseitige Abnutzung von Ventilteller und -sitz aus und sorgte für gute Verdichtung. Der Schalldämpfer der großen V2 sah aus wie die 1951er Version, hatte aber geänderte »Innereien«, die den Auspuff leiser machten. Daher auch die Namensänderung vom »Mellow-Tone« zum »Low-Tone«-Schalldämpfer.

1951 FL
Eigentümer und Restaurator:
Fred Lange, Santa Maria, Kalifornien.

Oben: 1951 leistet der Panhead-Motor 55 PS (40 kW).

Unten: 1951 wird der Seitenwagen für die Hydra-Glide für $240 Aufpreis angeboten (Gesamtpreis $1140). Beim Seitenwagenmodell ist die Gabelneigung verstellbar.

Die Produktionszahlen waren drei Jahre lang etwa gleich geblieben. Das Motorradfahren mußte immer mehr mit anderen Freizeitbeschäftigungen konkurrieren, und Milwaukee führte mit den Händlern zusammen Kampagnen durch, mit denen man den Absatz am Ort erhöhen wollte. Ein großer Teil der Werbung um neue Käufer konzentrierte sich auf das neue 750er K-Modell, das die alte »45« ersetzte. Große Hoffnungen wurden in eine sportlichere Mittelklasse gesetzt, um Fahrer anzuziehen, die von der zunehmenden Zahl europäischer Motorradhändler in den USA hoffiert wurden.

Doch trotz des unsicheren Markts verkaufte sich die große V2 recht gut. Milwaukee blieb dabei, immer nur eine oder zwei Bauteiländerungen auf einmal durchzuführen, so daß Konstruktions- und Fertigungsaufwand den Unwägbarkeiten der Wirtschaft und der Kundenwünsche angepaßt blieben. Und man hatte in Entwicklung und Vertrieb sehr wohl gemerkt, daß ein scharfer Wind von England herüberwehte.

1952 FL Eigentümer:
John Tosta, Hanford, Kalifornien;
Restaurator: Jones Brothers.

1952 K

Technische Daten
Motor/Kraftübertragung
Motor: V2 45° Flathead
Hubraum: 743 cm^3
Bohrung x Hub: 70 x 97 mm
Verdichtung: 6 : 1
Leistung: 30 PS/22 kW
Gemischbildung: Linkert-Vergaser
Getriebe: 4-Gang integriert
Kraftübertragung:
primär Duplex-Kette
sekundär Kette
Bremse: Trommelbremse vorn+hinten
Batterie: 6 Volt
Zündung: Spulenzündung

Fahrwerk/Aufhängung
Rahmen: Einschleifen-Stahlrohrrahmen
Federung vorn: Telegabel
Federung hinten: Schwinge, Feder/Dämpferbeine
Radstand: 1435 mm
Gewicht: 181 kg
Tankinhalt: 17 Liter
Ölvolumen: 2,8 Liter
Bereifung: 3.25 x 19
Höchstgeschwindigkeit: 129 km/h
Lieferbare Farben: Schwarz, Persisch-Rot, Rio-Blau (Aufpreis: Bronco-Bronzemetallic)
Produziert wurden: 1970 Einh.
Preis: US-$ 865

WR (1950) und K (1952)

Jetzt war es Zeit für etwas fast ganz anderes. Fast, weil es zwar immer noch eine 750er seitengesteuerte Maschine, ein Flathead, im übrigen aber ein Arbeitstier nach völlig anderem Muster war. So, wie das erste D-Modell von 1929 die R von 1932 befruchtet hatte, von der die W von 1937 abstammte, war die K die einzige überlebende Tochter in der Flathead-Familie.

Der Motor war zwar vollständig neu, nur blieb die Frage, ob das eine Verbesserung war. Der K-Motor war eine Konstruktion nach dem Stand der Technik, mit dem Getriebe im gemeinsamen Gehäuse, einem Fußschalthebel rechts und dem Kupplungshebel links am Lenker. Und verglichen mit der Panhead sah sie regelrecht sportlich aus. Sah sie aus, doch die Fahrleistungen waren eher mäßig bis mittelmäßig. Manche sagten auch, sie sei geradezu faul.

Andererseits war die K die erste Harley-Davidson mit Telegabel und hydraulisch gefederter hinterer Schwinge. Mit dieser kompletten Federung zeigte das K-Modell besseres Handling als die hinten ungefederte Vorgängerin, doch die 30 PS/22 kW konnten die 181 kg Gewicht nicht rasch genug in Bewegung bringen. Zum Pech für Milwaukee erschien die Maschine, als der Koreakrieg in seine heiße Phase geriet und das Motorradgeschäft stark zurückging.

In einem anderen Bereich tat sie ihren Dienst sehr wohl: in Rennausführung. Seit nach dem Krieg wieder Rennen gefahren wurden, hatte HD noch nicht in Daytona gewonnen. Sechsmal in Folge war es die Konkurrenz gewesen, die letzten viermal eine britische Norton. Natürlich ärgerte das die Harley-Leute, die drei der fünf Rennen der Vorkriegszeit gewonnen hatten. Also mußte man etwas tun.

Die Rennversion mit Namen KR wurde zur 53er Saison fertig. Paul Goldsmith wurde mit einem Racer mit 37 PS/27 kW Leistung ausgestattet und holte sich damit prompt den Sieg in Daytona, wobei er den bestehenden Rekordschnitt um über 11 km/h verbessern konnte. Zwar schob sich im Jahr darauf noch eine britische BSA auf Platz eins, doch dann belegte Harley-Davidson diesen Platz sieben Jahre lang. Offenbar hatte der alte Flathead-Motor doch noch genügend Kampfkraft.

Draußen auf den amerikanischen Straßen war das eine andere Sache. Junge Heißsporne, die eine »aufgeblasene« Harley erhofft hatten, mußten sich von 500er OHC-Zweizylindern von Triumph oder BSA den Auspuff zeigen lassen. Bei HD erkannte man den Bedarf für ein sportliches OHV-Modell, und eine solche Entwicklung lief ja auch bereits, doch Behutsamkeit war auch weiterhin die Devise. Es war erwiesen, daß der Flathead noch mehr PS hergeben konnte, und der einfachste Weg war eine Hubraumanhebung. Die Entwicklungsarbeiten an einem OHC-Motor mit einer Nockenwelle, der KL, wurden aufgesteckt, und stattdessen wandte man sich der XL (mit 883 cm^3) zu, die auf dem Konzept der K mit vier Nockenwellen basierte.

Die 750er K blieb daher nur zwei Jahre im Katalog. 1953 gab es statt der Standardlackierung in Persisch-Rot ein Pfefferrot, das Rio-Blau wurde durch Gletscherblau ersetzt, und Forest-Green kam neu hinzu. Zum Aufpreis erhielt der Käufer Cavalier-Braun, Glamour-Grün und Weiß. Man hatte die Wahl zwischen 18- oder 19-Zoll-Bereifung als Serienausstattung und konnte für 2 Dollar auch die Größen 3.25 x 19 oder 3.50 x 18 vorn und 4.00 x 18 hinten bekommen. Die Gesamtproduktion der K-Modelle betrug in den zwei Jahren 3693 Einheiten.

Rechts: 1952 brandneu: Das 750er Sportmodell »45 V-Twin«. Die Welle der Beliebtheit schlägt zwar nicht allzu hoch, doch das K-Modell hat eine gefederte Hinterradschwinge, Handkupplung und Fußschaltung. Immerhin ein gutes Zeichen.

Oben: Der Getrieberadsatz ist ins Kurbelgehäuse integriert (Motor-Getriebeblock). Vier Wellen mit je einem Nocken betätigen die Ventile.

Rechts: Mit der WR gewinnt Larry Headrick 1950 für den Tuner Tom Sifton alle drei nationalen Mile-track-Rennen und erhält dafür die »Nummer eins«. Die hintere Rahmenpartie der Dirt-Track-Version ist ausgesteift.

1950 WR
Eigentümer/Restaurator: Mike Parti, North Hollywood, Kalifornien

Unten: Der Fahrer kann zwischen dem »Buckhorn«-Lenker (Foto) und der niedrigeren Speedster-Ausführung wählen.

Unten rechts: Mit hydraulisch gedämpfter Federung vorn und hinten fährt sich die K besser als ihre Vorgängerinnen mit Springergabel.

1952 K
Eigentümer/Restaurator: Fred Lange, Santa Maria, Kalifornien

1955 FLH

Technische Daten
Motor/Kraftübertragung
Motor: V2 45° OHV
Hubraum: 1208 cm³
Bohrung x Hub: 87 x 102 mm
Verdichtung: 8 : 1
Leistung: 60 PS/44 kW bei 4800/min
Gemischbildung: 33 mm Schebler-Vergaser
Getriebe: 4-Gang
Kraftübertragung:
primär Kette
sekundär Kette
Bremse: Trommelbremse vorn+hinten
Batterie: 6 Volt
Zündung: Spulenzündung

Fahrwerk/Aufhängung
Rahmen: Doppelschleifen-Stahlrohrrahmen
Federung vorn: Telegabel
Radstand: 1511 mm
Gewicht: 271 kg
Tankinhalt: 14 Liter
Ölvolumen: 3,8 Liter
Bereifung: 5.00 x 16
Höchstgeschwindigkeit: 169 km/h
Lieferbare Farben: Pfefferrot, Atomic-Blau, Anniversary-Gelb, Aztec-Braun, Schwarz (Aufpreis: Hollywood-Grün)
Produziert wurden: 1103 Einh.
Preis: US-$ 1083

FLH (1955) und SERVI-CAR (1955)

Mittlerweile war Harley-Davidson der einzige überlebende Motorradhersteller in den USA, eine frohe Botschaft für Milwaukee zwar, aber auch ernüchternd, weil die Flut britischer und anderer europäischer Konkurrenten stieg und stieg.

Milwaukee hatte 1954 die Leistungskurve des K-Modells angehoben, und man beschloß, auch der 1200er FL mehr PS zu verschaffen. Das erste von mehreren neuen Bauteilen war ein verbessertes Saugrohr, das zur besseren Abdichtung und zur Isolation von Schwingungen O-Ringe verwendete. Die Einlaßkanäle waren in die neuen Köpfe eingegossen, so daß die zuvor eingeschraubten Einsätze entfielen. Das neue »heiße« Schwergewicht erschien Mitte 1955 und wurde nach HD-Manier auf den Namen FLH getauft. Mit einer Verdichtung 8 : 1 leistete der Motor jetzt 60 PS/44 kW. Den Kurbeltrieb verstärkte man durch ein kräftigeres Gehäuse und größere Lager. Das Antriebsgehäuse wurde überarbeitet, und für 15 Dollar extra konnte man einen speziellen Antriebszahnkranz bekommen, der Stöße und Spiel im Kettentrieb absorbierte. Über den Kipphebelwellen thronten verstärkte Deckel. Dieser kräftige »Schluck aus der Pulle« machte den FLH gegenüber dem normalen FL etwas flotter im Antritt und einige km/h schneller in der Spitze.

Die FL-Baureihe erlebte 1955 auch eine Anzahl Stylingänderungen. Das Tankemblem wies jetzt auf die V2-Bauweise durch ein großes »V« hinter dem Harley-Davidson-Namenszug hin. Ebenso trugen die Vorderkotflügel der Modelle FL, FLH und KH ein V-förmiges Logo, doch das gab es nur im Jahre 1955. Die obere Gabelbrücke zierten auf jeder Seite drei diagonale Streifen, doch die Beschriftung »Hydra-Glide« verschwand. Eine ovale Rückleuchte mit separater und verstellbarer Nummernschildplatte ersetzte die frühere »Tombstone«-Form.

Die Preise blieben 1955 stabil. Die FL kostete 1015 Dollar, die FLH 68 Dollar mehr. Alle großen Zweizylinder konnte man auch weiterhin mit Hand- oder Fußschaltung bekommen.

SERVI-CAR

Typisch für die Nachkriegsjahre war bei Auto- wie Motorradfahrern die Lust am individuell hergerichteten und/oder getunten, »customized« Fahrzeug. Und der Servi-Car wurde zur beliebten Ausgangsbasis für schreckliche Verunstaltungen. Da wurde die Karosserie durch einen Thron, eine Telefonzelle oder gar ein »Herzhäuschen« ersetzt, oder einfach durch eine umgebaute Pkw-Karosse. Oft wurde der Flathead-V2 ausgebaut, und an seine Stelle kam ein Detroiter V8, übervoll mit Chrom und dicken Auspuffrohren.

Aus dem Servi-Car wurde die absolute Allzweckmaschine für Arbeit oder Spiel. 1959 stattete das Werk ihn mit der Hydra-Glide-Telegabel aus, und 1964 wurde das »Trike« das erste Harley-Davidson-Produkt, das einen elektrischen Anlasser aufzuweisen hatte. Das Dreirad sorgte auch dafür, daß das gute alte Arbeitstier, der 750er »45«-Motor, bis 1973 überlebte. Schließlich ging der Servi-Car nach 42 Jahren in Pension, doch er ist und bleibt das HD-Modell mit der längsten Produktionsdauer aller Zeiten.

Vielleicht wird dieser Rekord aber doch noch gebrochen, nämlich von der Sportster, die im Jahr 2000 43 Jahre alt werden könnte. Die »45« war, wenn man so sagen will, der Großvater der Sportster.

Unten: Die Farbpalette kombiniert Atomic-Blau mit championgelbem Tankdekor. Seit 1954 gibt es die »Jubiläumsfanfare«.

Rechts: Der »Buddy Seat« entwickelt sich mit den Motorrädern. Die Zusatzfedern sind ab 1955 erhältlich.

Rechts: Die »Speed King«-Satteltaschen und die Chrombügel á la Käseraspel (cheese grater) sind 1955 beliebte Extras. Die Taschen werden an der verchromten Platte am Kotflügel angebracht. Der Schalldämpfer mit fishtail stammt vom Zubehörhandel.

Links: Diese Schleppstange am Servi-Car bleibt bis 1963 serienmäßig. Umbauteile für den Anbau der Stoßfänger von Autos mehrerer Marken bietet der Handel an.

1955 Servi-Car
Eigentümer/Restaurator: Charles Holenda, HD-Vertretung in El Cajon, Kalifornien

Oben: Ab 1952 ist der Servi-Car einziges Produktionsmodel mit 75Cer Flathead-Motor. Öldruckbremse und hintere Stahlscheibenräder werden seit 1951 montiert. Man beachte die Kotflügelverkleidung als Werbeträger.

1955 FLH
Eigentümer/Restaurator: Paul Wheeler, Van Nuys, Kalifornien

Oben: Die Ziffern des 1956 eingeführten Tachos sind kursiv und in grüner Tagesleuchtfarbe. Das sieht aus wie ein Uhrzifferblatt. Der goldene Mittelteil ersetzt den silberfarbenen, den es die letzten beiden Jahre gab.

KH (1955), KHK und KR (1956)

Ihrem üblichen Buchstabenschema entsprechend fügte Harley-Davidson 1954 ein »H« an die Bezeichnung K-Modell. Harley-Liebhaber, die im Nachhinein dem Buchstaben H eine Bedeutung geben wollen, kommen dabei auf Begriffe wie Hot (»heiß«), Heavy Duty (Hochleistung) oder High Compression (hochverdichtet).

Das H erschien als Zusatz erstmals 1915, um »Fast Motor«, »Roadster Racer« oder »Track Racer« zu kennzeichnen. Dann verschwand der Buchstabe bis 1929 aus der Liste, als der JD den Zusatz H für den Zweinockenwellenmotor erhielt. Mag sein, der Buchstabe H ist lediglich der traditionelle Zusatz für die Hochleistungsversion eines vorhandenen Motors. Oder »Hero«, oder »Hell-on-wheels«. Wer weiß das schon.

1954 wies der Buchstabe H jedenfalls auf eine Hubraumerhöhung von 743 auf 883 cm³ hin, die sich in einer mächtigen Drehmomentsteigerung äußerte – und in der Neigung der Getriebezahnräder, ihre Zähne zu zermalmen. Natürlich mußten zuerst die Zahnräder verstärkt werden. Mit den größeren Ventilen brachte die KH 38 PS/28 kW auf die Bremse. Die Spitze lag bei 153 km/h, und einem Testbericht von Cycle Magazine zufolge soll die neue Version um volle zwei Sekunden schneller als die K die Viertelmeile (rund 400 m) zurückgelegt haben, nämlich in 14,75 Sekunden.

Als nächste erschien 1955 die KHK. (Harley-Alphabetforscher mögen feststellen, daß das K – ebenso wie das H – erstmals im Jahr 1915 erschien, und zwar für ein »gestripptes« Serien-Rennsportmodell.) Das zweite K in ihrem Namen bedeutete, daß für 68 Dollar ein »Speed Kit« werksmäßig installiert wurde, das rollengelagerte Pleuellager, scharfe Nocken und polierte Kanäle umfaßte. Im Gegensatz zu den früheren Modellen konnte man bei der K von 1954–56 ohne Zerlegen des Kurbelgehäuses an den Getrieberadsatz herankommen. Die Maschine wog etwa 200 kg.

1956 wurde die KH mit etwas kürzeren Federbeinen ausgerüstet, obschon die Federwege gleich blieben. Die Ölpumpe war verstärkt, und in die Hinterradnabe baute man statt Doppelkugellager jetzt Rollenlager ein. Die Rückleuchte der großen V2 ersetzte die altmodische, granatenförmige Leuchte, und am Tank prangte ein kühnes, farbiges Dekor.

In ihrer vierjährigen Fertigungszeit betrug die Gesamtstückzahl der KH nur 2824 Einheiten, die der KHK lediglich 1163. Über die Rennversion KR bestehen wenig Unterlagen, doch wurden in 15 Jahren vermutlich weniger als 500 Stück gebaut.

1956 war für die KH das Aus gekommen, während die Rennvariante KR noch mehr als zehn Jahre länger gefertigt wurde. Von den 15 Meisterschaftsläufen, die von 1955 bis 1969 in Daytona stattfanden, siegte die 750er KR zwölfmal, keine schlechte Leistung für die Flatheads mit ihrer 40jährigen Tradition, deren Beginn auf die 20er Jahre zurückging.

Unten: 1956 gewinnt die KR sämtliche nationalen Klasse-C-Rennen.

1956 KR
Eigentümer: Otis Chandler, Ojai, Kalifornien; Restaurator: Jerry Sewell

1955 KH
Eigentümer: Harold Mathews, Mathews HD-Vertretung in Fresno, Kalifornien

Unten: Äußerlich sind KH und KHK bis auf das Abziehbild am Öltank und das zusätzliche »K« am Gehäuse identisch. Die KHK ist der »heiße Ofen«.

Links: Der kühne Pinselstrich am 56er Tank ist ein wahrer Blickfang. Das »speed kit« für 68 Dollar extra hebt den Preis der KHK auf 1003 Dollar an. Die Standardbereifung vorn und hinten ist 3.50 x 18.

Unten: Dieses Harley-Davidson-Logo mit dem »V« ist 1955 das neue Erkennungszeichen am Tank. Die neue Farbe nennt sich Jubiläumsgelb (anniversary yellow), und Hollywood-Grün bekommt man für 10 Dollar Aufpreis.

1956 KHK
Eigentümer: Otis Chandler, Ojai, Kalifornien; Restaurator: Glenn Bator

Links: 1954 ist am Vorderkotflügel eine Plakette angebracht, die an Harley-Davidsons 50. Jubiläum erinnert. Ein Jahr später tragen FLH, FL und KH eine V-Plakette mit Jahr, Modellkürzel und HD-Namenszug.

Oben: Die KH ist ein K-Modell mit längerem Hub (116 mm), der das Volumen auf 883 cm^3 vergrößert

1957 XL

Technische Daten
Motor/Kraftübertragung
Motor: V2 45° OHV
Hubraum: 883 cm³
Bohrung x Hub: 76 x 97 mm
Verdichtung: 7,5 : 1
Leistung:
40 PS/29 kW bei 5500/min
Gemischbildung:
Linkert-Vergaser
Getriebe: 4-Gang integriert
Kraftübertragung:
primär Duplexkette
sekundär Kette
Bremse:
Trommelbremse vorn+hinten
Batterie: 6 Volt
Zündung: Spulenzündung

Fahrwerk/Aufhängung
Rahmen:
Einschleifen-Stahlrohrrahmen
Federung vorn: Telegabel
Federung hinten:
Schwinge, Feder/Dämpferbeine
Radstand: 1448 mm
Gewicht: 225 kg
Tankinhalt: 16,7 Liter
Ölvolumen: 2,8 Liter
Bereifung: 3.50 x 18
Höchstgeschwindigkeit:
ca. 155 km/h
Lieferbare Farben:
Pfefferrot/Schwarz, Skyline-Blau/Weiß, Birch-Weiß/Schwarz, Schwarz/Rot (Aufpreis: Midnight-Blaumetallic/Weiß)
Produziert wurden:
1983 Einh.
Preis: US-$ 1103

XL (1957) SPORTSTER

Die Sportster kam für viele überraschend. Insider wußten zwar, daß ein weiterer OHV-Zweizylinder in Arbeit sei, und daß man neue Zylinder auf das Kurbelgehäuse des K-Modells montieren würde. Die Hoffnungen waren nicht gerade allzuhoch angesetzt.

Die Zweifler aber verstummten, als die neue kleine, magere XL auftauchte. Um 1955 hatte das »Hot-rodding«, das Herumfahren mit stark aufgeblasenen Autos und Motorrädern, begonnen, sich zunehmend zum Volkssport zu entwickeln. Als das Signal aus Detroit in Gestalt des breitschultrigen Chevrolet Coupé mit 4,3 Liter V8-Motor kam, gingen die Flaggen hoch. Horsepower noch und noch auf den Straßen. 1957 röhrten überall im Land »Dreiviertel-Rennmotoren« ungeduldig vor roten Ampeln. Und bedrohlich eng neben ihnen wartete ratternd die Sportster von Harley-Davidson.

Die Sportster übernahm die von ihren Flathead-Vorgängern stammende Tradition, jedem Ventil eine Nockenwelle zuzuteilen. Außer der Möglichkeit sehr kurzer, kräftiger Nockenwellen hat die Vierwellenbauweise den Vorteil, Platz für die Stoßstangen zu schaffen und das Einstellen der Ventilzeiten zu erleichtern. Serienmäßig leistete die XL 40 PS/29 kW bei 5500/min, und die Verdichtung betrug 7,5 : 1. Die gehärteten Auslaßventile waren stellitbestückt, und alle Ventile waren größer als die der Flathead. Der Hub blieb mit 97 mm unverändert gegenüber dem K-Modell, während die Zylinder um gut 6 mm auf 76 mm aufgebohrt wurden. Dadurch wurde die XL auch weniger langhubig und drehte etwas höher.

Manch einer war überrascht, daß angesichts des Hochleistungsprofils der XL die Köpfe aus Grauguß und nicht aus Aluminium waren. Doch Milwaukees Erfahrungen mit den ersten Panheads waren unangenehm gewesen, obschon erwiesen war, daß Leichtmetallköpfe die Wärme besser ableiten. Um solche Risiken bei der Sportster zu vermeiden, die ja von vornherein mit den Briten konkurrieren sollte, griff HD lieber zum unproblematischen Grauguß. Der war zwar schwerer, aber besser beherrschbar und dauerhaft.

Die erste Sportster war mit ihrer recht zahmen Auslegung wohl nicht der erwartete »heiße Ofen«. Mit dem hochgezogenen Lenker und der reichhaltigen Ausstattung stand sie eher als Sport-Tourenmaschine der Mittelklasse in der Liste. Nur um wenig stärker und kaum schneller als die KH, sah die XL mit ihren 225 kg Gewicht äußerlich nach mehr Leistung aus, als sie wirklich bot, während der große Tank und die dicken Kotflügel sie wie eine geschrumpfte Panhead und nicht wie einen wirklichen »Backroad blaster« wirken ließen.

Klar, daß nur kurze Zeit nach ihrem Erscheinen die Sport- und Rennfahrer nach einer leichteren und schnelleren Ausgabe der XL schrien. Denn das Potential dafür war offensichtlich da: OHC-

Unten: Die Serien-Sportster hat vorn und hinten 3.50–18er Reifen. Als Geländereifen für hinten gibt es wahlweise einen Goodyear »Grasshopper«.

Unten: Der Sattel der Sportster ist der gleiche wie für die KH. Als Extra gibt es den »Buddy Seat«.

Eine OHV-Version des K-Modells, genannt KL, wird 1952 gebaut. Doch Milwaukee entscheidet sich unter dem Zwang, eine stärkere Sportmaschine zu bauen, für die seitengesteuerte KH Flathead. Die KL wird 1957 die Basis für die Sportster.

Köpfe, integriertes Getriebe, Halbkugel-Brennräume und Platz für größere Ventile. Schließlich wurden diese Stimmen so laut, daß sich HD an eine höherverdichtete Variante für 1958 machte. Doch mehr darüber später.

Obgleich das neue Modell anfangs mit Erscheinung und Fahrleistungen die Motorradwelt nicht gerade sprachlos machte, war die Sportster für Milwaukee seit langem der kühnste Schritt vorwärts. Zwar hatte man einige Kompromisse machen müssen, um die Fertigungskosten im Rahmen zu halten, doch es war klar erkennbar, daß Harley-Davidson nicht gewillt war, der britisch-europäischen Konkurrenz einen ständig wachsenden Marktanteil zu überlassen.

Rechts: Zwei Varianten einer rot-schwarzen Lackierung werden 1957 angeboten: Pfefferrot, rote Kotflügel, Tankflächen schwarz (Foto), und schwarz mit roten Tankflächen und schwarzen Kotfügeln.

Oben: Die ersten Sportster erscheinen mit der Fanfare der Big Twin. Neu für 1957 ist die Tankbeschriftung.

Unten: Der Serienlenker der Sportster ist ein »Buckhorn«. Dieser und die Speedster-Form sind sowohl starr als auch elastisch gelagert zu haben.

Unten: Scheinwerfer und Gabelstandrohrverkleidung mit zentral angebrachtem Tacho kommen von der KH.

1957 XL
Eigentümer: Otis Chandler, Ojai, Kalifornien; Restaurator: Glenn Bato

1958 FLH

Technische Daten
Motor/Kraftübertragung
Motor: V2 45° OHV
Hubraum: 1208 cm^3
Bohrung x Hub: 87 x 102 mm
Verdichtung: 7 : 1
Leistung:
52 PS/38 kW
Gemischbildung:
Schebler-Vergaser
Getriebe: 4-Gang
Bremse:
mechanische Trommelbremse vorn; hinten hydraulisch
Batterie: 6 Volt
Zündung: Spulenzündung

Fahrwerk/Aufhängung
Rahmen:
Doppelschleifen-Stahlrohrrahmen
Federung vorn: Telegabel
Federung hinten:
Schwinge, Feder/Dämpferbeine
Radstand: 1524 mm
Gewicht: 294 kg
Tankinhalt: 14 Liter
Ölvolumen: 3,8 Liter
Bereifung: 5.00 x 16
Höchstgeschwindigkeit:
161 km/h
Lieferbare Farben:
Skyline-Blau/Weiß, Calypso-Rot/Weiß, Schwarz/Weiß, Sabre-Grau-Metallic/Weiß (wahlweise: Einfarben-Lackierungen)
Produziert wurden:
3178 Einh., (FL: 2890)
Preis: US-$ 1320

Rechts: Die 1958er Duo-Glide ist die erste Big Twin mit Öldruckbremse und Federung am Hinterrad. Es ist das erste Jahr, in dem man auf Wunsch auch Weißwandreifen erhält.

FLH DUO-GLIDE (1958)

1958 taufte das Werk die Hydra-Glide in Duo-Glide um, was auf die Einführung einer Hinterradfederung hinweisen sollte. Der starre Rahmen war einer Schwinge mit hydraulischen Feder/Dämpferelementen gewichen. Beide Versionen, die FL und FLH, gab es immer noch mit Hand- oder Fußschaltung.

Doch mittlerweile wurden dreimal so viel mit Fuß- wie mit Handschaltung gekauft. In Milwaukee begann man das Angenehme mit dem Notwendigen zu verbinden. HD hatte sieben Jahre lang jährlich rund 12000 Motorräder verkauft. Das Ausscheiden von Indian bewirkte nun ein allmähliches Überfluten der USA mit britischen Händlernetzen, also ging die Schlacht von neuem los.

Die Duo-Glide bekam nicht nur Federbeine, sondern auch eine Öldruckbremse hinten, einen neuen Öltank, verstärkte Kupplung und Getriebe, neue Abdichtungen an den Verbindungen der Abgaskrümmer und auf Wunsch Weißwandreifen. Die Verrippung am Kopf wurde vergrößert, Ventilfedern verstärkt, und gegen Aufpreis bekam man doppelte Auspuffrohre mit kurzen Schalldämpfern. Da der starre Rahmen fehlte, mußte man die Kotflügel mit verchromten Streben hinter den oberen Dämpferschrauben befestigen. Der Kotflügel war weiterhin hochklappbar zur Erleichterung der Radmontage. Der neue vordere Sturzbügel war einteilig.

Neue Stoßecken an Vorder- und Hinterkotflügel erschienen 1958, und die Logos am Tank bestanden aus Kunststoff, wurden aber im Jahr darauf wieder durch metallene ersetzt. Die Farbskala umfaßte Skyline-

Links: Die Windschutzscheibe der Hydra-Glide wird klar oder in Rot oder Blau eingefärbt angeboten.

Unten: Auf dem Vorderkotflügel findet man den Schriftzug Duo-Glide, durch den sich die 58er von früheren Modellen unterscheidet.

Oben: Das Ausstattungspaket »King of the Highway« enthält den »Buddy Seat« oder den Solosattel (Foto), sowie Zweirohrauspuff, Satteltaschen, Blinker, verchromten Gepäckträger, Kotflügelspitzen und Stoßbügel.

Blau/Weiß, Calypso-Rot/Weiß, Sabre-Grau-metallic/Weiß und schwarz/Weiß.

1959 finden wir anstelle des runden Namensschildes einen ovalen Untergrund mit breitem Chrompfeil, in dem der Name Harley-Davidson steht. Wie das vorhergehende, so hielt auch das neue Markenlogo nur zwei Jahre. Die Fußschaltversion hatte am Schaltbrett eine Kontrollampe für die Neutralstellung. Neue Metallspitzen an Front- und Hinterkotfügel ersetzten diejenigen aus Kunststoff, und für den Werkzeugbehälter gab es auf Wunsch einen verchromten Deckel.

Der Markt wurde 1959 deutlich enger. Triumph, BSA und Norton erweiterten ihre Händlernetze, und mit winzig kleinen Maschinen tauchte jetzt sogar ein Neuling aus Japan namens Honda auf. Die größere Bedrohung für HD stellten im Augenblick jedoch die britischen Herausforderer dar.

Die Panhead hatte sich in den 12 Jahren ihrer Bauzeit bewährt; am Motor hatte es kaum Änderungen gegeben. Er war gut zugänglich und erlaubte zu allen Zeiten das Austauschen vieler seiner Teile, so daß der Zubehörhandel blühte.

In diesen Jahren wuchs der Trend zur Hobby-Bastelei, zu Choppern und Drag Racern. Daher sind original gebliebene Exemplare aus den 50er/60er Jahren erheblich teurer geworden.

Rechts: Der »Buddy Seat« erhält 1958 einen einteiligen Handgriff. Ab 1959 wird der große Sattel nur noch im Zubehörkatalog geführt.

Unten: Markenlogo und Zweifarbenlackierungen ändern sich 1959 wieder. Packtaschen werden auch in Schwarz angeboten

1958 FLH
Eigentümer: Doug Stein, Los Angeles
Restaurator: Paul Wheeler

Links: Serienmäßig war der Auspuff eine 2-in-1-Anlage. Produktion 1959: FLH: 3344 Einh.; FL: 2423 Einheiten.

Unten Links: Die Hilfsfedern über dem Öltank werden für den »Buddy Seat« hochgeklappt und dort eingerastet; bei Solobetrieb sind sie wie auf dem Foto am Kotflügel angeklippt.

1959 FLH
Eigentümer: Bartels‹ HD-Vertretung in Marina Del Rey, Kalifornien

1958 XLCH SPORTSTER

Technische Daten
Motor/Kraftübertragung
Motor: V2 45° OHV
Hubraum: 883 cm³
Bohrung x Hub: 76 x 97 mm
Verdichtung: 9 : 1
Leistung: 45 PS/33 kW
Gemischbildung: Linkert-Vergaser
Getriebe: 4-Gang
Kraftübertragung: **primär** Triplexkette **sekundär** Kette
Bremse: Trommelbremse vorn+hinten
Batterie: 6 Volt
Zündung: Spulenzündung

Fahrwerk/Aufhängung
Rahmen: Einschleifen-Stahlrohrrahmen
Federung vorn: Telegabel
Federung hinten: Schwinge, Feder/Dämpferbeine
Radstand: 1448 mm
Gewicht: 218 kg
Tankinhalt: 7,2 Liter
Ölvolumen: 2,8 Liter
Bereifung: 3.50 x 19 (vorn), 4.00 x 18 (hinten)
Höchstgeschwindigkeit: 185 km/h
Lieferbare Farben: Calypso-Rot/Weiß, Skyline-Blau/Weiß, Sabre-Graumetallic/Weiß, Schwarz/Weiß
Produziert wurden: 239 Einh.
Preis: US-$ 1155

Oben: Die Original-XLCH ist ursprünglich als Geländemaschine konzipiert, läßt sich aber leicht für die Straße umrüsten. Hier sind Spannungsregler, Horn und verchromter Primärantriebsdeckel hinzugekommen.

Rechts: Gerade Rohre sind original, wurden aber verlängert, um die Maschine schneller zu machen. Die verchromten Hüllen für die Federbeine gibt es im Zubehörkatalog.

XLCH (1958) und XLH (1960)

Zu Beginn ihres zweiten Produktionsjahrs bekam die Sportster zwei stämmige Geschwister. Die XL blieb Standardversion, während die XLH mit erhöhter Verdichtung und die XLCH als »Scrambler«, als Berg- und Geländemaschine, angeboten wurde.

Die Leistungssteigerung der 1958er war bedingt durch größere Kanäle und Ventile und begleitet von verstärkten Zahnrädern und besserer Ölabdichtung. Die CH entstand auf Verlangen kalifornischer Rennfahrer, die den flinken britischen Zweizylindern Paroli bieten wollten. Ihre Originalfassung hatte doppelte, gerade Auspuffrohre, lackiert aber nicht verchromt, einen gestutzten hinteren Kotflügel, keine Beleuchtung und ein weit gestuftes Getriebe. Der Tank, den man später den »Peanut tank« nannte, stammte von der 125er Hummer.

So war die Sportster dazu bestimmt, zwei verschiedene Identitäten zu haben und in den kommenden fünfzehn Jahren noch einige weitere Abkömmlinge zu gebären. Die Varianten XL und XLH wurden in der in Milwaukee üblichen Weise entwickelt, also Jahr für Jahr mit moderaten Verbesserungen. Die Sportster-Straßenmaschinen, nach amerikanischen Maßstäben sportliche Mittelgewichte, stellten logische Ableitungen der KH dar. Die XLH war leistungsstärker und wurde zur vernünftigen Alternative für diejenigen, denen die FL 1200 zu schwer und massig war.

Die Version XLCH dagegen konnte man als Serienprototyp für alle Arten von heißen Reifenfressern auf Straße und Piste verstehen. Zuerst erschien sie mit einem 19-Zoll-Vorderrad, das im Gelände mehr Bodenfreiheit und Stabilität bieten konnte. Sie wog ohne Batterie, Beleuchtung, Schalldämpfer und Zierat 18 kg weniger als die Straßenversion. Wenn man Kupplung und Gas entsprechend zu handhaben wußte, gab die XLCH einen tollen, röhrenden Sound von sich, gefolgt von einer nach verbranntem Gummi riechenden Staubwolke, bis die Räder griffen und die Maschine die Straße entlangschoß.

Unter einem etwas zu weit hinten sitzenden Fahrer oder einem, der in Panik geriet, hob die CH sogleich das Vorderrad und näherte sich bedenklich der Senkrechten. Doch wer auf dem Hinterrad durch die Stadt surft, erregt zumeist mehr Aufmerksamkeit als ihm lieb ist. War er einmal mit Leistung und Handhabung der Sportster vertraut, machte es dem Durchschnittsfahrer keine Probleme, ganz dezent durch die Gegend zu fahren und sich über seine flotte Maschine zu freuen.

Die XLCH war aber auch bei vielen Fahrern, die nicht am Offroad-Einsatz interessiert waren, sofort beliebt. Deshalb brachte HD 1959 die sportlichere Sportster mit allem, was die Straßenverkehrsordnung vorschrieb, heraus: mit Schalldämpfer, Beleuchtung, größeren Kotflügeln und verchromtem Zubehör. Und das war genau das, was die Hotrod-Fahrer wollten: ein »street/dirt bike«.

Der Trend zum Motorrad, das für Straße und Gelände (on/off-road, dual-purpose, street/trail, dual-sport) geeignet sein mußte, nahm in den folgenden zehn Jahren erheblich zu und führte zunehmend zu speziell gestalteten Maschinen. Doch die Sportster blieb von nun an als Straßenversion in Serie, obschon im Stil einer »Scrambler«. Zehn Jahre später freilich würde sie das Fundament für die XR 750 legen, und das war eine echte Rennmaschine.

Unten: An der Wettbewerbsversion ist der Kotflügel gleich hinter der Strebe abgeschnitten. Das Sportster-Schlußlicht findet man auch an den Big Twins.

1960 XLH
Eigentümer: Charles Holenda, HD-Vertretung in El Cajon, Kalifornien

Oben: Neue Kotflügel und ein neues Scheinwerfergehäuse bringt die 1959er XL. Die Plastik-Satteltaschen gibt es in Schwarz oder Weiß.

Unten: Die XLCH Sportster sieht auch als Straßenversion noch recht stark und aggressiv aus. Der kleine von einer »Augenbraue« überdachte Scheinwerfer wird ein Wahrzeichen der Sportster werden.

1958 XLCH
Eigentümer: Otis Chandler, Ojai, Kalifornien; Restaurator: Glenn Bator

1961 SPRINT

Technische Daten
Motor/Kraftübertragung
Motor: Einzylinder liegend, OHV
Hubraum: 246 cm³
Bohrung x Hub: 66 x 72 mm
Verdichtung: 8,5 : 1
Leistung: 18 PS/13 kW bei 6750/min
Gemischbildung: Dell'Orto-Vergaser
Getriebe: 4-Gang
Kraftübertragung:
primär Zahnräder
sekundär Kette
Bremse: Trommelbremse vorn+hinten
Batterie: 6 Volt
Zündung: Spulenzündung

Fahrwerk/Aufhängung
Rahmen: Einschleifen-Stahlrohrrahmen
Federung vorn: Telegabel
Federung hinten: Schwinge, Feder/Dämpferbeine
Radstand: 1320 mm
Gewicht: 125 kg
Tankinhalt: 15 Liter
Ölvolumen: 1,9 Liter
Bereifung: 3.00 x 17
Höchstgeschwindigkeit: ca. 120 km/h
Lieferbare Farben: Rot/Weiß, Rot/Silber, Grau/Schwarz
Produziert wurden: nicht bekannt
Preis: US-$ 690

SPRINT (1961), KR (1960), SCAT (1963) UND TOPPER (1962)

1960 kaufte sich Harley-Davidson mit der Hälfte der Aktien in die italienische Firma Aeronautica Macchi ein, die Einzylinder in Zwei- und Viertaktausführung baute. In Milwaukee wußte man, daß der Markt der Leichtgewichte zunahm und die von der »Hummer« abgeleiteten Zweitakter nicht konkurrenzfähig waren.

Die 250er Sprint wurde 1961 eingeführt. Der OHV-Einzylinder hing horizontal in einem einfachen Rohrrahmen, ein Blickfang auf amerikanischen Straßen. Der Grundmotor war 8,5 : 1 verdichtet und leistete 18 PS/13 kW bei 6750/min. Das Styling kam bei den dortigen Käufern nicht besonders gut an.

Doch für seinen Hubraum war der Sprint-Motor, der bei europäischen Straßenrennen schon seine Fähigkeiten bewiesen hatte, recht leistungsfähig. Mit einer 350er Version würde Renzo Pasolini 1966 hinter Agostini und Hailwood den dritten Platz der Weltmeisterschaft belegen, und 1969 würde Kel Carruthers auf der Isle of Man mit einer 350er, die 42 PS/31 kW bei 9000/min leistete, Zweiter bei der TT werden.

Wieder war eine Anzahl amerikanischer Fahrer neugierig zu erfahren, was diese Maschine im Gelände fertigbrachte. Deshalb wurde von der Sprint bald auch eine Variante abgeleitet, die in die Kategorie Dual-purpose/trail-bike/racer paßte. Das anfängliche C-Modell erhielt 1962 eine H-Variante, eine »Street-scrambler« mit kleinerem Tank und Sattel sowie hochgelegtem Vorderkotflügel und Auspuff. Später wurde aus der H die Scrambler und dann die Sprint SS. Das Rennmodell erhielt den Namen CRS.

KR

Während die Sprint für Kurzstrecken bestens geeignet war, beherrschte die KR 750 immer noch die Meilen- und Halbmeilen-Rundkurse. Diese Dominanz war ihr durchaus nicht geschenkt worden, da die nach dem Reglement der nationalen Meisterschaft ausgelegten 750er Flathead aus Milwaukee gegen die britischen Halbliter-OHC antreten mußten. Das sah zwar nach Vorteil für die 750er aus, doch in Wirklichkeit ging es hart zur Sache. Die Ergebnisse hingen mehr vom Geschick der Tuner und Fahrer als vom Hubraum ab. Die Einzylinder von BSA und Matchless hatten da einige Trümpfe in der Hand.

Werksfahrer Carroll Resweber errang für Harley-Davidson vier Jahre lang in Folge (1958–61) den nationalen Meistertitel. Eine eindrucksvolle Leistung von dem begabten Texaner, der eine fast 180 kg schwere Maschine mit starrem Rahmen und rund 60 PS/44 kW fuhr. Brad Andres aus Kalifornien dominierte die Straßenrennen auf einer Werks-KR TT, mit der er drei von Harley-Davidsons sechs aufeinanderfolgenden Daytona-Titeln holte. 1961 wurde das Strandrennen auf den Rundkurs verlegt, und Roger Reiman gewann es auf einer KR. Die alte Flathead hatte noch immer nicht ausgedient.

Oben: Dies ist eine Replik der 750 KR, die der junge Texaner Carroll Resweber seinerzeit fuhr und mit der er 1958–61 vier Jahre lang in Folge den US-Meistertitel erwarb.

Unten: Die ersten importierten Sprints haben weiße Sitze, keine Luftfilter und das italienische Aermacchi-Markenemblem am Tank.

Aeronautica Macchi in Varese baut Motorräder seit 1948, davor lange Zeit nur Flugzeuge. 1960 beginnt die Verbindung mit Harley-Davidson.

1961 Sprint
Eigentümer: Otis Chandler, Ojai, Kalifornien

1960 KR
Eigentümer: Ron Stratman, Sturgis, South Dakota; Restaurator: Bartels« HD-Vertretung

SCAT

Auch die Familie der »Hummer« wuchs heran, von der 125er Super 10 des Jahres 1951 zu den späteren 165er und 175er Maschinen. In Straßenausführung hieß sie Pacer, die gestrippte Rennversion trug den Namen Ranger und die »Dual-purpose«, die für zweierlei Einsatzzwecke, war die Scat. Einige Jahre später kam sie mit GFK-Verkleidungen von Tank, Sattel und Kotflügel à a »Cafe-racer« heraus und nannte sich Bobcat.

Die Leichtgewicht-Baureihe, begonnen im Jahr 1948, hatte den Höhepunkt ihrer Entwicklung nahezu erreicht. Die 175er hatten bis 1963 starre Rahmen, dann erhielten Pacer und Scat Hinterradschwingen mit Feder/Dämpfereinheit unter dem Motor. Um diese Zeit hielten eine Anzahl hochentwickelter Off-road-Maschinen aus Europa Einzug in den USA und ließen Milwaukees Modelle alt aussehen. 1967 liefen sie deshalb aus und wurden durch die Rapido 125, eine überarbeitete Aermacchi Einzylinder-Zweitakt mit Vierganggetriebe, und durch die kleinere Rennversion, die Baja 100, abgelöst.

Obgleich die frühen Zweitakter in den USA weitgehend ignoriert und zumeist nicht als »richtige Harleys« anerkannt wurden, sind sie Teil der Firmengeschichte. Der Name am Tank, ob mit oder ohne die Buchstaben AMF davor, hat diesen Zwergen auf jeden Fall Sammlerwert eingebracht.

TOPPER

Eingeführt 1960, war der Topper ein netter kleiner Motorroller. Cushman, Vespa und Lambretta hatten eine Menge Scooter im Lande absetzen können. Warum also sollte nicht auch Milwaukee ein Stück von dem Kuchen abbekommen? Doch als jetzt gerade auch der Honda 50 auftauchte, schien der Gipfel der Nachfrage bereits überschritten.

Der Topper hatte unter dem Blech einen 165er Einzylinder-Zweitakter. Der Motor, den man mit einem Zug an der Anlaßvorrichtung startete, leistete 9 PS/ca. 7 kW. Ein auf Wunsch lieferbarer Seitenwagen machte aus dem Roller ein Nutzfahrzeug, zumindest für den kleinen Wocheneinkauf geeignet.

Durch eine Art Variomatic mit Kettenantrieb zum Hinterrad verfügte der Scooter über einen stufenlosen Antrieb. Milwaukee stellte die Sparsamkeit (Verbrauch knapp 3 l/100 km) und die Sicherheit des Fahrzeugs groß heraus. Doch selbst nach Einbau der Scootaway-Drive-Automatik konnte der Topper die große Zahl der Studenten und Pendler nie für sich gewinnen. Der Preis von 1960 betrug 430 Dollar.

Die Unterlagen über die Produktion sind unvollständig, aber von 1960–65 wurden ungefähr 3000 dieser Roller gefertigt.

1963 Scat
Eigentümer: Trev Deely Museum, Vancouver, Kanada

Oben: Die 165 Scat, ein Abkömmling der Hummer, ist trotz Hinterkotflügel eine Maschine für Straße und Gelände. Man beachte die tiefgelegte Feder (früher Softail-Vorläufer?).

Unten: Die Topper erlebt in der TV-Serie »77 Sunset Strip« der 60er Jahre einen vorübergehenden Erfolg.

1962 Topper
Owner – Tom Perkins
San Francisco, California

XLR (1962), XLH (1965) und XLCH (1964)

Bei der Sportster ging die Entwicklung mit einer XLR weiter, ausgelegt für Berg- und Straßen-Rennen. Auf ersten Blick schien die R eine für den Rennbetrieb abgespeckte XLCH zu sein, doch der Magnetzünder war nach vorn verlegt.

Die Kurbelwelle des XLR-Motors war geändert und an beiden Enden kugelgelagert, neu waren auch die Köpfe, die Nocken, Kolben und Ventile. Mit den Fahrern Mert Lawwill und Mark Brelsford waren die Maschinen verteufelt schnell. Mit Hilfe des Tuners Jim Belland kamen die Motoren auf etwa 80 PS/59 kW bei einem Gewicht der Maschine von wenig mehr als 135 kg.

Vom XLR-Motor wurden nur wenige gebaut, während der zehnjährigen Laufzeit vermutlich unter 500 Stück. Doch bis sich das Reglement änderte und die XLR durch die XR 750 abgelöst wurde, war sie die stärkste auf der Piste. Ihr Motor wurde zum Antrieb vieler Drag-Racer, ebenso wie er auch in der Manning/Riley/Rivera mit Vollstromlinienverkleidung Verwendung fand, mit der Cal Rayborn 1970 in Bonneville mit 426,5 km/h neuen Rekord fuhr. Starke Leistung.

Eine Anmerkung zum Jahr 1963: William G. Davidson trat in diesem Jahr als Stylingchef in die Firma ein. Als Sohn des früheren Präsidenten William H. und Enkel des Mitbegründers und Managers William A. Davidson lag ihm der Familienbetrieb sehr am Herzen. Er blieb bis heute in dieser Position.

XLH

1964 gab es nur wenig Stylingänderungen. Die Sportster bekam eine vordere Bremstrommel in voller Nabenbreite, von der Aermacchi-Branch in Aluminium gefertigt, und das Markenlogo wurde zeitgemäß gestylt. Ein Mittelständer, offiziell als Jiffy-Stand bezeichnet, war an beiden Varianten jetzt serienmäßig. 1965 erhielt die Sportster eine 12-Volt-Anlage und einen etwas kleineren Tank. Die XLH wurde auf automatische Zündverstellung umgestellt, während die XLCH ihre manuelle Verstellung am linken Lenkergriff behielt.

Die beiden Schalldämpfer blieben unverändert, doch viele Besitzer montierten stattdessen die kurzen Töpfe, um den Eindruck einer XLCH zu erwecken. Und mehr Krach zu machen. Die XLH wog jetzt 227 kg, doch die angegebenen 55 PS/40 kW schafften die Viertelmeile trotzdem in 14 Sekunden. Und beim »Roll-on contest« mit Start im vierten Gang lief sie praktisch allen anderen davon.

Die Liste der Extras war angewachsen und umfaßte inzwischen eine Menge Chromteile, den »Buddy-Seat« für zwei Personen und einen Teilesatz zur Erhöhung der Bodenfreiheit für die XLCH. Blinkanlage, Standlichter, Sturzbügel, Frontscheibe und Spotlights gab es natürlich auch. Serienfarben waren Schwarz/Weiß und Holiday-Rot/Weiß. Der Preis betrug 1400 Dollar.

XLCH

Die abgespeckte Maschine sah bis 1966 nur kleinere Korrekturen. Dann aber erhielt sie einen neuen Vergaser und schärfere Nocken und leistete damit etwa 60 PS/44 kW.

Links: Die XLR sieht noch schmuckloser aus als die zivile XLCH. Und ist es auch.

Unten: Die XLR wird in jener Zeit vor allem für TT-Läufe gebaut, aber auch als Drag-Racer, Straßenrenn- und Rekordmaschine eingesetzt.

Rechts: Keine Extras – die XLR, eine OHV-Nachfolgerin der KR, hat nur den einen Zweck: Rennen zu gewinnen.

1962 XLR
Eigentümer/Restaurator: Sam Mathews, Mathews HD-Vertretung in Fresno, Kalifornien

1964 XLCH
Eigentümer/Restaurator: Randy Janson, El Cajon, Kalifornien

Links: Die XLCH hat den Sportster-Look eingeführt, wie man ihn noch heute kennt. Trotz Fehlens aller Annehmlichkeiten hat sie sich stets besser verkauft als die XLH. Weil sie eben diesen Look hat.

1965 XLH
Eigentümer/Restaurator: Randy Janson, El Cajon, Kalifornien

Oben: Sonderwünsche für die Sportster sind Windschutzscheibe, Suchscheinwerfer und »Buddy Seat« in Weiß oder Schwarz/Weiß. Übereinander liegende doppelte Schalldämpfer sind damals nicht sehr beliebt.

Links: Um die Maschine stabiler zu machen, baut man in den Rahmen oberhalb des vorderen Zylinders Versteifungen ein. Durch hohe Sprünge und Landungen kann der Rahmen erheblich geschwächt werden.

Links: Zur XLR gibt es eine große Auswahl an Zahnkränzen, um den Rennfahrern ein breites Angebot an Übersetzungen für alle Arten von Strecken zu machen.

Der größere Vergaser von Tillotson war mit Membrane und Beschleunigerpumpe ausgestattet. Die neuen Nocken mit dem »P-Profil« hoben die Leistungskurve in ihrem mittleren und oberen Bereich an, und die CH wurde zu einem echten Straßenfeger. Bloß mit dem Anwerfen per Kickstarter hatten besonders Neulinge ihre Not. Mit dem richtigen Trick sprang der Motor zwar an, doch bis dahin war der Fahrer zumeist völlig am Boden.

Dieses Problem wurde für die XLH 1967 mit dem Einbau eines elektrischen Anlassers gelöst. Die Hard-Core-Fans empfanden das zwar als Ketzerei und verurteilten den »elektrischen Fuß«, weil er etwas für Schwächlinge sei; doch solange die Batterie genügend »Saft« hatte, kümmerte das die »Schwächlinge« nicht. Die 12-Volt-Batterie und der Öltank waren auf einer elastisch gelagerten Plattform montiert, und der kleinere Scheinwerfer saß in einem kompakten Gehäuse, auf dem ein neues Panel mit Kontrolleuchten angebracht war.

Die XLCH bekam das gleiche Motorgehäuse, das den Einbau eines elektrischen Anlassers erlaubte, blieb aber eine reine Kickstartermaschine. 1969 wurde der Zündmagnet durch eine Spulenzündung ersetzt, die das Starten erleichterte. Zwei Jahre später wanderte die Zündanlage ins Steuergehäuse, wo sie besser vor Schmutz und Feuchtigkeit geschützt war.

Als man sich den 70er Jahren näherte, verloren die H- und CH-Varianten ihre Eigenständigkeit. Die Entwicklung der Rennmotoren konzentrierte sich inzwischen auf die XR 750, eine kurzhubige Version der XLR. Honda und Kawasaki standen bereit, die Karten im Superbike-Spiel neu zu mischen. Milwaukee aber befaßte sich noch in traditioneller Weise damit, die Sportster leistungsmäßig anzupassen – durch größeren Hubraum.

1965 FLH ELECTRA-GLIDE

Technische Daten
Motor/Kraftübertragung
Motor: V2 45° OHV
Hubraum: 1208 cm³
Bohrung x Hub: 87 x 102 mm
Verdichtung: 8 : 1
Leistung: 60 PS/44 kW bei 5400/min
Gemischbildung: Linkert-Vergaser
Getriebe: 4-Gang
Kraftübertragung:
primär Kette
sekundär Kette
Bremse: Trommelbremse vorn+hinten
Batterie: 12 Volt
Zündung: Spulenzündung

Fahrwerk/Aufhängung
Rahmen: Doppelschleifen-Stahlrohrrahmen
Federung vorn: Telegabel
Federung hinten: Schwinge, Feder/Dämpferbein
Radstand: 1524 mm
Gewicht: 355 kg
Tankinhalt: 19 Liter
Ölvolumen: 3.8 Liter
Bereifung: 5.00 x 16
Höchstgeschwindigkeit: 161 km/h
Lieferbare Farben: Schwarz/Weiß, Holiday-Rot/Weiß (Aufpreis: Hifi-Blau/Weiß und Hifi-Rot/Weiß)
Produziert wurden: 4800 (+ FL: 2130) Einh.
Preis: US-$ 1595 (FL: 1530)

FLH (1965) und SPRINT H (1965)

Aus Duo- wird Electra-, und der Dauerbrenner Panhead erscheint zum letztenmal. Mit dem Einbau eines elektrischen Anlassers und dem Namen Electra-Glide beginnt die »74« Panhead 1200 ihr achtzehntes und letztes Produktionsjahr und wird nach einem verdienstvollen Leben in Pension geschickt.

Das Zusammentreffen von erstem Knopfstarter und letztem Panhead, von Premiere und Finale in einem, sicherte der 65er Electra-Glide von vornherein hohen Sammlerwert. Der erste Bigtwin mit elektrischem Starter hat so etwas wie historische Bedeutung.

Tatsächlich, Milwaukee wurde Zeuge des größten Sprungs im Motorradabsatz der US-Geschicnte, und nicht etwa nur als Zuschauer. Harley-Davidsons Verkaufszahlen waren zehn Jahre lang mehr oder weniger gleich geblieben, und die Panheads hatten jedes Jahr etwa die Hälfte des Absatzes ausgemacht. Doch mit dem sagenhaften Aufstieg Hondas warfen die ins Kraut schießenden Stückzahlen alles Biherige über den Haufen. Für 1965 baute HD mit 6930 Einheiten mehr Panheads als in irgendeinem Jahr davor seit dem Debüt von 1949.

1965 war also ein fruchtbares Jahr, das Milwaukees Übergang ins »Modern Age of American Motorcycling« markierte. Die 12-Volt-Elektrik erforderte einen neuen Rahmen, um die größere Batterie unterzubringen, das neue Ölreservoir wanderte nach links, und die Fußschaltungsversion erhielt einen 19-Liter-Tank. Der Primärtrieb wurde nun mit e nem Alugußdeckel als Montageplattform für den Anlasser versehen.

Wieder war das Motiv für all dies, das Motorradfahren zu erleichtern. Der Markt für bedienungsfreundliche Maschinen, das war jetzt offenkundig, präsentierte sich weit größer als irgendjemand zuvor geahnt hatte. Die Zündverstellung ging automatisch, ohne Handhebel und Bowdenzug. Und obschon das Motorinnere unverändert blieb, verlangte der elektrische Anlasser, daß Kupplung und Gehäuseteile verstärkt wurden. Die neuen Deckel des Primärtriebs hielten das Getriebe starr in seiner Lage, so daß die Nachstellung der Primärkette durch eine Öffnung im Deckel erfolgen mußte.

Oben rechts: Den Super Deluxe »Buddy Seat« bietet HD in Weiß, Schwarz/Weiß oder Rot/Weiß an. Die Chromausstattung schließt Felgen, Schalldämpfer, Schaltbrett, Sturzbügel und Steuerkastendeckel ein.

Unten: Der Gepäckträger mit drei Stäben in U-Profil erscheint erstmals 1958. Die Packkästen aus GFK gibt es in Schwarz oder Weiß. Als Sonderwunsch kann man Weißwandreifen bestellen, 16-Zoll-Räder sind Serie.

Rechts: Der Schalldämpfer »Super Quiet« an den Big Twins von 1962–66 erscheint wieder mit den früheren (»Rocket«)-Flossen. Ab 1963 gibt es Packkästen aus GFK.

1965 Sprint H
Eigentümer: Trev Deeley Museum, Vancouver, Kanada

Oben: Das »H« im Namen der Sprint H soll sie ein wenig Sportster-mäßig erscheinen lassen. Die Straßen/Gelände-250er mit dem hochgelegten Auspuff leistet 25 PS/18 kW. Der Luftfilter befindet sich über dem Auspuffrohr.

Die Electra-Glide unterschied sich von früheren Panheads noch in weiteren Details. Von den Federbeinen waren die hutförmigen Kappen verschwunden, weil die obere Dämpferbefestigung auch zur Montage des hinteren Sturzbügels diente. Die Trompetenhupe war einer runden Ausführung gewichen, die jetzt unterm Scheinwerfer saß, und den bislang verrippten Steuergehäusedeckel ersetzte ein glattes Alugußteil. Kupplungs- und Bremsgriffe aus Aluminium mit Kugel am Ende erschienen erstmals, und der Werkzeugkasten fiel der großen 12-Volt-Batterie zum Opfer.

An Farbänderungen gab es für 1965 nur das gegenüber dem bisherigen Fiesta-Rot etwas dunklere Holiday-Rot. Und zwei der höchsten Steigerungen bei HD kamen gleichzeitig mit der Electra-Glide: Preis- und Gewichtserhöhung. Mit 1595 und 1530 Dollar kosteten FLH- und FL-Modelle jeweils 145 Dollar mehr als ihre Vorgängerversionen. Und mit den zusätzlichen Massen von Anlasser, Batterie und zugehörigen Teilen wog die Electra-Glide volle 355 kg.

Die 1200er brachten mit der vollständigen Zubehörausstattung »King Of The Highway« – das waren zahlreiche Chromabdeckungen, der Super Deluxe Buddy-Sitz, Extra Quiet Doppelschalldämpfer, Satteltaschen, Gepäckträger-»Bumpers«, Kotflügelecken, Sturzbügel und Plexiglasscheibe – ohne weiteres noch 10 kg mehr auf die Waage. Die Glides waren mit den Jahren zwar fülliger geworden, doch wie sie durch die Straßen rollten, waren sie höchst stattlich anzuschauen.

Und jetzt starteten sie auch noch auf Knopfdruck!

Rechts: Dieser Tacho wird von 1962 bis 1967 eingebaut. Man nennt ihn auch den »Tombstone« (Grabstein-)Tacho wegen der Form der Mittelfläche unter der Nadel. Die Kontrolleuchte in der Mitte ist die Leerlaufanzeige, die es nur bei Fußschaltung gibt.

1965 FLH
Eigentümer/Restaurator: Fred Lange, Santa Maria, Kalifornien

1966 FLH

TECHNISCHE DATEN
MOTOR/KRAFTÜBERTRAGUNG
Motor: V2 45° OHV
Hubraum: 1208 cm³
Bohrung x Hub: 87 x 102 mm
Verdichtung: 8 : 1
Leistung:
54 PS/40 kW bei 5400/min
Gemischbildung:
Linkert-Vergaser
Getriebe: 4-Gang
Kraftübertragung:
primär Kette
sekundär Kette
Bremse:
Trommelbremse vorn+hinten
Batterie: 12 Volt
Zündung: Spulenzündung

FAHRWERK/AUFHÄNGUNG
Rahmen:
Doppelschleifen-Stahlrohrrahmen
Federung vorn: Telegabel
Federung hinten:
Schwinge, Feder/Dämpferbein
Radstand: 1524 mm
Gewicht: 355 kg
Tankinhalt: 19 Liter
Ölvolumen: 3,8 Liter
Bereifung: 5.00 x 16
Höchstgeschwindigkeit:
161 km/h
Lieferbare Farben:
Schwarz/Weiß,
Indigometallic/Weiß (Aufpreis:
Hifi-Blau/Weiß und Sparkling-
Burgunderrot/Weiß)
Produziert wurden:
5625 (+ FL: 2175) Einh.
Preis: US-$ 1610

FLH (1966) UND FLH (1968)

Milwaukee war nicht ganz auf den Boom der Mittsechzigerjahre vorbereitet. Das mag wie ein Tadel klingen, doch kaum ein Prophet hätte die sozialen und wirtschaftlichen Umwälzungen voraussagen können, die diese Jahre mit sich brachten. Und Harley-Davidson ging, wie stets, ihre eigenen Wege.

Als die Electra-Glide immer massiger und schwerer wurde, stiegen im gleichen Maße auch die Anforderungen an ihr Triebwerk. Die wirtschaftliche Lage erlaubte nicht die Entwicklung eines neuen Motors, und so konzentrierte man sich auf ein neues »Top-end«, also Kopf und Steuerung. Der »Shovelhead« (wie man ihn dann nannte) war zwar ganz im Sinne funktioneller Verbesserungen entworfen worden, stellte aber einen Rückschritt bezüglich seiner Formgestaltung dar. Mit der »Rockerbox«, einem Kipphebelgehäuse anstelle des flachen Deckels, erinnerte er stark ans Styling der mächtigen Knuckleheads der 30er Jahre.

Der neue Zylinderkopf aus Alugguß war eine vergrößerte Ausführung desjenigen vom Sportster-Motor, mit gleichem Brennraum und Ventilwinkel. Der verbesserte Gasdurchsatz war gut für eine Steigerung um 5 PS/3,7 kW. Die höhere Leistung brachte entsprechend mehr Vibrationen, doch die meisten »Dresser«-Fans nahmen das als notwendiges Übel hin. Gut gepflegt und gewartet, hatte die Shovelhead etwas weniger Probleme mit austretendem Öl als die Vorgängerin.

Doch der explodierende Motorradabsatz (nicht: der Absatz explodierender Motorräder, wie Gerüchte besagten) setzte andere Kräfte frei. Manch ein getreuer Harley-Anhänger schimpfte auf die Shovelhead, und zwar aus Gründen, die oft nichts mit Konstruktion oder Qualität zu tun hatten. Vielmehr hing es mit der Übernahme der Firma Harley-Davidson durch American Machine and Foundry (AMF) im Jahre 1969 zusammen. HD hatte eine Finanzspritze dringend nötig, um mehr und bessere Motorräder für einen wachsenden Markt produzieren zu können. Leider geriet der Begriff »besser« in der Hektik des Wettlaufs um ein möglichst großes Stück vom Kuchen ins Hintertreffen.

Als das »Hobeln« zwischen den Konzernmanagern und der Leitung des Familienunternehmens HD zunahm, fielen die »Späne« immer öfter auf die Produktion, und einige der Leute, die dort die Motorräder bauten, wurden böse darüber, daß sie diese Managementspäne zu schlucken bekamen. Das Ende vom Lied war, daß manch eine der Maschinen nicht ordentlich montiert wurde. Die Last verlagerte sich zwangsläufig auf die Händler, die oft teure Reparaturen auszuführen hatten, bevor die Motorräder verkauft werden konnten. Und so waren es sie und ihre Kunden, die die Suppe auszulöffeln hatten.

Zurück ins Jahr 1966: Die Produktionszahl hatte mit 36320 Stück den Nachkriegsrekord eingestellt, wenn auch zu dieser Zahl volle 16200 kleine 50er Aermacchi-Maschinen beitrugen. Fast 8000 Electra-Glides rollten in Milwaukee vom Band, und die Sportster-Fertigung hatte mit 4800 Stück ein neues Hoch erreicht. Für das 67er Modelljahr waren mehr als 9000 Sprints auf dem Markt.

Trotz der Finanzmisere und der Reibereien zwischen HD und AMF sollte die Shovelhead 18 Jahre lang das Big-twin-Grund-

Unten: Den »Buddy Seat« gibt es in Weiß oder Schwarz/Weiß; die Rückenlehne für die Sozia ist Sonderwunsch.

Unten: Die Packtaschen aus GFK bleiben im Prinzip von 1963 bis 1980 gleich.

Rechts: 1966 erhält die Electra Glide neue Aluköpfe, die angeblich zehn Prozent mehr Leistung bringen. Statt der topfförmigen Zylinderkopfdeckel der Panhead kommen »rocker cover«, die irgendwie an Schaufeln erinnern und dem Motor den Namen »Shovelhead« einbringen.

Unten: Ein Luftfilterdeckel wie eine Butterbrotdose: die »ham can« gibt es ab 1967. Durch den elektrischen Anlasser und die damit verbundenen Bauteile erhöht sich das Gewicht auf rund 365 kg.

1968 FLH
Eigentümer: Mike Lady, Arroyo Grande, Kalifornien; Restaurator: Two Wheels

Unten: Außer den mechanischen Verbesserungen weist die Electra Glide kaum Unterschiede zur Duo-Glide auf. Die Windschutzscheibe ist ein Teil des Ausstattungspakets »King of the Highway«, klar oder rot bzw. blau eingefärbt.

modell bleiben. Das Triebwerk gelangte in vielerlei Form zum Einsatz, in der Tourer, der Cruiser, der Custom, der Chopper, in Polizei- und Rennausführungen. Und die Shovelhead schuf einen ständig wachsenden Zubehörmarkt mit Teilen zum Schnellermachen und Verschönen. Somit blieb sie die meistgefahrene Maschine aus der Zeit der »pre-Evolution Harley«.

Tatsächlich war es AMF, die dafür sorgte, daß Harley-Davidson im Motorradgeschäft blieb. Doch da man sie nun einmal zum bösen Buben gemacht hatte, entfernte man zumeist die Buchstaben AMF aus dem Markenlogo am Tank. Heute, wo die Nostalgie nicht nur nicht mehr das ist, was sie einmal war, sondern auch zu einem immer früheren Zeitpunkt einsetzt, werden die Originalausführungen schon früh zu Sammlerstücken. Glauben Sie aber nicht, daß Sie deshalb häufiger Oldtimer mit dem AMF-Zeichen finden werden.

Links: Goodyear-Bereifung bekam man in Schwarz oder als Weißwandreifen. Die verchromte Nabenkappe zählt zum Paket »King of the Highway«.

1966 FLH
Eigentümer/Restaurator: Paul Wheeler, Van Nuys, Kalifornien

XLH (1966), CRS (1966), M-50 (1965), und KRTT (1968)

Sieben Jahre lang war das Gesamtprofil der Sportster unverändert geblieben. Im Jahre 1966, dem letzten Nur-Kickstarter-Kapitel, betrug der Preis der XLH 1415 Dollar. Und obgleich das nur 200 Dollar weniger waren als für die schwere Electra-Glide, bestand große Nachfrage nach der »Sporty« als echtem Straßenfeger.

Die XLH war immer noch massiger als die vergleichbaren britischen Konkurrenten von Triumph, BSA und Norton. Aber mit 60 PS/44 kW und einem satten Drehmoment konnte sich die V-Twin gut behaupten, besonders nachdem sie leistungsmäßig noch ein bißchen hochgekitzelt wurde. Werksseitig kam die PS-Spritze durch neue Nocken, moderneren Vergaser und bessere Abdichtung der Auslaßseite. Nicht jedermanns Geschmack war der als »Ham-can« (Butterbrotdose) verspottete Deckel des aufgrund der Emissionsgesetze benötigten Luftfilters.

1967 erhielt die XLH eine neue Montageplatte für Batterie und Öltank, um Platz für den elektrischen Anlasser zu schaffen. Wie bei der Electra-Glide schob die Batterie den Öltank auf die rechte Seite, und die Grundplatte wurde elastisch gelagert. Trotz ihres um etwa 15 kg höheren Gewichts war die Sportster jetzt schneller als im Vorjahr. Die hinteren Federbeine wurden gewechselt und bekamen mehr Einstellmöglichkeiten. Die einzige deutliche Stylingänderung betraf eine kompaktere Form des Scheinwerfergehäuses, in dem Kontrolleuchten für Öldruck und Generator untergebracht waren. In der Gabelverkleidung waren jetzt auch die Antriebswellen für das neue Kombiinstrument »Twin-tachspeedo« (Drehzahlmesser + Tacho) versteckt.

Und die Werbung stellte den schönen neuen Zweipersonen-»Buddy-Seat« mit seinem »California styling« als große Besonderheit heraus.

CRS

Die italienische Sprint von Aermacchi setzte in den Mitt-60ern ihre Amerikanisierung fort. Aus dem ursprünglichen Straßenmodell hatte man eine Familie von Scramblern, Rundstrecken- und Straßenrennmaschinen abgeleitet. Die nur im Renntrimm gelieferte Scrambler nannte sich CRS. Inzwischen mühte sich die 250er Viertakt-Einzylinder, mit den Zweitaktern in den Straßenrennen Schritt zu halten, während sie sich auf den kurzen Dirt-tracks immer noch gut behauptete, wie die Erfolge von Bart Markel und Fred Nix zeigten.

1967 erhielten alle Sprints neue Aluzylinder und -köpfe mit kürzerem Hub und größerer Bohrung. Das H-Modell behielt den

Oben: Die letzten Siege der KR gehen auf Cal Rayborns Konto: Er gewinnt Daytona 1968 und 1969.

1965 M-50
Eigentümer: Trev Deely Museum, Vancouver, Kanada

Rechts: Die meisten Käufer wählen die starr montierte Sitzbank und die hintereinander montierten kurzen Schalldämpfer für den XLCH-Look. Diese 1966er XLH entspricht der traditionellen Sport-Tourer-Ausführung.

1968 KRTT
Eigentümer: Hayashi-Collection, Rick Cole Auctions

großen Tank, während die SS zur sportlicheren Straßenversion mit kleinerem Tank, Hinterkotflügel und demontierbarem Scheinwerfer erhoben wurde. Die CRS blieb als Scrambler bestehen, und der Road-racer mit Verkleidung wurde CRTT genannt. 1969 wurde der Hub so verlängert, daß die Sprint auf 350 cm³ kam. Die Modelle hießen jetzt SS (Straßenversion) und ERS (Scrambler).

Die Gesamtstückzahl importierter Aermacchi Sprints zwischen 1961 und 1974 liegt bei etwa 40000 Einheiten einschließlich der Rennversionen. Sie kamen in den USA zwar besser an als die kleinen Zweitakter, doch ihre Popularität hatte ihre Grenzen infolge des scharfen Wettbewerbs und der italienischen Elektrik, der es an Zuverlässigkeit mangelte. Die Sprints erforderten auch mehr Wartung ihrer Mechanik als die meisten ihrer japanischen und europäischen Konkurrenten und natürlich ihrer unerschütterlichen Vettern, den V-Twins.

M-50

Die M-50, eine Einzylinder-Zweitakter mit 50 cm³ Hubraum von Aermacchi, kam zusammen mit der M-50 Sport ins Land, um sich mit der beliebten Honda 50 zu messen. Milwaukees Marktprognosen erschienen reichlich optimistisch, denn fast die Hälfte der 9000 importierten Maschinen stand unverkauft auf Halde. Die Sportversion, die mehr nach einem richtigen Motorrad aussah als die M-50 mit »Damenfahrradrahmen«, wurde 1966 vorgestellt.

Der Versuch, einen kräftigen Marktanteil der Leichtgewichte zu erhaschen, kam zu spät, um den Absatz bei HD erheblich anzuheben. Dieses Segment hatte Honda sich praktisch allein gesichert und war nun zusammen mit den anderen Japanern auch schon fühlbar in die Klasse der sportlichen Mittelgewichte eingedrungen. Verschiedene italienische und spanische Wettbewerber begleiteten die Japaner, als der Motorradabsatz in den USA mehr und mehr boomte. 1967 wurde aus der 50er eine 65er (»...mit 62% mehr Leistung«), doch die Stückzahlen gingen 1968 mit der Einführung der 125er ML-125S unaufhaltsam abwärts.

Obgleich die M-65 und ihre sportliche Schwester für 230 bzw. 265 Dollar angeboten wurde, stand bei den Händlern niemand Schlange. Die meisten von ihnen waren mit den kleinen Maschinen nicht besonders glücklich und bedauerten, daß das Werk den Markt der Leichtgewichte nicht genügend ernstnähme. Einige Händler erkannten die offensichtliche Beliebtheit der kleinvolumigen Straßenflitzer und das wachsende Interesse am Geländesport. So rieten sie dem Werk, die kleinen »motorbikes« den anderen zu überlassen und etwas mit mehr und größeren Pferden anzubieten.

Daher begann 1968 für die Aermacchi-Ära ein neues Kapitel mit der Einführung der 125er Rapido und der Scramblerversion, der 100er Baja, die 1970 kam.

1966 Sprint CRS
Eigentümer: Trev Deely Museum, Vancouver, Kanada

Oben: In diesem Jahr gibt es zum letztenmal Kickstarter an der XLH. Der Linkert-Vergaser wird ersetzt durch einen solchen von Tillotson. Der Luftfilter hier ist aus dem Zubehörhandel.

1966 XLH
Eigentümer: Trev Deely Museum, Vancouver, Kanada

SS 350 (1969), CRTT (1969), RAPIDO 125 (1970) UND M-65S (1968)

Die Verbindung nach Italien stand gegen Ende der 60er Jahre in voller Blüte, als nahezu die Hälfte der von HD vertriebenen Motorräder aus Varese kam. Die kleinen Sportbikes aus Japan und Europa wurden technisch jedoch immer anspruchsvoller und stellten die HD-Importe mit Konstruktion, Styling und Fahrleistungen vor Probleme.

In den Händen von Kel Carruthers und Renzo Pasolini zeigten die hochdrehenden kleinen Einzylinder vielen der traditionellen Sieger auf europäischen Rennpisten den Auspuff. Ihre winzigen, aber kräftigen Motoren, niedrig in leichten Rahmen aufgehängt, schlugen größere und an sich stärkere Maschinen auf schwierigen Straßenkursen. Inzwischen waren die Japaner dabei, dieses Wissen auf Zweitaktrennmaschinen anzuwenden.

In den Staaten brachte Milwaukee die aufgestockten 350er als SS 350 und CRS Rennmodelle auf den Markt. Die Straßenversion wog mit vollem Tank 145 kg und erreichte eine Spitze von 153 km/h. Von dieser vergrößerten Sprint wurden 1969 als neuer Rekord 4575 Maschinen importiert. Nur noch die Electra-Glide und die Sportster XLCH verkauften sich in dem Jahr mit über 5000 Stück besser.

Die CRTT 350 blieb eine kurzlebige Rennmaschine, doch für sie gab es in den USA kein nationales Klassement. Die Dirt-track-Modelle CRS waren auf der Kurzstrecke weiterhin gegen die BSA- und Triumph-Einzylinder konkurrenzfähig, doch auch hier war die Zweitakter-Invasion schon im Anmarsch. Die SS 350 blieb bei Harley im Lieferprogramm bis 1974, als das Werk seine Leichtgewichte in die Aermacchi-Zweitakt-Abteilung verlagerte.

Unten: 1969 erkennt man an der Sprint den Einfluß des amerikanischen Stylings auf die italienische Formgestaltung. Der Versuch, die importierte Kleine als »Baby Sportster« zu verkaufen, gelingt nicht besonders gut. 1973 erhält die Sprint einen Anlasser.

1969 350 CRTT
Eigentümer: Otis Chandler, Ojai, Kalifornien

Oben: Die CRTT ist eine der schnellsten 350er OHV-Einzylinder, die je gebaut wurden. Renzo Pasolini belegt damit den dritten Platz in der 1966er Weltmeisterschaft hinter den mehrzylindrigen Honda und MV von Hailwood und Agostini.

Oben: Der 350er Motor erweist sich als wesentlich stärker als der 250er, hat aber dennoch einen relativ geringen Verbrauch. Der Tank stammt von der CRS. Eine Straßen/Gelände-Version, die SX 350, wird zwei Jahre später erscheinen.

1968 M-65 S
Eigentümer: Trev Deely Museum, Vancouver, Kanada

1970 Rapido ML-125 S
Eigentümer: Trev Deely Museum, Vancouver, Kanada

Unten: Die M-65 Leggero mit Zweitakt-Einzylinder und 3-Gang-Getriebe.

RAPIDO

Diese vergrößerte Variante der M-65 Sport wurde als 125er Rapido 1968 eingeführt. Im folgenden Jahr erschien sie mit verstärktem Rahmen, längerer Sitzbank und kleinerem Tank und wurde in Standard- und Street/Trail-Bike-Version angeboten. Das Normalmodell wurde 1970 aufgegeben, die Mehrzweckmaschine 1972.

Die zweite Aktualisierung der importierten Einzylinder erschien 1973 mit der TX-125, einer Variante der Rapido mit Vollschleifenrahmen. Dieses Modell würde später zu SS- und SX-175 und -250 Singles weiterentwickelt werden, die von 1972–78 in Straßen-, Off-road- und Motocross-Versionen angeboten wurden. Und kurz darauf endete die italienische Verbindung.

Links: Die späteren Sprint-Modelle (1969–74) in SS- und SX-Version haben den Vorteil zusätzlichen Hubraums und höherer Leistung. Infolge Knappheit an Ersatzteilen dürfte es sich um lohnende Sammlerstücke handeln.

1969 Sprint SS 350
Eigentümer: Trev Deely Museum, Vancouver, Kanada

1970-80 XR 750

Technische Daten
Motor/Kraftübertragung
Motor: V2 45° OHV
Hubraum: 750 cm³
Bohrung x Hub: 79 x 76 mm
Verdichtung: 10,5 : 1
Leistung: 90 PS/66 kW
Gemischbildung: 2 x 36 mm Mikuni-Vergaser
Getriebe: 4-Gang
Kraftübertragung:
primär Triplexkette
sekundär Kette
Bremse: hintere Scheibenbremse
Zündung: Magnetzünder

Fahrwerk/Aufhängung
Rahmen: Doppelschleifen-Stahlrohrrahmen
Federung vorn: Telegabel
Federung hinten: Schwinge, Feder/Dämpferbeine
Radstand: 1448 mm
Gewicht: 145 kg
Tankinhalt: 9,5 Liter
Ölvolumen: 2,8 Liter
Bereifung: 4.00 x 19
Höchstgeschwindigkeit: 210 km/h
Lieferbare Farben: Jetfire-Orange/Schwarz
Produziert wurden: 160 Einh. (1980); insgesamt ca.530
Preis: US-$ 4000

Oben: Zwei Mikuni 36-mm-Vergaser mit riesigen Luftfiltern versorgen die XR-750. Große Luftmengen müssen durchgesetzt werden, und wenn Luft und Benzin gut gemischt sind, liegt das Ergebnis dicht bei 100 PS/74 kW.

XR 750 (1970) und Baja 100 (1970)

Die XR-750 begann als eine im Hub verkürzte Sportster und ersetzte so die KR 750 Flathead-Rennmaschine. Trotz Cal Rayborns überzeugender Vorführung der Möglichkeiten des KR-Seitenventilmotors in Daytona 1968 und 1969 war die Forderung nach mehr PS unüberhörbar.

Im Dirt-Track Racing wurde HD von BSA, Triumph und Norton angegriffen, zu denen sich auch Honda, Yamaha und Kawasaki gesellten. Unter Rennleiter Dick O'Brien machte die leichtere und schnellere Sportster Anleihen bei der KRTT und der XLR. Die ersten XR hatten noch Graugußzylinder und -köpfe, und die Auspuffrohre waren aufregend tief auf der rechten Seite geführt. Mit Einführung des Leichtmetallmotors 1972 wanden sich die Rohre an der linken Seite nach hinten-oben, während rechts zwei Vergaser die Köpfe herausstreckten.

Die gußeiserne XR war schon 45 kg leichter als eine Kickstarter-Sportster und leistete serienmäßig etwa 10 PS/7,4 kW mehr als diese. Kanäle, Ventile und Nocken waren in Rennmanier überarbeitet, und an die Stelle des Generators trat vorn ein Magnetzünder. Die Gemischbildung übernahm ein Tillotson-Vergaser, und im Interesse der Haltbarkeit wurde nur 8,5 : 1 verdichtet.

Die Leichtmetall-XR war für Daytona 1972 noch nicht fertig, doch ihre amerikanische Rundstreckenkarriere endete, bevor sie begann. Der Top-Fahrer Cal Rayborn nahm seine alte Gußeiserne ohne Milwaukees Segen mit nach England und jagte die besten Briten auf Strecken, die ihnen bekannt, ihm aber unbekannt

Oben: Die getunten Auspuffrohre enden hoch oben an der linken Seite und sind daher nicht gefährdet, wenn die Maschine mit 160 km/h stark abgewinkelt und im Powerslide gefahren wird. Dirt-Track-Reifen sind ein guter Kompromiß zwischen Haften und Rutschen.

Unten: Die XR hat nur wenig Platz für Kraftstoff und Fahrer. Zuviel Gewicht ist unerwünscht.

Rechts: Dies hier ist keine Original XR-750, denn dann müßte sie einen XLR-Motor mit verkürztem Hub und ein KR-Fahrwerk haben. Bei den ersten Exemplaren sind Zylinder und Köpfe aus Gußeisen, sie haben nur einen Vergaser und die Abgasanlage an der rechten Seite.

Unten: Flat-Track Rennmaschinen haben vorn noch nie eine Bremse gehabt. Die hat man immer für ein unnötiges Risiko gehalten bei einer Maschine, die die längste Zeit seitwärts im »Slide« gefahren wird.

waren, von der Piste. Das kühle Wetter und die kurzen Rundstrecken waren wie auf ihn und seine alte XR zugeschnitten. Er kehrte in die Staaten zurück und gewann die Grand National Road-Races in Indianapolis und Monterey mit der Leichtmetall-version. Danach aber blieben der XR-750 angesichts der auf Rundstrecken übermächtigen Zweitakter nur noch die Dirt-Track-Rennen.

Dort aber hat die XR-750 bis heute praktisch ununterbrochen dominiert. Jetzt, nach einem Vierteljahrhundert, darf man sie die haltbarste unter den Serien-Racern aller Zeiten nennen. Zumindest was den Motor betrifft. In den 80er Jahren zog sich das Werk aus der Rahmenfertigung zurück, weil die Fahrer nun Rahmen, Räder und Aufhängungsteile selbst zusammenstellen.

Die Leichtmetallzylinder und -köpfe trugen viel zur Fähigkeit der XR bei, lange und hochbelastet zu arbeiten. Der Brennraum wurde verbessert und jeder Zylinder von einem eigenen 36-mm-Vergaser versorgt. Die Verdichtung ging hinauf bis 10,5 : 1. Pleuel, Kolben und Ventile waren speziell für den neuen Motor mit seiner größeren Bohrung und dem kürzeren Hub entwickelt worden. Und trotz der kürzeren Zylinder waren sie von mehr und breiter ausladenden Rippen umgeben als die gußeisernen.

Mit der technischen Unterstützung durch die unabhängigen Tuner C.R.Axtell und Jerry Branch wurde die XR zu einer kraftstrotzenden Rennmaschine mit etwa 90 PS/66 kW Leistung. Dem jungen Mark Brelsford lag sie so gut in der Hand, daß er 1972 schon die Grand National Championship für Milwaukee gewann. Die nächsten zwei Jahre holte sie sich zwar Kenny Roberts auf Yamaha, doch dann war es 1975 Gary Scott, der eine Harley-Davidson auf Platz eins der Meisterschaft brachte.

Die XR-750 gewinnt weiterhin, zwar schon einigemal vom original C-Klasse-Konzept der Serienrennmaschinen entfernt, doch immer noch eine traditionelle 45°-Stoßstangen-V-twin, zum Schnellfahren gebaut.

Unten: Die Baja 100 wurde von den südkalifornischen Wüsten-Racern Jack Krizman und Dave Ekins entwickelt. Der 12-PS-Renner mit fünf Gängen ist nicht schlecht.

1970 Baja 100
Eigentümer: Trev Deely Museum, Vancouver, Kanada

1980 XR-750
Eigentümer: Otis Chandler, Ojai, Kalifornien

1971 FX SUPER GLIDE

TECHNISCHE DATEN
MOTOR/KRAFTÜBERTRAGUNG
Motor: V2 45° OHV
Hubraum: 1208 cm³
Bohrung x Hub: 87 x 102 mm
Verdichtung: 8 : 1
Leistung: 65 PS/48 kW
Gemischbildung: Bendix-Vergaser
Getriebe: 4-Gang
Kraftübertragung:
primär Kette
sekundär Kette
Bremse: Trommelbremse vorn+hinten
Batterie: 12 Volt
Zündung: Spulenzündung

FAHRWERK/AUFHÄNGUNG
Rahmen: Doppelschleifen-Stahlrohrrahmen
Federung vorn: Telegabel
Federung hinten: Schwinge, Feder/Dämpferbeine
Radstand: 1575 mm
Gewicht: 254 kg
Tankinhalt: 13 Liter
Ölvolumen: 3,8 Liter
Bereifung:
vorn: 3.50 x 19,
hinten 5.00 x 16
Höchstgeschwindigkeit: 177 km/h
Lieferbare Farben Schwarz, Birch-Weiß (Aufpreis: Sparkling-Grün; Burgunderrot, Blau, Türkis, Rot, Kupferrot; »Sparkling America« [Rot/Weiß/Blau])
Produziert wurden: 4700 Einh.
Preis: US-$ 2500

FX (1971) SUPER GLIDE

Als Harley-Davidson von AMF 1969 übernommen wurde, befanden sich bereits verschiedene neue Modelle auf dem Reißbrett. Eines davon, entworfen vom Stylingdirektor William G. Davidson, war der erste Anlauf zu einem vom Werk nach Kundenwunsch gefertigten (factory customized) Serienmotorrad. Eine solche Besonderheit verdiente einen Namen wie Super Glide.

Die FX 1200 stellte die Antwort Milwaukees und besonders William G.'s auf die sich rasch ausbreitende Beliebtheit von Customs, Cruisers und Choppers unter den Motorradkäufern dar. Um den Shovelhead herum hatte sich eine Vielzahl von Firmen etabliert, die Maschinen aufputzten, trimmten oder Zubehörteile fertigten, was freilich nicht den Absatz der Electra Glide schmälerte. Doch die Leute von Harley-Davidson rechneten sich aus, daß es einen Markt für einen moderat gestylten Serien-Cruiser mit sportlichem Flair geben müsse. Und sie hatten recht.

Wie die Bezeichnung FX vermuten läßt, war die Super Glide zum Teil Electra Glide und zum Teil Sportster. Die FL-Baureihe war mit den Jahren größer und schwerer geworden, während die Sportster leichter und magerer wurde. Irgendwo dazwischen war Platz für eine großvolumige Sport/Cruiser. Manche Fahrer würden die Super Glide nach eigenem Gusto überarbeiten und herausputzen, aber viele würden mit dem Werks-Styling ganz zufrieden sein. Ein Produkt für fast alle.

Konkret verband die FX den 1200er Shovelhead-Motor und -Rahmen mit dem Vorderteil der Sportster. Den elektrischen Anlasser ließ man wegfallen und montierte demgemäß eine kleinere Batterie an der rechten Seite. Dazu erhielt die FX eine Heckverkleidung mit Schutzblech und Sitzbank aus GFK (Fiberglas) nach europäischem Muster und ein nach Sportsterart gebautes 2-in-1-Abgasrohr. Die Farbgebung in Rot-Weiß-Blau spiegelte einen Hauch von Patriotismus wider, der jetzt wegen des Vietnam-Kriegs »in« war. In ähnlicher Weise schmückte ein neues Racing-Logo, eine Eins mit Stars and Stripes, die Oberseite des Tanks. In der Werbung nannte man die FX die »All-American Freedom Machine«. Sie wog nur 27 kg mehr als die Sportster und 68 kg weniger als die Electra Glide.

Das Konzept war in Ordnung, wenngleich das Plastikteil am Heck wohl nicht sehr lange leben würde. Die Aussicht, daß »Cafe-Racer« nach europäischem Muster in den USA gut aufgenommen werden würden, schien Anfang der 70er einigermaßen realistisch zu sein. Doch die Super Glide mit ihrem überdimensionierten Sitz für die zweite Person und dem spärlichen Vorderteil sah nach genau dem aus, was sie war: nach zwei verschiedenen Motorrädern. 1972 bekam sie einen normalen Hinterkotflügel, und schon begann der Absatz zu steigen.

1973 magerte die FX noch weiter ab, als der breite 13-Liter-Tank durch den weit kleineren der Sprint ersetzt wurde. Die Federn wurden verstärkt, und vorn und hinten spendierte man ihr Scheibenbremsen, da sie jetzt mehr auf hohe Fahrleistungen ausgelegt war. Sie wurde aber beileibe keine Sportster. Ab 1974 bot HD als Extra den elektrischen Anlasser an (FXE), und schon stieg der Absatz der Maschine mit Druckknopf auf das Doppelte der Kickstartversion.

Die Super Glide wird mit Recht als befruchtend für die Evolution der Harley-Davidson Motor Company eingeordnet. Sie wurde zum Katalysator für eine fortschreitende Veränderung der Ma-

Unten: Mit der Sitz- und Heckpartie nach europäischem Muster können sich nur die wenigsten Amerikaner anfreunden.

Rechts: Die Super Glide versucht, den hinteren Teil der Electra Glide mit dem Vorderteil der Sportster zu verheiraten. Zwar vom Design her nicht unbedingt erfolgreich, setzt die FX doch ein Zeichen für eine Reihe neuer Bikes aus Milwaukee.

schinen in der FX-Baureihe, beginnend 1977 mit der Low Rider. Dann folgte die Fat Bob und die Custom-Version Wide Glide, von welcher die Sturgis, die Softail, das FXR Sportmodell und die nostalgische Springer abstammten.

Die FX-Reihe wurde mit jeder neuen Ausgabe beliebter und sicherte Harley-Davidsons finanzielle Situation ab, als die Electra Glide gegen die Flut japanischer Tourenmaschinen ins Hintertreffen geriet. Auf die FX-Modelle konzentrierte sich der größte Teil des technischen und gestalterischen Aufwands, den die Firma in den 70er Jahren trieb, und sie war es auch, die dann mit dem Riementrieb kam, der später durch die Bank verwendet wurde.

Oben: Das eigenartige rot-weiß-blaue Logo vereinigt Patriotismus und Milwaukees Renn-Erbschaft.

1971 FX Super Glide
Eigentümer: Trev Deely Museum, Vancouver, Kanada

Oben: Obschon die Heckgestaltung nicht recht ankommt, findet das Konzept des Cruisers (Reisemaschine) überall Anklang. Die Familie der Super Glides wächst und wächst...

1971 FX Super Glide
Eigentümer: Otis Chandler, Ojai, Kalifornien; Restaurator: Jerry Sewell

XLH (1971), RR250 und X-90 (1972)

Um 1968 wurden doppelt so viele XLCH Sportster verkauft wie XLH. Hochleistungsmaschinen boomten, weil viele neue Kunden von den kleineren Leichtgewichten herkamen. Man kämpfte um Spitzenleistung und -geschwindigkeit, und neue Konkurrenz aus Japan forderte die britischen und US-Marktführer heraus.

Doch obgleich sich die XLH anschickte, eher wie eine CH auszusehen und die gleiche Leistung zu erbringen, erschien sie immer noch in der Ausstattung einer Sport/Tourenmaschine. Windschutzscheibe, Packtaschen und Zweimann-»Buddy Seat« wurden als Extras angeboten, und auch zwischen den Varianten mit niedriger und hoher Bodenfreiheit, d. h. 18- oder 19-Zoll-Vorderrad, konnte man noch wählen. Die Gabel erhielt eine verbesserte Dämpfung und längeren Federweg. 1968 kostete die XLH 1650 Dollar.

Die Zylinderköpfe waren für 1969 leicht überarbeitet und hatten größere Ventile, die zusammen mit der geänderten Abgasanlage zu weiteren 5 PS/3,7 kW führten. 1971 wechselte der Sportster-Motor von einer trocknen zur Ölbadkupplung, denn so ließ sich das Durchrutschen beim Austreten von Getriebeöl abstellen. Der Zündverteiler wanderte ins Steuergehäuse und bekam eine automatische Zündverstellung. Als Extra erhielt man 1970/71 einen Sitz in Bootsheckform, eine reduzierte Variante des Hecks der Super Glide, die sich aber nicht verkaufte. Heute ist das natürlich ein Sammelobjekt geworden.

Die Serienfarben der Sportster waren Schwarz oder Birkenweiß. Auf Wunsch gab es Sparkling Burgunderrot, Türkis, Grün, Blau, Rot oder Kupfer. Der Käufer konnte das Motorrad auch grau grundiert bekommen und nach Geschmack lackieren lassen.

RR 250

Diese Zweizylinder-Zweitakt-Straßenrennmaschine von Aermacchi erschien 1971. Yamaha hatte begonnen, Tempo und Zuverlässigkeit ihrer Zweitakter auf internationalen Rennkursen zu demonstrieren, doch Walter Villa dominierte die Klasse mit der RR 250 von 1974–76. Im dritten Jahr holte er sich auch den 350er Weltmeistertitel.

Die RR wurde ausschließlich für Straßenrennen gebaut, und weder Aermacchi noch HD boten ein vergleichbares Straßenmodell an. Der Motor war ein stehender, quer eingebauter, kurzhubiger Zweizylinder mit 56 x 50 mm Bohrung und Hub. Mit ihrem 5-Gang-Getriebe wog die kleine Twin 104 kg. Die frühen Luftgekühlten leisteten etwa 50 PS/37 kW bei 10000/min, doch

Unten: Die Aermacchi RR 250 Straßenrennmaschine ist zunächst recht beliebt. Dann aber kommt Yamaha und übernimmt die Führung in der Klasse. Scheibenbremsen ersetzen später die anfänglich eingebauten Trommeln. Ab 1972 tragen alle Harley-Motorräder das Emblem der AMF.

1972 RR 250
Eigentümer: Trev Deely Museum, Vancouver, Kanada

Unten: Die Sportster 1971: In den zurückliegenden zehn Jahren hat sie sich kaum verändert. Alugußräder bekommt man als Sonderausstattung.

als die Entwicklung weiterging und auf Wasserkühlung umgestellt wurde, stieg die Leistung auf 58 PS/43 kW bei 12000/min. Die im übrigen identische 350er Version soll knapp 70 PS/52 kW erreicht haben.

Gegenüber der Sportster war die Aermacchi RR 250 um 10 PS/7,4 kW stärker, und mit einem (leichten) Fahrer im Sattel, brachte sie rund 70 kg weniger auf die Waage als die Sportster ohne Fahrer.

Nur sehr wenige Road-Racer RR 250 gingen in die USA. Gary Scott fuhr kurze Zeit eine Werksmaschine, und der kanadische HD-Händler Trev Deeley rüstete einige Jahre lang ein Team damit aus. Doch die Aermacchi wurde schon bald verdrängt durch die rasche Entwicklung bei den WM-Rennmaschinen von Yamaha und Kawasaki. Einige wenige RR 250 tauchen noch bei Oldtimerrennen auf, doch die meisten überlebenden stehen in Museen.

Oben: Der Butterbrotdosen-Luftfilterdeckel kommt nicht allzugut an. Die übereinander liegenden Schalldämpfer der Sportster werden von diesen kürzeren, hintereinander angeordneten abgelöst.

Unten: Die X-90 ist die (etwas) größere Schwester der 65 cm³ Shortster. Die 90er 4-Gang dient als »pit bike« oder als Maschine für die Ausbildung junger Fahrer.

1972 X-90
Eigentümer: Armando Magri,
HD-Vertretung in Sacramento, Kalifornien

1971 XLH
Eigentümerin: Eva Mathews,
Mathews HD, Fresno, Kalifornien

1972 XLH

Technische Daten
Motor/Kraftübertragung
Motor: V2 45° OHV
Hubraum: 1000 cm³
Bohrung x Hub: 81 x 97 mm
Verdichtung: 9 : 1
Leistung: 61 PS/45 kW
Gemischbildung: Bendix-/Zenith-Vergaser
Getriebe: 4-Gang
Kraftübertragung:
primär Triplexkette
sekundär Kette
Bremse: Trommelbremse vorn+hinten
Batterie: 12 Volt
Zündung: Spulenzündung

Fahrwerk/Aufhängung
Rahmen: Doppelschleifen-Stahlrohrrahmen
Federung vorn: Telegabel
Federung hinten: Schwinge, Feder/Dämpferbeine
Radstand: 1486 mm
Gewicht: 240 kg
Tankinhalt: 14 Liter
Ölvolumen: 2,8 Liter
Bereifung:
vorn: 3.00 x 19
hinten: 4.00 x 18
Höchstgeschwindigkeit: 187 km/h
Lieferbare Farben: Schwarz, Weiß, Sparkling- Burgunderrot, Grün, Rot, Blau
Produziert wurden: 7500 Einh. (XLCH: 10650)
Preis: US-$ 2120

XLH (1972), XLH (1974) und SX 350 (1973)

In den ersten 15 Jahren der Sportster-Entwicklung hatte es nicht viele große Umstellungen gegeben. Die H- und CH-Versionen waren einander eher ähnlicher als unähnlicher geworden, und der Markt der Superbikes war voller bärenstarker Motorräder aus Italien, England und Japan. Mehr Leistung hieß die Devise.

1972 bohrte Harley die Zylinder der 883 auf 81 mm auf und ließ den Hub unverändert (97 mm). Das brachte das Hubvolumen in die frühere Kategorie der Knucklehead, nämlich auf genau 1000 cm³. Um sich der europäischen und japanischen Usance bezüglich metrischer Maße anzupassen, nannte HD das neue Modell XL 1000. Das Werk gab als Leistung 61 PS an, und das entsprach bei 61 cu.in. Hubraum gerade dem in den USA populären »pony per cubic inch« (bei uns hieße das 61 PS oder 45 kW pro Liter). Im Test der Sportzeitschrift Cycle World lief die neue Sportster die Viertelmeile in 13,38 s und erreichte nach den etwa 400 m Distanz rund 158 km/h. Die Spitze wurde mit 187 km/h gemessen.

Die Ölbadkupplung bekam unterschiedliche Urteile; das Ein- und Auskuppeln war gut und nur schwerer Mißbrauch führte zum Rutschen der Kupplung. Doch die Handkraft am Hebel lag höher als zuvor. Eine verbesserte Schaltwalze im Getriebe machte die Gangwahl sicherer. Die 240 kg schwere Maschine war leicht zu fahren. Die neue Stufensitzbank in modernem, dünnen Styling war für längere Fahrten zu wenig gepolstert. Doch die Sportster war nicht mehr auf Fahrkomfort zugeschnitten: Das neue Äußere war nackte oder bestenfalls leicht bekleidete Aggression.

Beide Sportster-Versionen erhielten 1973 eine vordere Scheibenbremse, die die Bremswirkung verbesserte, aber kräftigen Händedruck verlangte. Die neue japanische Showa-Gabel machte sich vorn angenehm bemerkbar, doch auf eine ähnlich gute Hinterradfederung mußte man noch Jahre warten. Aufgrund der neuen Sicherheitsvorschriften wurden 1974 Rückholfedern für die Drosselklappe montiert; bislang wurde die Klappe mit einem simplen Draht-Bowdenzug auf- und zugeschoben. Die Leistung blieb unverändert; die XL 1000 war etwas schneller als die 883er.

Sprint SX 350

Die Sprint schloß ihre Gastrolle in Milwaukee mit einer Version für Straße und Gelände namens SX 350. Obschon die Einzylinder-Viertaktmaschine ihre Fähigkeiten bei europäischen Straßen- und amerikanischen Dirt-Track-Rennen bewiesen hatte, kamen die

1974 XLH
Eigentümer: Sam Williams, Los Angeles; Restaurator: Richard Brazas

1972 XLH
Eigentümer: James Kirchner, San Diego, Kalifornien

Rechts: Die meisten Sportster haben in den 70er Jahren eher das abgemagerte Aussehen der XLCH. Sitze variieren von der ebenen Zweiersitzbank über den halbmondförmigen »banana seat« bis zum gestuften »Buddy Seat«.

Oben: Für Straßen/ Geländebetrieb ist die SX 350 damals ein beliebtes Gerät bei Fahrern, die die Fahrleistungen einer Viertakter vorziehen. Ein Hitzeschild schützt vor angesengten Stiefelschäften.

zivileren Ausführungen beim Käufer nie besonders gut an. Und als Trail Bike war sie der speziell dafür gebauten europäischen und japanischen Konkurrenz unterlegen.

Aber es war ein hübsches, apartes Motorrad und hatte einen prima Motor. Für eine 350er Viertakt-Single war sie auch schnell, und so fand sie bei Studenten, Möchtegern-Rennfahrern und Sportfahrern mit knapper Kohle einigen Anklang. Der reichte Milwaukee aber nicht, um die Sprint im Programm halten zu können. Viele dieser Maschinen wurden von gefühllosen Leuten zu Schrott gefahren oder hinter der Hecke »entsorgt«. Doch obgleich die Teilelieferung begrenzt war, kamen im Laufe von 14 Jahren rund 50000 Sprints aus Italien in die Staaten.

Die Rennmodelle mit ihren geringen Produktionszahlen haben zwar ihren Sammlerwert, doch die Serienversionen sind auf dem Oldtimermarkt relativ günstig zu bekommen. Sprints sind in den USA mittlerweile auch zunehmend bei Oldtimerrennen zu sehen, und das könnte auf erneutes Interesse an den Straßenversionen schließen lassen.

Unten: Im Vergleich mit japanischen und anderen europäischen Mehrzweckmaschinen macht die SX 350 eine schlechte Figur. Wegen des sinkenden Absatzes gibt HD die Viertakt-Einzylinder am Ende des 74er Modelljahrs auf.

1973 Sprint SX 350
Eigentümer: Trev Deeley Museum, Vancouver, Kanada

Oben: Ein neuer Bendix/Zenith-Vergaser verbessert das Anspringen der Sportster. 1973 wird als Extra eine vordere Scheibenbremse angeboten.

1973 FLH

TECHNISCHE DATEN
MOTOR/KRAFTÜBERTRAGUNG
Motor: V2 45° OHV
Hubraum: 1208 cm³
Bohrung x Hub: 87 x 101 mm
Verdichtung: 8 : 1
Leistung: 66 PS/49 kW
Gemischbildung: Bendix-Vergaser
Getriebe: 4-Gang
Kraftübertragung: primär Kette, sekundär Kette
Bremse: vorn Scheiben-, hinten Trommelbremse
Batterie: 12 Volt
Zündung: Spulenzündung

FAHRWERK/AUFHÄNGUNG
Rahmen: Einschleifen-Stahlrohrrahmen
Federung vorn: Telegabel
Federung hinten: Schwinge, Feder/Dämpferbeine
Radstand: 1562 mm
Gewicht: 355 kg
Tankinhalt: 19 Liter
Ölvolumen: 3,8 Liter
Bereifung: 5.00 x 16
Höchstgeschwindigkeit: 161 km/h
Lieferbare Farben: Schwarz, Sparkling-Purpurrot, Sparkling-Burgunderrot, Sparkling-Blau, -Rot, -Türkis, Sparkling-»America« (Rot/Weiß/Blau)
Produziert wurden: 8100 Einh. (FL: 1600)
Preis: US-$ 2500

FLH (1972 UND 1973)

Das Werk stand in den 70er Jahren vor einem Berg von Problemen. Außer mit der scharfen überseeischen Konkurrenz hatte man sich mit Management-, Wirtschafts- und politischen Schwierigkeiten auseinanderzusetzen.

Da immer mehr Hersteller dem Trend zum kundenfreundlichen Motorrad folgten und der Verkehr mit Zweirädern entsprechend zunahm, erkannte die US-Regierung, daß die Maschinen sicherer gemacht werden könnten. Zumindest aber sollten sie einheitliche Bedienungselemente bekommen, weniger Schadstoff ausstoßen und leiser werden.

Milwaukees Big Twins hatten seit jeher die Schaltung links, sc daß hier keine teuren Änderungen nötig wurden. Doch die Sportster mußte von rechts auf links umgebaut werden, Geräusch- und Schadstoffvorschriften betrafen sämtliche Modelle, und ebenso wurden Blinker zwingend vorgeschrieben.

Die schwergewichtige Electra Glide erhielt 1972 zur notwendig gewordenen Erhöhung der Bremsleistung eine vordere Scheibenbremse. Damit näherte sich die FL wieder dem Jahr für Jahr stärker spürbaren allgemeinen Trend zu technischen Verbesserungen und Neuerungen. Obschon der Boom der späten 60er Jahre zurückging, bestand noch ein starker Markt, auf dem sich die Marken scharfe Konkurrenz machten. Mit dem Erfolg, daß die Briten aus dem Feld geschlagen wurden.

Harley-Davidson war herausgefordert, nicht nur bessere, sondern auch erheblich mehr Motorräder zu produzieren. Man erwartete in dieser Hinsicht einiges von der Partnerschaft mit AMF, und in der Tat stieg die Produktion innerhalb von drei Jahren auch dramatisch an. Doch AMF entschied, daß Milwaukee für weitere Steigerungen nicht genügend Kapazität habe. Daher wurden ab 1974 im Werk Milwaukee nur noch Motoren und Getriebe gefertigt, während Fahrwerkherstellung und Endmontage in das AMF-Werk in York, Pennsylvania, verlegt wurden. Das freilich führte zu Problemen.

Die Motorradproduktion hatte während der ersten drei Jahre unter AMF-Leitung um rund 30% auf 37 620 Einheiten im Jahre 1971 zugenommen. Der größte Sprung kam im folgenden Jahr, als Milwaukee fast 60 000 Stück meldete. 1973 stieg diese Zahl dann sogar auf 70 903 Maschinen.

Doch die Verlegung der Endmontage nach York ging nicht nahtlos vor sich. Ein dreimonatiger Streik verursachte 1974 empfindliche Störungen in der Fertigung, und auch sonst gab es genügend Probleme. Die Mitarbeiter waren unzufrieden, der Gesetzgeber verlangte immer teurere Änderungen, es gab die sogenannte Ölkrise, die Konflikte zwischen dem alten und neuen Management, das Erscheinen der Honda Gold Wing, und schließlich litt das Produkt unter Qualitätsproblemen in Fertigung und Montage.

Als es schien, daß es gar nicht mehr schlimmer werden könne, ging der Motorradabsatz der USA plötzlich »in den Keller«. Doch es gab auch noch Positives.

Die Geschäftsleitung in Milwaukee konnte AMF anhand von immer härter werdenden Straßentests der Fachpresse davon überzeugen, daß die Motorräder besser werden und auch zeitgemäßer aussehen müßten. Das Management gab grünes Licht, und die ersten Modelle der neuen Generation würden 1977 die Sportversion XLCR und die FXS Low Rider sein.

Inzwischen war die Electra Glide Gegenstand weiterer Modifikationen. 1973 stieg die Leistung der FLH auf 66 PS (49 kW), und die vordere Scheibenbremse erschien auch an der Super Glide. 1974 erhielt die kleinere Glide den elektrischen Anlasser (FXE), und die Bendix-Vergaser der Big Twins wurden durch solche von Keihin ersetzt.

Rechts: Der Trend zum Mischen und Kombinieren verstärkte sich in den 70er Jahren während der AMF-Periode. Diese 1972er FLH ist mit Packtaschen aus den 50er Jahren und mit Farbgebung und Markenzeichen von 1965 ausgestattet.

Unten: Bei dieser 1973er Shovelhead geht es noch bunter zu: Weißwandreifen und Markenlogo aus den 50er Jahren, Lackierung aus den 80ern und Scheibenbremsen vom Zubehörhandel.

1973 FLH
Eigentümer/Restaurator: Steve Alamango, Hot Bikes, Venice, Kalifornien.

Unten: Die verchromten Verkleidungen unter dem Sattel und zu beiden Seiten der Heckpartie bot Harley selbst an, die eingefärbte Windschutzscheibe war damals ein beliebtes Zubehör.

Die eingefärbte Scheibe wird zu einem der langlebigsten Extras im HD-Katalog.

1972 FLH Eigentümer: Bob Rocchio, San Francisco.

Oben: Vordere Scheibenbremsen werden erstmals 1972 mit der Electra Glide eingeführt, doch Trommeln bleiben wahlweise lieferbar. Die Fishtail-Schalldämpfer gehören wiederum einer früheren Periode an.

1975 SX & MX 250

Technische Daten
Motor/Kraftübertragung
Motor: Einzylinder, Zweitakt
Hubraum: 243 cm³
Bohrung x Hub: 72 x 59 mm
Verdichtung:
SX: 10,3 : 1, MX: 11,8 : 1
Leistung: SX: 18 PS/13 kW, MX: 32 PS/24 kW
Gemischbildung:
Dell'Orto-Vergaser
Getriebe: 5-Gang
Kraftübertragung:
primär Kette
sekundär Kette
Bremse:
Trommelbremse vorn+hinten
Zündung: CDI

Fahrwerk/Aufhängung
Rahmen:
Doppelschleifen-Stahlrohrrahmen
Federung vorn: Telegabel
Federung hinten:
Schwinge, Feder/Dämpferbeine
Radstand:
SX: 1422 mm
MX: 1448 mm
Gewicht:
SX: 123 kg **MX:** 106 kg
Tankinhalt:
SX: 10,6 Liter **MX:** 8,3 Liter
Ölvolumen: SX: 1,6 Liter
Bereifung:
vorn: 3.00 x 21
hinten:
SX: 4.00 x 18 **MX:** 4.50 x 18
Höchstgeschwindigkeit:
SX: ca. 145 km/h
MX: nicht bekannt
Lieferbare Farben:
SX: Blau, Schwarz;
MX: Orange
Produziert wurden:
SX: 14162 Einh. (1975–78),
MX: 87 Einh.
Preis:
SX: US-$ 1142

FLH (1975), SX 250 (1975), MX 250 (1976) und Z-90 (1975)

1975 passierte nicht viel – ein langweiliges Jahr. Harley-Davidson war damit beschäftigt, Sorgen und Mängel im Konzern und in der Fertigung auszuräumen, und bemühte sich, neue Produkte auf den Markt zu bringen.

Wenigstens aus der Rennabteilung kamen gute Nachrichten: Gary Scott holte nach zwei Jahren Yamaha-Dominanz (mit Kenny Roberts) die Grand National Championship zurück. Es gab weniger nationale Straßenrennen, aber auf den Dirt-Tracks hatte Milwaukee immer noch die Nase vorn. Das sollte auch noch eine Weile so bleiben, denn Jay Springsteen gewann für Harley von 1976–78 drei Titel in Folge.

Das Touring-Ausstattungspaket »King of the Road«, 1973 eingeführt, wurde auch in den folgenden Jahren gern für die Electra Glide gekauft, und die Super Glide mit Anlasser gewann weitere Freunde. 1975 montierte man an der Sportster eine Umlenkung des Schaltgestänges, um den Fußschalthebel nach links legen zu können. Ansonsten gab es in diesem und im nächsten Jahr wenig Änderungen an den Twins.

SX 250 und MX 250

Die SX 250 war eine aufgebohrte Variante der SX 175 vom vergangenen Jahr. Die Aermacchi-Zweitakter waren jetzt Milwaukees ganzes Angebot an leichten Maschinen für Straße und Gelände, nachdem man die Viertakt-Sprints aufgegeben hatte. Die 250 war entstanden, um die Erfolgsserie von Yamahas ähnlicher DT-1 zu stoppen. Aber während die Leistung ganz brauchbar war, konnten Handling und Zuverlässigkeit nicht überzeugen. Zweitakter hatten in den USA immer noch mit der Gleichgültigkeit vieler Händler und einem überlegenen Preis/Leistungs-Verhältnis der japanischen Konkurrenz zu kämpfen.

In ihren letzten beiden Jahren im Harley-Programm wurde die 250er auch in einer Motocross-Version angeboten. Unglücklicherweise kam die MX gerade in dem Augenblick, als diese Sportart in einen Wettbewerb der langen Federwege ausartete, und wieder waren die Hauptkonkurrenten die japanischen Hersteller. Milwaukee stellte zwar ein Motocross-Team mit dem talentierten Rocket Rex Staten auf die Beine, doch das war eine kurzlebige Angelegenheit.

1978 beschloß Harley-Davidson, sich auf ihre traditionellen Stärken zu konzentrieren und den Markt der Leichtgewichte anderen zu überlassen. Die Anteile an Aermacchi wurden an die italienische Cagiva-Gruppe verkauft, die eben dabeiwar, eine Motorradproduktion auf breiter Basis zu erstellen, die später auch Ducati und Husqvarna umfaßte.

Unten: Der Deluxe-Solositz wird über die Jahre nur unwesentlich geändert. Die »Grabstein«-Rückleuchte ist wieder ein Hauch von Nostalgie.

Rechts: Der Retro-Look dieser 1975er Electra Glide entsteht durch die Farbwahl und das Tanklogo von 1959. Kreuzungen zwischen Panheads und Shovelheads haben eine lange Tradition.

Rechts: Die Big Twins erhalten ihre erste Scheibenbremse vorn im Jahre 1972. Sie greift so viel »giftiger« als die alte Trommelbremse, daß manche Fahrer kaum wagen, sie zu betätigen.

1976 MX 250
Eigentümer: Oliver Shokouh,
HD-Vertretung in Glendale, Kalifornien

Unten: Die SX 250 hat nur wenige Bauteile mit dem Motocross-Modell gemein. Auch hier zeigt sich, daß eine Mehrzweckmaschine von den importierten Einzweckmodellen überrollt wird. 1978 wird sie aufgegeben.

1975 SX 250 und 1975 Z-90 (unten)
Eigentümer: Trev Deely Museum,
Vancouver, Kanada

Oben: Die Rapido wird ersetzt durch die TX-125, aus der die Z-90 hervorgeht. Auch die verschwindet 1978 mit dem Verkauf der Firma Aermacchi an die Cagiva-Gruppe.

1975 FLH
Eigentümer: Bartels' HD-Vertretung in
Marina Del Rey, Kalifornien

1977 XLCR

Technische Daten
Motor/Kraftübertragung
Motor: V2 45° OHV
Hubraum: 1000 cm^3
Bohrung x Hub: 81 x 97 mm
Verdichtung: 9 : 1
Leistung: 68 PS/50 kW
Gemischbildung: Keihin-Vergaser
Getriebe: 4-Gang
Bremse: Scheibenbremsen 2 Scheiben vorn, 1 hinten
Batterie: 12 Volt
Zündung: Spulenzündung

Fahrwerk/Aufhängung
Rahmen: Doppelschleifen-Stahlrohrrahmen
Federung vorn: Telegabel
Federung hinten: Schwinge, Feder/Dämpferbeine
Radstand: 1486 mm
Gewicht: 234 kg
Tankinhalt: 15 Liter
Ölvolumen: 2,8 Liter
Bereifung: vorn: 3.00 x 19
hinten: 4.00 x 18
Höchstgeschwindigkeit: 177 km/h
Lieferbare Farben: Schwarz
Produziert wurden: 1923 Einh.
Preis: US-$ 3623

XLCR (1977) CAFE RACER

William G. Davidson hatte sich von der zurückhaltenden Aufnahme seines Stylings bem Erscheinen der ersten FX Super Glide 1971 nicht entmutigen lassen. Er erkannte, daß man mit einem einzigen Design kaum die Anforderungen zweier deutlich unterschiedlichen Käufergruppen befriedigen kann. Weil also die Super Glide zu wenig sportliche Note aufwies, wollte er die nächste Sportmaschine auf der Grundlage der Sportster stylen und den nächsten Cruiser (Reisemaschine) auf der Basis der FX.

Die erstgenannte nahm als XLCR von 1977 Form an, ein schwerer »Cafe Racer« (= CR) nach europäischem Muster unc mit britischem Namen. Motor und modifiziertes Fahrwerk waren von der Sportster. Der neue Rahmen enthielt einige Designelemente der XR 750, z. B. die Hinterradschwinge mit Kastenprofil. Obere und untere Dämpferbefestigung waren nach hinten verlegt und ließen mehr Platz für Batterie und Öltank. Vorn und hinten wurden Räder aus Leichtmetallguß und Scheibenbremsen montiert – zwei Scheiben vorn, eine hinten. Die schwarzen Zylinder und seitlichen Deckel des Motors ergaben einen tollen Effekt, und die unter dem Vergaser zusammengewachsenen Auspuffrohre waren zumindest einmal etwas anderes. Diese Anlage soll zusätzliche fünf PS gebracht haben.

Die XLCR hatte das Aussehen eines richtigen Sprinters. Die Mini-Verkleidung, der niedrige Lenker, die rennmäßige Sitzbank, die Gußräder und die zurückversetzten Fußrasten, das war die Standardausrüstung moderner ziviler Roadracer. Doch in den 70ern gab es für die »bad boys of the back roads« eine recht

Oben: Mit dem Verlegen der Fußrasten nach hinten werden sowohl der Fußschalthebel als auch die Schaltwalze umgedreht, um das Schaltbild (1. unten, 3. oben) beizubehalten. Ab 1977 erscheinen an der Sportster dreifache Bremsscheiben (zwei vorn, eine hinten).

Unten: Sattelform und niedriger Lenker zwingen den Fahrer zu einer eher vorgebeugten Haltung. Der Tank faßt 15 Liter, unter der Windschutzscheibe sitzen Tacho und Drehzahlmesser.

Rechts: Schwarz in Schwarz kommt uns die Cafe Racer XLCR. Alugußräder, GFK-Kotflügel und minimale Frontverkleidung passen gut dazu. Und die Viertelmeilenzeit der Sportster mit dem Europa-Look liegt unter 13 Sekunden.

Oben: Die »siamesischen«, zusammengewachsenen Auspuffrohre dienen der Leistungsanhebung, sind aber relativ schwer. Der »ham can« Filterdeckel verdeckt den japanischen Keihin-Vergaser.

1977 XLCR Cafe Racer
Eigentümer: Oliver Shokouh,
HD-Vertretung in Glendale, Kalifornien

komplette Auswahl an Hot-Rods. Außer echten »Cafe Racers« aus England und Italien waren da die Japaner mit PS-starken Grundmodellen in Zwei- und Viertaktausführung. Die XLCR war darauf angelegt, in diesem Marktsegment Fuß zu fassen, doch wieder einmal kam Milwaukee zu spät damit. Die CR hatte nur wenig mehr Leistung als eine Serien-Sportster, und weder der Rahmen noch die Radaufhängungen entsprachen den damals gültigen Maßstäben für ein Sportbike.

Die meisten Händler zeigten wenig Interesse an der XLCR, und in einigen Showrooms stehen heute noch die gleichen Maschinen, wie sie vor nun 20 Jahren hineingestellt wurden. Jetzt allerdings sind sie erheblich mehr wert als damals, obschon sie unter den Käufern kein großes Echo fanden. Ein rechtes Liebhaberstück also von Anfang an.

Manch einer hat den Cafe Racer als Design-Meisterstück ohne kommerziellen Erfolg bezeichnet, als ein Produkt, das deshalb nicht ankam, weil es seiner Zeit voraus war. Tatsächlich war die XLCR, obgleich sie neue und verbesserte Technik für die Sportster brachte, in erster Linie eine Designübung. Ihre Zeit war schon gekommen und wieder vergangen, bevor sie auf dem Markt erschien, denn Design und Fahrleistungen der Sportmaschinen waren im Begriff, in den 80er Jahren wieder einen gewaltigen Schritt nach vorn zu tun.

Harley-Davidson verdiente inzwischen wieder so gut, daß man sich ein bißchen »Marktforschung« in Form neuer Modelle mit kurzer Produktionsdauer schon leisten konnte. In der erfreulichen Lage, neue Versionen aus überwiegend vorhandenen Komponenten bauen zu können, versuchte HD die Reaktion der Kundschaft auf ungewohnte, ungewöhnliche Dinge zu testen. Willie G. freilich hatte ein besseres Echo auf seine XLCR erhofft und war nun tief enttäuscht über das Ergebnis.

Doch wenngleich der Cafe Racer auf wenig Zustimmung bei sportlichen und pseudo-sportlichen Fahrern gestoßen war, signalisierte er bessere Sportster für die Zukunft.

Die XLCR war nur zwei Jahre lang in Fertigung, und insgesamt wurden nur 3123 Exemplare gebaut. Im Gegensatz zu den meisten zwanzig Jahre alten Motorrädern befinden sich fast alle heute noch in ganz brauchbarem Zustand. Zumeist haben sie nur wenige Kilometer auf dem Tacho, und kaum eine von ihnen ist ständig in Betrieb, weil man vermutet, daß der Sammlerwert steigen wird. Das tut er aber nur langsam, weil noch so viele da sind. Verrückte Welt!

Der Cafe Racer mag seinem Namen nicht gerade Ehre gemacht haben, doch er war im Rahmen der Sportster-Konstruktion sicher kein schlechtes Motorrad. Was die wirklichen Fähigkeiten der XLCR betrifft – Beschleunigung, Handling, Bremsen und Spritzigkeit –, war sie die beste aller Versionen der XL-Reihe. Für den Sportster-Enthusiasten hatte sie aber nicht das richtige »Gesicht«, und so blieb ihr nur der Weg ins Museum.

Unten: Die Morris-Gußräder und Hayes-Bremsscheiben helfen der Cafe Racer, wie eine solche zu wirken. Doch »sie sieht nicht wie 'ne Harley aus«, hieß es.

1977 XLCR Cafe Racer
Eigentümer: Otis Chandler,
Ojai, Kalifornien

1977 FXS LOW RIDER

TECHNISCHE DATEN
MOTOR/KRAFTÜBERTRAGUNG
Motor: V2 45° OHV
Hubraum: 1208 cm³
Bohrung x Hub: 87 x 102 mm
Verdichtung: 8 : 1
Leistung: 65 PS/48 kW
Gemischbildung: Bendix-Vergaser
Getriebe: 4-Gang
Kraftübertragung:
primär Kette
sekundär Kette
Bremse: Trommelbremse vorn+hinten
Batterie: 12 Volt
Zündung: Spulenzündung

FAHRWERK/AUFHÄNGUNG
Rahmen: Doppelschleifen-Stahlrohrrahmen
Federung vorn: Telegabel
Federung hinten: Schwinge, Feder/Dämpferbeine
Radstand: 1613 mm
Gewicht: 283 kg
Tankinhalt: 13 Liter
Ölvolumen: 3,8 Liter
Bereifung: vorn: 3.50 x 19
hinten 5.00 x 16
Höchstgeschwindigkeit: 161 km/h
Lieferbare Farben: Gunmetal-Grau
Produziert wurden: 3742 Einh.
Preis: US-$ 3475

FXS (1977) LOW RIDER UND FXE (1979)

Glücklicherweise wurde der mäßige Erfolg der XLCR vom nächsten Mitglied der Super-Glide-Familie, der FXS Low Rider, wettgemacht.

Nach sorgfältiger Untersuchung des Custom-/Cruiser-Marktes nahm sich Willie G. Davidson der damals gültigen Devise »Weniger ist mehr« an. Dieser Philosophie hatte die Original-FX zwar entsprochen, doch was fehlte, waren die Bausteine des echten Sportbike-Minimalismus. Den größeren Markt für Sparsamkeit in der Konstruktion gab es wohl in einer anderen Bevölkerungsschicht, nämlich in der Nähe der Chopper-Konzeption.

Daher die FXS. Die jüngere »Glide« hatte seit 1973 jährlich etwa 30–40% Absatzsteigerung verzeichnet. Das Image des »backroads rambler« war von dem des »boulevard brawler« verdrängt worden. Die verkürzte, flacher angewinkelte Gabel, die lässig zurückgelehnte und niedrige Sitzposition und der kurze Abstand zum Boden erlaubten eine choppermäßige Haltung.

Mittlerweile war das Cruiser-Styling so beliebt geworden, daß sich auch andere Hersteller dafür interessierten. Innerhalb weniger Jahre boten die Japaner eine Reihe von Semi-Custom-Modellen (teilweise auf Kundenwunsch gebaut), hatten damit aber wenig Erfolg. Die Vorstellung von einem Motorrad, bei dem Äußerliches die wichtigste Rolle spielt, war und ist in Kulturen außerhalb der USA schwer nachvollziehbar. Die zweite Generation importierter Cruiser, ins Leben gerufen durch die anhaltende Popularität von Harleys FX-Baureihe, hat erst vor kurzem in den USA Fuß gefaßt. Man wird sehen, was draus wird.

Die AFM/Harley-Davidson-Mannschaft hatte es fertiggebracht, die Produktion von Motorrädern in vier Jahren zu verdoppeln. Doch die Eile, mit der die Modelle auf den Markt gebracht wurden, verursachte auch Schwierigkeiten. Betroffen waren die Produkte selbst, das Unternehmen, die Händler und die Kunden. Fertigungs- und Montagequalität waren deutlich schlechter geworden, und viele Maschinen kamen in durchaus nicht fahrbereitem Zustand zum Versand. Ärger war also vorprogrammiert.

Bis 1977 hatte man zwar die meisten dieser Probleme im Griff, doch den Imageverlust zu reparieren, dauerte noch einige Jahre. Die FXS, genannt Low Rider, brachte Milwaukee dazu, sich intensiver mit der Custom-/Cruiser-Form zu befassen, und erweiterte den Kreis der Interessenten erheblich. Und man hatte die Maßstäbe gesetzt, um weitere zwanzig Jahre Variationen zu diesem Thema herzustellen.

Obschon so viele ihrer Teile aus dem Serienregal kamen, schien die Low Rider »aus einem Guß« zu sein, in einer Weise, wie dies bis dahin für kaum eine andere Version der FX-Baureihe gegolten hatte. Mit ihrer flacher geneigter Sportster-Gabel, der stark abgestuften Sitzbank und den Gußrädern sah sie mager und doch muskulös aus. Wie die XLCR besaß sie vorn zwei Bremsscheiben, hatte aber ein eigenes, elegantes 2-in-1-Auspuffsystem, einen niedrigen, schmalen Lenker und den 13-Liter-Tank der Original-FX. Die abgesenkte

Rechts: Der traditionelle Doppeltank »Fat Bob« ist mit modernen Instrumenten dekoriert, Tacho oben, Drehzahlmesser unten. Kontrolleuchten für Leerlauf und Öldruck befinden sich im Scheinwerfergehäuse.

Rechts: Die Low Rider gesellt sich zur Cafe Racer als zweite Tochter der Super Glide. Einzuordnen als Custom/Cruiser-Modell, spiegelt die FXS den wachsenden Markt der langen, niedrigen Maschinen mit zurückgelehnter Sitzposition wider.

1977 FXS Low Rider
Eigentümer: Oliver Shokouh, HD-Vertretung in Glendale, Kalifornien

1979 FXE
Eigentümer: Chris Lamb, Hollywood, Kalifornien; gebaut von Richard Brazas

Links: Die Super Glide ist besonders geeignet für das Ausrüsten nach eigenem Geschmack. Lackierung, gekürzter Hinterkotflügel, Auspuffanlage und Western-Sattel machen diese Glide zu etwas Besonderem.

Unten: In ihrem Erscheinungsjahr wird die Low Rider nur in Gunmetal-Grau angeboten. Der niedrige Lenker und der abgesenkte, tief gestufte Sitz läßt die Chopper-Sitzhaltung in den 70ern erahnen.

Links: Die Low Rider katapultiert die FX-Baureihe an die Spitze der HD-Bestsellerliste. Milwaukees Idee des »mix'n match« (mischen und anpassen) der von Cruisern, Dressern, Choppern und Sport Bikes stammenden Bauteile beginnt genau im richtigen Moment Früchte zu tragen.

Hinterradfederung brachte die Sitzhöhe auf 696 mm herunter. Die Low Rider setzte den Maßstab für den Cruiser-Look, der heute noch gültig ist.

Die Produktion der FXS betrug schon im Jahr 1977 erstaunliche 3742 Stück. Ihren großen Erfolg reflektiert der Anstieg für 1978 auf 9787 Einheiten, womit sie die FXE übertraf. Die Low Rider erbrachte den überzeugenden Beweis, daß mit dem Cruiser-Markt alles in Ordnung war. Sie sorgte für den Ausgleich des schwindenden Absatzes der Electra Glide, die gegen die Honda Gold Wing so an Boden verloren hatte.

1978 führte Harley-Davidson eine 1340er Motorversion für die Electra Glide ein, und ein Jahr später konnte man dieses V2-Triebwerk auch für die Low Rider bekommen, die auch dann wieder Verkaufsrekorde verzeichnete. Zu dieser Zeit deckte die Low Rider bereits über die Hälfte des gesamten Absatzes von Harley-Davidson ab.

So trug sich die Low Rider als Meilenstein in HDs Rekordliste ein, ein durchschlagender Erfolg in einem für Milwaukees Gesamtstückzahlen rückläufigen Markt. Die FXS bedeutete einen Hoffnungsschimmer gerade in dem Augenblick, als die Partnerschaft mit AMF zerbrach und Harley-Davidson einer unsicheren Zukunft entgegenging.

Oben: Verkürzte Federung und tiefergelegter Sattel bringen die Sitzhöhe auf 690 mm herunter. Das Styling kommt an, das Geschäft blüht

1979 FXEF

Technische Daten
Motor/Kraftübertragung
Motor: V2 45° OHV
Hubraum: 1340 cm³
Bohrung x Hub: 89 x 108 mm
Verdichtung: 8 : 1
Leistung: 65 PS/48 kW
Gemischbildung: Bendix-Vergaser
Getriebe: 4-Gang
Kraftübertragung:
primär Kette
sekundär Kette
Bremse: vorn 2 Scheiben-, hinten Trommelbremsen
Batterie: 12 Volt
Zündung: Spulenzündung

Fahrwerk/Aufhängung
Rahmen: Einschleifen-Stahlrohrrahmen
Federung vorn: Telegabel
Federung hinten: Schwinge, Feder/Dämpferbeine
Radstand: 1613 mm
Gewicht: 291 kg
Tankinhalt: 19 Liter
Ölvolumen: 3,8 Liter
Bereifung: vorn: 3.50 x 19, hinten: 5.00 x 16
Höchstgeschwindigkeit: 169 km/h
Lieferbare Farben: Vivid-Schwarz, Brillant-Rot, Concord-Blau, Kastanienbraun
Produziert wurden: 5264 Einh. (1200: 4678 Einh.)
Preis: nicht bekannt

FLH (1977) und FXEF (1979) Fat Bob

Harley-Davidson feierte 1978 ihr 75jähriges Jubiläum. Zu diesem Anlaß erschienen die 1340er Electra Glide sowie Jubiläumsausgaben der FL 1200 und der Sportster in Schwarz mit goldenen Zierlinien. Die FLH-80 erhielt wieder das Tankemblem der späten 30er Jahre. Die Nostalgie war unterwegs.

Obgleich HDs gesamter Absatz um fast 30% gesunken war und man sich in der Chefetage Gedanken über die Zukunft machte, liefen die Arbeiten an neuen Cruisern und Tourern weiter. Bei den Bemühungen, Käufer, die sich japanischen Motorrädern zugewandt hatten, zurückzuholen, sollte die FLH-80 eine wichtige Rolle spielen. Die kleineren Glides waren dabei, sich in unterschiedliche Gefilde zu begeben und Formen von Vergangenheit und Gegenwart zu mischen. Trotz des Übergreifens der wirtschaftlichen Rezession war das Spielchen bunter und interessanter geworden.

Durch eine leichte Bohrungs- und deutlichere Hubvergrößerung erinnerte die neue 1340er »80« an ihre Flathead-Vorgängerin gleichen Hubraums. Auf ersten Blick war der Motor identisch mit dem »74«, dem 1200er, hatte aber eine Rippe weniger an den Zylindern und einen gewaltigen, ovalen Luftfilter mit einer 80 drauf. Mit Gußrädern, Frontverkleidung, Satteltaschen und Topcase brachte die FLH-80 340 kg auf die Waage. Ihr Motor leistete 65 PS/48 kW wie die 1200er, oder eine Spur mehr.

Obschon also die »Big-incher« keine Leistungssteigerung gegenüber der 1200er zu verzeichnen hatte, lag ihr Drehmoment deutlich höher. Der elastischere Motor machte das Fahren unter Last angenehmer. Die profilierte, fest montierte Sitzbank saß tief und bot hohen Fahrkomfort. Die FLH-80 trug bequem einen Beifahrer und ausreichend Gepäck.

In ihrem ersten Jahr konnten 2525 Stück von der neuen »80« verkauft werden, von der »74« dagegen 6881 Exemplare. Im Jahr darauf stieg die Produktion der »80« auf 3429 Stück. Doch das 1340er Triebwerk fand auch Eingang in die FX-Baureihe und sorgte zwischen Low Rider und Fat Bob für den Verkauf von etwa 15000 schweren Motorrädern.

Links: Die Konsole der FXEF enthält Drehzahlmesser und Tacho. Der Höchstwert von 150 mph (über 240 km/h) spricht für einen gewissen Humor der Leute von Milwaukee.

Rechts: Die 77er FLH aus Sicht des Fahrers. Dieser Tacho stammt aus dem Zubehörhandel.

Rechts: Mit der FXEF Fat Bob bekommt die Low Rider einen stark wirkenden »großen Bruder«. Die Maschine wird mit 1200er oder 1340er V-Twin angeboten – und mit einem Hauch von Machismo.

Oben: Die nach vorn verlegten »Highway«-Fußrasten und Hebel sind für das echte »kicked-back cruising«, die zurückgelehnte Sitzposition, unerläßlich. Die normalen Rasten werden im Stadtverkehr benutzt.

FXEF

Das nächste Modell, das sich an der Parade der Custom/Cruiser/Chopper beteiligte, war die FXEF »Fat Bob«. Der Beiname war von den »Customizern«, den Leuten geprägt worden, die solche Maschinen abänderten bzw. abspeckten. Wurde alles Überflüssige entfernt und die Kotflügel gestutzt (bobbed fenders), aber der große (fat) Doppeltank blieb, nannten sie sie Fat Bobs.

Die FXEF war eine Low Rider, lieferbar mit 1200er oder 1340er Motor, Hochlenker, Guß- oder Speichenrädern, 2-in-1-Auspuffanlage und einem Flammendekor am Tank. Wieder einmal baute HD ein Motorrad, das etwa der Stilrichtung entsprach, die ihre Kunden seit Jahren liebten, und konnte einem erweiterten Kundenkreis den »taste of specialized fashion« anbieten. Den Namen Fat Bob aber ließ sich die Firma schützen wie zuvor Electra Glide, Sportster, Super Glide oder Harley-Davidson. Zusammen mit dem »Retro-Styling«, der Nostalgie der Formen und der »Folk art«-Dekors, begann nun das Zeitalter des Markenzeichenschutzes.

Mit der Fat Bob war die FX-Baureihe auf drei Modelle angewachsen, die mehr als die Hälfte der HD-Produktion ausmachten. Die Super Glide mit ihren Varianten war gerade im richtigen Augenblick gekommen, um sicherzustellen, daß es in Milwaukee weiterging. Interne Querelen im Konzern und eine kränkelnde Wirtschaft wirkten zusammen und erschwerten Harley-Davidsons Rückkehr in ruhmreiche Zeiten.

Als das Ende der Partnerschaft mit AMF kam, stand Harley-Davidson mit recht stabilen Verkaufszahlen gut da. Die Gesamtproduktion 1979 lag eben unter 50000 Einheiten und ging 1980 nur leicht zurück. Doch 1981, das Jahr, in dem die Firma wieder in Privatbesitz kam, sah einen Rückgang auf unter 42000 und 1982 gar auf 30000 Motorräder. Die harten Zeiten waren noch längst nicht vorbei.

1977 FLH
Eigentümer: Jim Furlong, Northridge, Kalifornien.

Oben: 1977 erhalten die Big Twins eine neue Sitzbank. Namenszug am Tank und Auspuffendrohr stammen aus der Zeit vor der AMF-Partnerschaft. Die zweifarbige Packtasche hat sich der Besitzer selbst ausgesucht.

1979 FXEF
Eigentümer: Brad Richardson, Hemet, Kalifornien.

1980 FXB STURGIS

Technische Daten
Motor/Kraftübertragung
Motor: V2 45° OHV
Hubraum: 1340 cm^3
Bohrung x Hub: 89 x 108 mm
Verdichtung: 8 : 1
Leistung: 65 PS/48 kW
Gemischbildung: Bendix-Vergaser
Getriebe: 4-Gang
Kraftübertragung:
primär Zahnriemen
sekundär Zahnriemen
Bremse: vorn+hinten Trommelbremse
Batterie: 12 Volt
Zündung: elektronische Zündung

Fahrwerk/Aufhängung
Rahmen: Doppelschleifen-Stahlrohrrahmen
Federung vorn: Telegabel
Federung hinten: Schwinge, Feder/Dämpferbeine
Radstand: 1643 mm
Gewicht: 277 kg
Tankinhalt: 13 Liter
Ölvolumen: 3,8 Liter
Bereifung:
vorn: 3.50 x 19
hinten 5.00 x 16
Höchstgeschwindigkeit: 171 km/h
Lieferbare Farben: Schwarz
Produziert wurden: 1470 Einh.
Preis: US-$ 5687

FXB STURGIS (1980) UND XLH (1979)

Harte Zeiten oder nicht, Harley-Davidson hatte während der AMF-Dekade jedes Jahr neue Modelle herausgebracht. Vielleicht nicht von Grund auf neu; doch auf jeden Fall hatte das Werk seine Entschlossenheit gezeigt, ein mächtiger Faktor auf dem Motorradmarkt zu bleiben. Und aus Milwaukees Perspektive waren das Maschinen, die den traditionellen Appeal der Marke besaßen, dabei aber immer höhere Anforderungen an Leistung und Zuverlässigkeit erfüllten.

Und so trafen 1980 in Form des Zahnriemenantriebs wiederum klassischer Stil und moderne Technik zusammen. Die jüngste Ausgabe der Super Glide erhielt den Namen FXB Sturgis, das B stand für den Belt drive (Riementrieb) und Sturgis für den Namen der Stadt in Süd-Dakota, in der das jährliche Motorrad-Sommertreffen stattfand. Die neueste Cruiser war wieder eine Kreation von Willie G. in Schwarz mit orangefarbenem und verchromtem Dekor. Das Styling fand sogleich großen Anklang, doch die beiden Gummizahnriemen für Primär- und Radantrieb stießen auf Skepsis. Wie haltbar würden sie sein? Was tun, wenn sie irgendwo in der Wüste rissen? Berechtigte Fragen.

Doch die Rückkehr zum Riementrieb war ein richtiger Schritt. Hergestellt von Gates Rubber Company mit Aramid-Nylonfasern, liefen die Zahnriemen leiser, benötigten keine Schmierung und Nachstellung und hielten länger als die Stahlketten. Doch der Austausch des Riemens zum Hinterrad, wenn er denn nötig wurde, war keine einfache Sache, denn er erforderte Demontage des Primärantriebs und des Innendeckels. Wie sich herausstellte, lebten die Riemen zwischen 50000 und 65000 Kilometer.

Der neue Antrieb erforderte auch ein anderes Getriebe mit geänderten Übersetzungen. Das neue Vierganggetriebe besaß die längste Gesamtübersetzung, die es je bei HD gegeben hatte, so daß rund 100 km/h schon bei 2500 Motorumdrehungen erreicht wurden. Dementsprechend war die Beschleunigung nicht gerade scharf, aber der Sturgis-Motor lief herrlich ruhig in dem Metier, für das das Motorrad ausgelegt war: das »Boulevard riding«.

Wieder hatte HD eine noch nicht allgemein bewährte Sache vorsichtig unter die Leute gebracht. Im Einführungsjahr baute man nur 1470 Exemplare der Sturgis, im Jahr darauf schon 3543. 1982, in ihrem letzten Produktionsjahr, kam sie dann nur noch auf 1833 Einheiten. Doch die Sturgis erfüllte als limitierte Auflage, was man konstruktiv und leistungsmäßig von ihr erwartete, und diente als Versuchsballon für das Zahnriemensystem, das schon bald auch in anderen Modellen zu finden sein würde.

Links: Den Zahnriemen hat die Gates Rubber Co. entwickelt, er ist mit Nylonfasern verstärkt. Diese Riemen sind haltbarer als erwartet.

Rechts: Nach dem Low Rider ist Willie G. wieder an der Reihe. Es ist Zeit, das Custom/Cruiser-Styling einen Schritt weiterzubringen und es wieder ganz schwarz zu kleiden. 1978 kommt der 1340er »80«-Motor heraus. Die Sturgis erscheint als erste mit Zahnriemenantrieb.

1980 FXB Sturgis
Eigentümer: Otis Chandler, Ojai, Kalifornien

SPORTSTER

Der Absatz der Sportster war die letzten zehn Jahre hindurch recht gut gewesen, ging aber 1978 zurück. Die Tourenversion XLT von 1977 war nicht erfolgreich, und die XLCR Cafe Racer setzten in den Verkaufsräumen Staub an, ehe sie frühzeitig zu Sammelobjekten wurden. Angesichts des Erfolgs der Low Rider beschloß Milwaukee, das gleiche Styling auf die Sportster anzuwenden und abzuwarten, was passiert.

Es passierte nicht viel. Die 1979er XLS bekam den überarbeiteten Rahmen der XLCR, ein 16-Zoll-Hinterrad, die längere Gabel, Gußräder und die »siamesischen« Auspuffrohre (2-in-1-in-2) mit Schalldämpfern an beiden Seiten. Und keinen Kickstarter. Sie hatte einen fast geraden Lenker und eine gestufte Sitzbank mit »Sissy-Bar« (Rückenlehne für die Sozia), gar nicht wie eine Sportster. Der von Cafe-Racer, Cruiser und Sportmaschine so abweichende Look traf fast überall auf Kritik. Viele Händler tauschten deshalb Auspuffsystem und Sitzbank sogleich gegen normale Sportster-Teile aus.

Diese XLS erhielt einen eigenen Namen: Roadster. Trotz der Tatsache, daß sie eher nach einer Cruiser aussah. Auch nachdem die siamesischen Auspuffrohre später weggefallen waren, gingen die Verkaufszahlen erheblich zurück. Doch die Roadster blieb etliche Jahre im Katalog und wurde durch Zweifarbenlackierung und den alten Tank der Sprint der Super Glide immer ähnlicher.

Die meisten Sportster – ohne Rücksicht auf ihre Kennbuchstaben – sahen schließlich ganz ähnlich aus wie die Maschine auf dem Foto. Der kleine Tank, die kurzen Auspuffrohre und der ältere Luftfilterdeckel – al es gehörte einfach zum »Look«. Die seitlichen Verkleidungen vor Batterie und Öltank wurden allgemein als Fremdteile empfunden und verschwanden zwei Jahre später wieder.

Unten: Die Sturgis bleibt drei Jahre in Fertigung. Bis 1982 ist die FX-Baureihe auf sechs Modelle angewachsen und macht fast die Hälfte der Harley-Produktion aus.

Links: Die Gußräder der Sturgis fallen durch ihre orangefarbene Verzierung auf. Doppelte vordere Bremsscheiben und die Showa-Gabel sollten fester Bestandteil etlicher FX-Modelle werden.

Oben: Das modische 2-in-1-Auspuffsystem hat nie die Beliebtheit der Anlage mit zwei einzelnen Schalldämpfern erlangt. Die Sturgis hat eine neue elektronische Zündung. Der Ölkühler ist serienmäßig.

1979 XLH
Eigentümer: Dwight Yoakam, Malibu, Kalifornien

Unten: Der 1979er Sportster-Rahmen stammt ursprünglich von der XLCR. Wegen des neuen Hauptzylinders für die Hinterradbremse muß der Kickstarter entfallen. Der Doppelauspuff kommt aus dem Zubehörhandel.

1980 FLT TOUR GLIDE

TECHNISCHE DATEN
MOTOR/KRAFTÜBERTRAGUNG
Motor: V2 45° OHV
Hubraum: 1340 cm³
Bohrung x Hub: 89 x 108 mm
Verdichtung: 7,4 : 1
Leistung: 65 PS/48 kW
Gemischbildung: Bendix-Vergaser
Getriebe: 5-Gang
Kraftübertragung:
primär Kette
sekundär Kette
Bremse: vorn Scheiben-, hinten Trommelbremse
Batterie: 12 Volt
Zündung: CDI Transistorzündung

FAHRWERK/AUFHÄNGUNG
Rahmen: Einschleifen-Stahlrohrrahmen
Federung vorn: Telegabel
Federung hinten: Schwinge, Feder/Dämpferbeine
Radstand: 1588 mm
Gewicht: 354 kg
Tankinhalt: 19 Liter
Ölvolumen: 3,8 Liter
Bereifung: 5.00 x 16
Höchstgeschwindigkeit: 153 km/h
Lieferbare Farben: Schwarz, Rot, Hellblau, Sattelbraun
Produziert wurden: 4480 Einh.
Preis: US-$ 6961

FLT (1980) UND FXWG (1980)

Obgleich die Sturgis mit ihrer muskulösen Erscheinung und dem Zahnriemenantrieb Aufsehen erregt hatte, war die wichtigste Neuigkeit des Jahres 1980 der Auftritt der FLT Tour Glide. Mit ihr gab Milwaukee ihren Konkurrenten in der Cruiser/Custom-Kategorie neue Hausarbeiten auf und lenkte ihre Aufmerksamkeit auf Tourenmaschinen. Doch anders als bei den FX-Varianten, die vor allem kosmetische Änderungen erfahren hatten, war die FLT praktisch ein neues Motorrad.

Nur der Motor der Tour Glide machte klar, daß es sich um eine Variante der FLH-80 handelte. Da die nächste Big-Twin-Generation noch am Reißbrett war, bestand das Zwischenziel darin, die größer gewordene Shovelhead auf ein neues Niveau von Fahrbarkeit und Fahrverhalten zu bringen. Nicht um mehr Motorleistung ging es, sondern um weniger Fahrwerksvibrationen und besseres Handling. Der Motor bekam eine Transistorzündung, einen Ölfilter mit Schraubpatrone und ein neues, angeblocktes 5-Gang-Getriebe.

Fahrwerks- und Handlingverbesserungen waren nur mit einer anderen Ausführung von Rahmen und Aggregataufhängung erreichbar. Die Konstrukteure entwarfen eine schwingungsdämpfende Dreipunktaufhängung zwischen Motor und Rahmen in Schwingelementen aus synthetischem Werkstoff. Die Hinterradschwinge wurde im Getriebegehäuse gelagert, und damit war der ganze Antriebsstrang vom Rest der Maschine isoliert. Der Beiname Rubber Glide, den man der FLT gab, blieb inoffiziell und ungeschützt.

Das kompaktere 5-Gang-Getriebe, näher an die Kurbelwelle gerückt, erlaubte eine kürzere Primärkette, und die andere zum Hinterrad wurde voll gekapselt und abgedichtet. Durch ihre Dauerschmierung lief diese Kette wesentlich länger ohne Nachspannen und blieb natürlich sauberer.

Dies alles wurde getragen von einem neuen Fahrgestell, erkennbar an dem über den Lenkkopf nach vorn herausgezogenen

Rechts: Die FLT Tour Glide soll Langstreckenkomfort und sportliches Handling miteinander verbinden. Durch den neuen Rahmen wird die Maschine besser lenkbar, durch die Gummiaufhängung des Motors vibrationsärmer.

1980 FLT
Eigentümer: Doug Holden, Gustine, Kalifornien.

1980 FXWG
Eigentümer: Otis Chandler, Ojai, Kalifornien.

Oben: Ein wenig Mut gehört dazu: die 1980er Wide Glide. Der Werks-Chopper hat vorn ein 21-Zoll-Rad, ein tolles Flammendekor und die niedrigste Sitzhöhe der ganzen Baureihe.

Rahmen und der anders aufgebauten Gabel. Mit dem Ziel, die Handhabung der schwergewichtigen Maschine bei langsamer Fahrt zu erleichtern, baute HD ein verlängertes Fahrgestell mit steilem, unter 25° angestelltem Lenkkopf. Die Gabel wurde um 28° zur Senkrechten gekippt, um genügend Nachlauf für stabiles Fahrverhalten auf den Highways zu bieten. Die gestufte Sitzbank war tiefer am Rahmen montiert, so daß sich eine Sitzhöhe von 735 mm ergab.

WIDE GLIDE

Die Fat Bob bekam in Gestalt der FXWG Wide Glide eine große Schwester, eine Super Glide mit der Vorderradgabel der Electra Glide. Die Stylingwelle war von der Electra Glide zur Super Glide zur Sportster und wieder zurück verlaufen. Ob absichtlich oder zufällig, Milwaukee hatte eine Art dauernden Kreislauf von Stil und Form geschaffen.

Mit den drei Grundmodellen mit sich immer wieder abwechselnden mechanischen und Fahrwerksbauteilen konnte die gegenseitige Befruchtung endlos weitergehen. Begann die Identität des einen Modells Alterserscheinungen zu zeigen, so übernahm es einfach Elemente von einem seiner Geschwister – ein Möbiussches Band unbegrenzter Designvariationen. Ungeachtet des Erscheinungsbildes der Modelle war die Aufgabe jetzt, die Maschinen technisch zu verbessern. Auch die Wide Glide verwendete den 1340er Motor, den man wahlweise für Low Rider und Super Glide bekommen konnte. Im Jahr darauf wurde der 1200er Motor aufgegeben, so daß alle Big-Twins jetzt mit dem größeren Triebwerk ausgestattet wurden. Und wieder deckte die FX-Baureihe mehr als die Hälfte der von Harley-Davidson produzierten 41606 Motorräder ab.

Links: Die Tour Glide erkennt man an ihrer rahmenfesten Frontverkleidung und den Doppelscheinwerfern. Tourenfahrer schätzten an diesem Modell besonders das Gepäckvolumen, die gekapselte Kette und den 19-Liter-Tank.

Oben: Mit dem Fünfganggetriebe und drei Bremsscheiben ist die Tour Glide typisch für die AMF/Harley-Davidson-Aera, die allerdings nicht mehr lange andauern wird.

FLH (1981) und XLH (1981)

1981 war das letzte Modelljahr der Electra Glide in der Ära der Partnerschaft mit AMF. Das mag Einfluß auf ihren Sammlerwert haben oder auch nicht, doch es passierten noch andere Dinge. Ähnlich wie einst die 1965er Panhead bedeutete die letzte AMF-FLH Ende und Anfang in einem.

Das Sondermodell, eine limitierte Ausgabe, trug den Namen Heritage (Erbschaft), eine passende Bezeichnung. Die Verbindung mit AMF hatte Harley-Davidson die Möglichkeit gegeben, die Produktion zu vergrößern und neue Modelle zu entwickeln, doch das Vertrauen von Händlern und Kundschaft hatte manche Schramme abbekommen, eine Tatsache, die die neuen Besitzer nicht kalt lassen konnte. So handelte es sich um eine Art Wiedergutmachung, eine Erbschaftsangelegenheit besonderer Art.

Zu dieser Zeit befanden sich neue und verbesserte Projekte mitten auf dem Weg vom Reißbrett zur Fertigung. Das neue Managerteam, vierzehn frühere leitende Angestellte, die ihre Habe zusammengelegt und sich eine Menge Geld geliehen hatten, mußte jetzt Kompromißlösungen zwischen Zurückhaltung und Risiko suchen. Dabei war der Motorradabsatz wegen der herrschenden Rezession abgerutscht, während andererseits weiter neue Modelle aus Japan hereinfluteten. Der Markt wurde enger und härter.

Die neue Harley-Davidson Motor Company konnte das nur mit durch und durch modernem Management, Marketing, Konstruktion, Entwicklung und Fertigung bewältigen. Um das zu erreichen, entwarfen die neuen Inhaber einen dreiteiligen Plan, nach welchem Produktionskosten und Fertigungsqualität zu überwachen waren. Ein Teil des neuen Systems gab den Mitarbeitern im Betrieb mehr Eigenverantwortung in Fertigung und Montage.

1981 XLH
Eigentümer: Clay Osincap, Los Osos, Kalifornien

Oben: Die letzte AMF Sportster in den traditionellen Rennteamfarben Orange/Schwarz. Zwei Jahre später wird vorn die zweite Scheibe entfallen.

Gegen viele Einwände und nach vierjährigem Kampf griff das Programm. Harley-Davidson war wieder da, so wie immer schon, nur viel besser.

Der Absatz der Electra Glide hatte über mehrere Jahre im Schnitt über 10000 Einheiten jährlich gelegen. Doch die kränkelnde Wirtschaft und die erfolgreichen japanischen Tourenmaschinen ließen die 1982er Verkäufe unter 6000 absinken. Die FX-Modelle blieben Milwaukees Bestseller, gefolgt von der Sportster. Trotz der mit der Tour Glide eingeführten Verbesserungen konnte die Shovelhead Electra Glide dem Vergleich mit den neuesten Importmaschinen nicht standhalten. Die Evolution mußte noch schneller voranschreiten.

Vollständig neue Versionen der Modelle FL und FX waren schon zur Produktion

Unten: Natürlich bekommt die Heritage Edition nostalgische Satteltaschen und Sattel mit Fransen. Diese Ära der Rückbesinnung hat gerade erst begonnen.

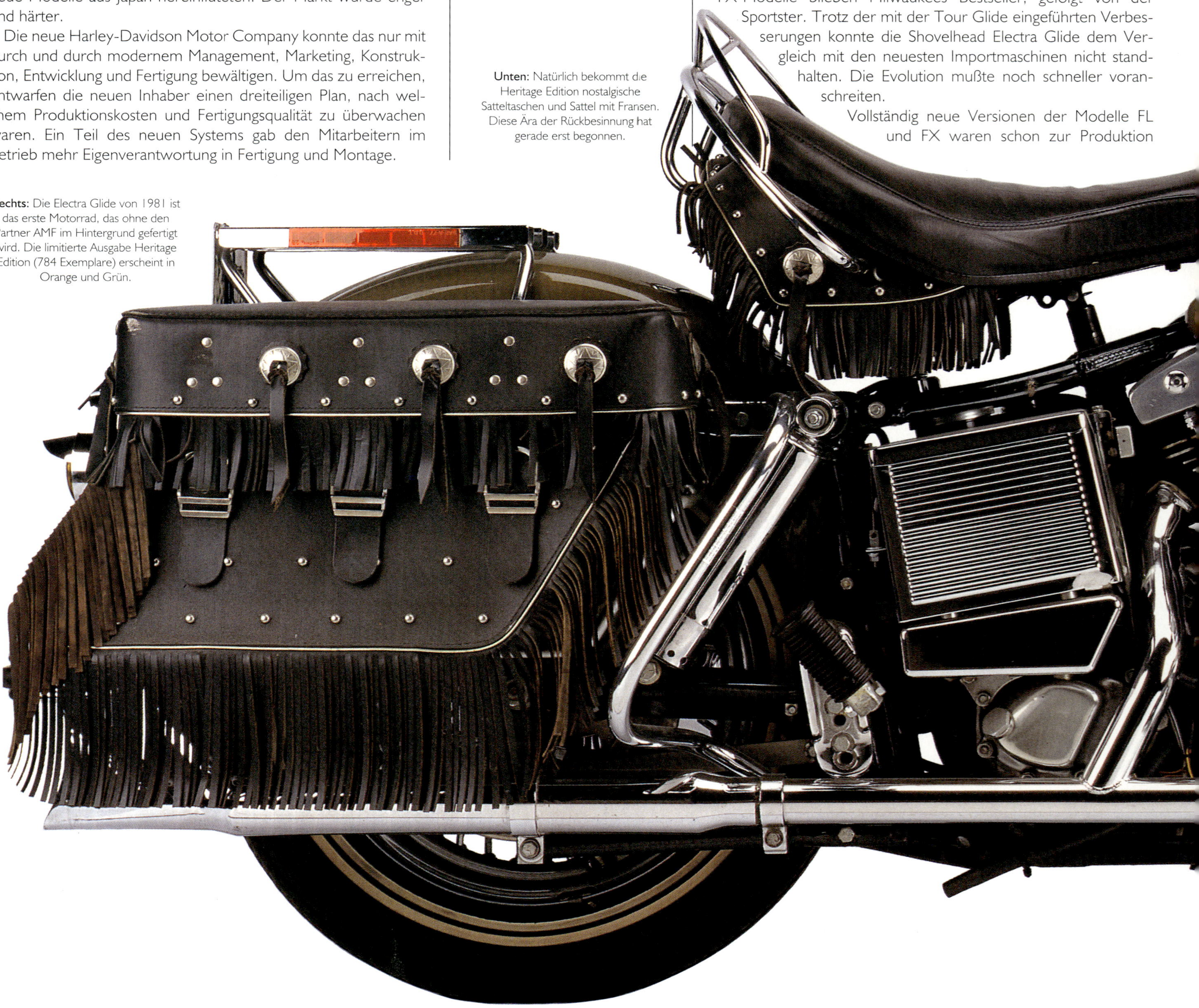

Rechts: Die Electra Glide von 1981 ist das erste Motorrad, das ohne den Partner AMF im Hintergrund gefertigt wird. Die limitierte Ausgabe Heritage Edition (784 Exemplare) erscheint in Orange und Grün.

freigegeben, und um sie drehte sich alles in Milwaukee. Die fünf Varianten zum FX-Thema hatten – trotz nur geringfügiger Retuschen gegenüber dem Vorjahr – 1981 eine Stückzahl von 23000 erreicht, die Sportster etwas über 10000. Das waren keine Rekordzahlen, aber genug, um die Produktion aufrecht zu erhalten und die Arbeiten an den neuen Maschinen fortzusetzen. Dabei wurden viele Überstunden gemacht.

Die Sportster sollte während und nach der Übergangsphase die meisten ihrer ursprünglichen Bestandteile in Form und Funktion beibehalten. Die XL-Fans, schon immer die größten Gegner von Änderungen, verlangten, daß man an den Grundzügen der Motorräder nicht herumspielen solle, es sei denn, es würde besser aussehen oder besser funktionieren. Kaum einer von ihnen konnte sich vorstellen, wie die Sportster äußerlich noch verschönert werden könne.

Mit den Werks-Custom/Cruisers war es natürlich eine andere Sache, und so war man eifrig dabei, die nächste Generation Low Riders vorzubereiten. Gleichzeitig liefen die Entwicklungsarbeiten an den neuen FL-Tourenmaschinen.

Links: Die traditionelle, serienmäßige Frontscheibe sorgt ebenfalls dafür, daß die Heritage nicht zu modern wirkt.

Unten: Die Erbschaft der AMF-Ära heißt Nostalgie auf breiter Front. Sie bildet die Kulisse für ein neues Kapitel der Harley-Evolution.

Oben: In Fußbrettern steckt ein Hauch von Tradition. Um die Emission Standards zu erfüllen, müssen die Luftfilter und ihre »Butterbrotdosen«-Deckel noch weiter vergrößert werden.

1981 FLH
Eigentümer: Trev Deely Museum, Vancouver, Kanada

1982 FXRS SUPER GLIDE II

TECHNISCHE DATEN
MOTOR/KRAFTÜBERTRAGUNG
Motor: V2 45° OHV
Hubraum: 1340 cm³
Bohrung x Hub: 89 x 108 mm
Verdichtung: 8 : 1
Leistung: 65 PS/48 kW
Gemischbildung: Bendix-Vergaser
Getriebe: 4-Gang
Kraftübertragung:
primär Duplexkette
sekundär Kette
Bremse: Scheibenbremsen, vorn 2, hinten 1 Scheibe
Batterie: 12 Volt
Zündung: elektronische Zündung

FAHRWERK/AUFHÄNGUNG
Rahmen: Doppelschleifen-Stahlrohrrahmen
Federung vorn: Telegabel
Federung hinten: Schwinge, Feder/Dämpferbeine
Radstand: 1643 mm
Gewicht: 277 kg
Tankinhalt: 13 Liter
Ölvolumen: 3,8 Liter
Bereifung: vorn 3.50 x 19 **hinten** 5.00 x 16
Höchstgeschwindigkeit: 185 km/h
Lieferbare Farben: Vivid-Schwarz, Candy-Rot, Blaumetallic, Grünmetallic, Braun und Schwarz
Produziert wurden: 6255 Einh.
Preis: US-$ 6690

FXR (1982) UND XLH (1982)

Die erste der nächsten Glides-Generation war die FXR, die 1982 als Super Glide II debütierte. Das neue Fahrwerk bestand aus einer Variante des FLT-Rahmens mit einem kräftigen Rückgrat in Kastenbauweise und elastischer Aggregatlagerung. Der Buchstabe R kennzeichnete die neue Version gegenüber der FX in Standardausführung, deren Aggregat mit 4-Gang-Getriebe auch weiterhin starr eingebaut blieb.

Der 1340er Shovelhead-Motor mit 5-Gang-Getriebe behielt anfangs die niedrigere Verdichtung, die zuerst die FLT hatte. Das Getriebe wurde an seinem Schaltmechanismus verbessert, was kürzere Schaltwege, sicherere Schaltvorgänge und leichteres Auffinden des Leerlaufs zur Folge hatte. Durch entsprechende Stützelemente wurde verhindert, daß das Aggregat im Rahmen zu starke Bewegungen ausführte. Und das massive Rückgrat und dickere Rohre sorgten für einen recht verwindungssteifen Rahmen.

Die FXR war wieder ein Produkt eingefahrener Gleise der HD-Entwicklung. Die Motorleistung war traditionsgemäß durch Hubraumvergrößerung angehoben worden. Die Zuverlässigkeit erhöhte man durch optimierte Schmierung, bessere Ventilführungen und die elektronische Zündung. Dann kam das neue Chassis dazu und machte das Handling angenehmer, sorgte für mehr Komfort und besseres Fahrverhalten. Und getreu dem umlaufenden System der Typenentwicklung, würde bald auch ein neuer Motor verfügbar sein.

Die FXR entsprach in der Sitzhöhe (736 mm) der FLT, doch ihre Lenkkopfneigung von 31° legte die Gabel flacher und verlängerte den Radstand auf 1643 mm. Ein langgestrecktes Motorrad leidet bei langsamer Fahrt gewöhnlich an einer schwerfälligen Lenkung, und die Super Glide II war da keine Ausnahme. Bei Highwaytempo zeigte sie aber bemerkenswerte Kursstabilität, und dank der neuen Rahmensteifigkeit konnte man gewundene Straßen mit aller Gelassenheit angehen. Die meisten Tester stimmten zu, daß die FXR das beste Handling aller Big-Twins aus Milwaukee habe. Die Bodenfreiheit entsprach nicht ganz der der reinen Sportmaschinen, doch innerhalb ihrer Grenzen setzte das Modell neue Maßstäbe für Tempo und Sicherheit auf kurvigen Strecken. Ein Cruiser, der auch schnell sein konnte.

Oben: Traditionelle Einfachheit der Instrumente: Drehzahlmesser und Tacho einzeln nebeneinander. (Die Skala in km/h weist auf eine Ausführung für Großbritannien hin.)

Unten: Die Sitzbank mit Lehne und der separate Soziussitz der Super Glide lassen die Abstammung vom Chopper erkennen. Die Rückenlehne (»Sissy Bar«) machte sich bei den Mitfahrern, die mehr Komfort und Sicherheit forderten, sogleich beliebt.

Oben: Mit der Super Glide II erreicht der 1340er Shovelhead-Motor nahezu das Ende seiner Laufbahn. Als willkommener Fortschritt aber werden das neue Getriebe und die elastische Motoraufhängung begrüßt.

Rechts: Die FXR Super Glide profitierte von der Entwicklung der Tour Glide in Form des 5-Gang-Getriebes und der Aggregatlagerung in Gummi. Die normale FXE hat weiterhin vier Gänge und starre Motoraufhängung.

Glücklicherweise kamen mit den neuen Handlingeigenschaften auch bessere Bremsen. Zwei Scheiben vorn und eine einzelne mit Doppelkolben hinten sorgten für gute Bremswirkung. Umkonstruierte Handhebel für Bremse und Kupplung boten eine bessere Übersetzung als frühere Ausführungen. Die FXR ließ eine ganze Menge Fahrer aufhorchen und eine Harley-Davidson in die engere Wahl nehmen.

Unten: Die FXR läßt Harleys Absicht erkennen, die Custom/Cruiser-Kategorie auf eine höhere Leistungsebene zu heben und funktionellere Formgebung anzustreben.

XLH

1982 wurde die Sportster 25 Jahre alt. Natürlich feierte man das mit einem Jubiläumsmodell, von dem 932 in XLH- und 778 in XLS-Ausführung gebaut wurden. Die Roadster hatte jetzt nicht mehr das siamesische Auspuffsystem, sondern zwei kurze Rohre mit Schalldämpfer an einer Seite. Sie behielt aber den Tank der Sprint und die »Sissy-Bar«-Rückenlehne für die Sozia.

Die Sportster-Produktion betrug jetzt etwa 8000 pro Jahr, doch die Emissionsgesetze und der niederoktanige Kraftstoff wollten den Hochleistungsmotoren gar nicht schmecken. Für 1982 mußte die Verdichtung der Sportster auf 8 : 1 gesenkt werden, womit Leistung und Spitze ebenfalls abfielen. Doch mit dem Gewicht von etwa 225 kg brachte sie es noch auf unter 14 s für die Viertelmeile mit 161 km/h (praktisch die Höchstgeschwindigkeit) am Ende der Strecke.

Was die reinen Fahrleistungen betraf, so hatte die Sportster ein echtes Problem, und das hieß Honda CB900F. Die Vierzylinder-Sportmaschine sprintete die Viertelmeile deutlich unter 13 s und lief am Ende mit 177 km/h, wobei sie ihre Spitze erst bei 209 km/h erreichte. Und dann kostete sie noch um rund 1000 Dollar weniger als die Sportster. Die Harley-Fans fragten sich natürlich, warum ihre Favoritin langsamer und trotzdem teurer geworden war.

Viertelmeilenzeit und Spitze mochten zwar für den Sportster-Käufer zumeist nicht das Allerwichtigste sein, aber was war mit dem Preis? Die arme XLH hatte all ihre guten Eigenschaften behalten, bot eine Menge Motor in einem kleinen Motorrad, und mußte dennoch 25 Jahre lang mit ihrem »Bad-boy«-Image leben. Doch das Geschäft war schwieriger geworden, und im nächsten Jahr würde es eine neue Auflage von »Minimalismus« in Form einer XLX geben – und dann auch für weniger Geld.

1982 XLH
Eigentümer: Dudley Perkins Co., San Francisco, Kalifornien.

Links: Das 25. Jubiläum der Sportster feiert Harley-Davidson mit einer Special Edition in Schwarz und Silber.

1982 FXR
Eigentümer: Ginger Gammon, Cranleigh, England.

1983 XR-1000

Technische Daten
Motor/Kraftübertragung
Motor: V2 45° OHV
Hubraum: 1000 cm^3
Bohrung x Hub: 81 x 97 mm
Verdichtung: 9 : 1
Leistung: 71 PS/52 kW bei 5600/min
Gemischbildung: 2 x 36 mm Dell'Orto-Vergaser
Getriebe: 4-Gang
Bremse: Scheibenbremsen, vorn 2, hinten 1 Scheibe
Batterie: 12 Volt
Zündung: V-Fire Transistorzündung

Fahrwerk/Aufhängung
Rahmen: Doppelschleifen-Stahlrohrrahmen
Federung vorn: Telegabel
Federung hinten: Schwinge, Feder/Dämpferbeine
Radstand: 1524 mm
Gewicht: 222 kg
Tankinhalt: 9,5 Liter
Ölvolumen: 2,4 Liter
Bereifung: vorn: 110/90–19
hinten: 130/90-16 (wahlw. 18")
Höchstgeschwindigkeit: 201 km/h
Lieferbare Farben: Schiefergrau (1984 wahlw. Orange/Schwarz)
Produziert wurden: 1108 Einh.
Preis: US-$ 6995

Rechts: Die XR-1000 ist entstanden, weil verschiedentlich nach einer Straßenversion der Racer XR-750 gefragt wurde. Daher die Redewendung: »Sei vorsichtig mit dem, was du dir wünschst, es könnte sein, du bekommst es.«

XR-1000 (1983) und XLX-61 (1983)

Wie auch immer die Wirtschaftslage oder die wechselnden Verhältnisse auf dem Motorradmarkt sein mochten, stets gab es bei Harley einen harten Kern von »Hot-rod«-Verfechtern. In diesem Fall waren das Clyde Fessler, Rennleiter Dick O'Brien und Stylingchef Willie G. Davidson. Was herauskam, war die XR-1000.

Harley-Davidson hatte auf den verschiedenen Marktsektoren ganz schöne Brocken an die japanische Motorradindustrie abtreten müssen. Der Verzicht auf den »Street-rod«-Markt war Salz auf diese Wunden gewesen. Jahrelang hatten daraufhin die High-Performance-Fans das Werk vergeblich aufgefordert, eine Straßenversion der Rennmaschine XR-750 anzubieten. Aber die Kosten würden weit höher sein, als man mit der vorgesehenen Stückzahl erlösen könnte. So konzentrierte man die Überlegungen auf vorhandene Sportster, deren neuer Rahmen mehr Leistung verkraftete und zu denen die meisten nötigen Bauteile greifbar waren. Da das Projekt »Evolution Engine« damals höchste Priorität genoß, mußte die XR-1000 »im Hinterzimmer« gebaut werden.

Dick O'Brien holte sich den Tuningspezialisten Jerry Branch, der dafür sorgte, daß die neuen Aluköpfe richtig ein- und ausatmeten. Da der Kopf aber höher war, mußte man Zylinder und Pleuel um etwa 13 mm verkürzen, damit das Triebwerk in den Sportster-Rahmen paßte. Die Leistung übertraf mit 71 PS/52 kW die des Serienmotors um volle 10 PS/7,4 kW. Die XR-1000 war schneller und spurtstärker (201 km/h Spitze, knapp 13 s für die Viertelmeile) als die XLH, aber ganz und gar nicht angenehm zu fahren. Die starke Maschine machte viel mechanische Geräusche und stotterte bei langsamer Fahrt. Und mit fast 7000 Dollar war sie natürlich teurer als alles, was an Raketen über den großen Teich geschwommen kam.

Obgleich der Erfolg als Straßenmaschine mager war, bewährte sich die XR-1000 auf der Rennstrecke. O'Brien ließ den Motor in ein altes Rennchassis mit entsprechenden Radaufhängungen, Bremsen und Vollverkleidung einbauen, und das Ganze wurde auf den passenden Namen »Luzifers Hammer« getauft. Und der dreimalige US-Meister Jay Springsteen schlug mit diesem Hammer in Daytona alles in den Boden.

1983 FLH
Eigentümer: Dennis Huggins, Lompoc, Kalifornien

Rechts: Der Riementrieb kommt gerade noch rechtzeitig, um die letzte der Shovelhead-Dresser damit auszurüsten. Diese Kombination wird bis Mitte 1984 gebaut, als der Evo-Motor den Shovel ablöst. Wieder ein begehrtes Sammelobjekt (hier in »Vivid-Blau«)

1983 XR-1000
Eigentümer: Oliver Shokouh, HD-Vertretung in Glendale, Kalifornien

1984 XR-1000
Eigentümer: Duane Anderson, Arroyo Grande, Kalifornien

XLX-61

Tatsächlich half die XR-1000 Milwaukees Image deutlich aufzufrischen und lockte nicht wenige neue potentielle Käufer in die Showrooms. Wenn dann Staunen und Bewunderung verflogen, schauten sie aufs Preisschild und nahmen doch lieber eine XLX-61.

Die kleine Schwester aus der unteren Preisklasse war im Gegensatz zur XR-1000 ein Verkaufsschlager. Die XLX-61 (61 cu.in. = 1000 cm³) war die spartanische Variante aus der Sportster-Familie und mit unter 4000 Dollar für viele attraktiv.

Diese XLX erinnerte an die »gestrippten« Versionen von Serienmodellen für Amateurrennfahrer. Doch sie erfüllte die Straßenverkehrsordnung, wenngleich sie für 3995 Dollar natürlich nur das Äußerste an Ausrüstung besaß. Schwarz war ihre Standardfarbe, dazu Solosattel, einfacher Lenker und wenig Chrom, keine Instrumententafel, kein Tacho, kein Mittelständer und kein Sissy-Bar. Nur ein nacktes Fahrgestell mit riesigem Motor, Tribut an das Konzept der Original-XLCH.

Harley-Davidson war bei der XR-1000 vielleicht ein bißchen zu weit gegangen, erntete mit dem muskelbepackten Racer aber Pluspunkte bei den Liebhabern von High-Performance und damit natürlich auch bei Sammlern. Andererseits erweckte die XLX die Aufmerksamkeit von Fahrern, die Harley-Davidson aus Preisgründen schon abgehakt hatten. Angesichts des niedrigen Preises schauten sie noch einmal hin und wurden zu einem Rädchen im großen Evolutionsgetriebe.

Unten: Die XLX-61 ist eines der geschicktesten Marketingmanöver Milwaukees. Der Preis von 3995 Dollar macht die Sportster für mehr Fahrer erschwinglich und bringt zusätzlich Kunden in die Verkaufsräume. 1983 werden 4892 solcher Motorräder produziert.

1983 XLX-61
Eigentümer: Trev Deeley Museum, Vancouver, Kanada

Oben: Die Straßenrennen »Battle of the Twins« – das ist der Platz, wo die XR-1000 hingehört. Mit gut 70 PS/52 kW serienmäßig läßt sie sich für den Rennkurs auf 95 PS/70 kW hochkitzeln. Als Motorrad für die Straße ist sie aber einfach zu teuer und zu anfällig.

1984 FXST

Technische Daten
Motor/Kraftübertragung
Motor: V2 45° OHV
Hubraum: 1340 cm³
Bohrung x Hub: 89 x 108 mm
Verdichtung: 8,5 : 1
Leistung: 55 PS/40 kW
Gemischbildung: 38 mm Keihin-Vergaser
Getriebe: 4-Gang
Kraftübertragung: **primär** Duplexkette **sekundär** Kette
Bremse: vorn Scheiben-, hinten Trommelbremse
Batterie: 12 Volt
Zündung: CDI Transistorzündung

Fahrwerk/Aufhängung
Rahmen: Doppelschleifen-Stahlrohrrahmen
Federung vorn: Telegabel
Federung hinten: Schwinge, Feder/Dämpferbeine
Radstand: 1684 mm
Gewicht: 285 kg
Tankinhalt: 19 Liter
Ölvolumen: 3,3 Liter
Bereifung: vorn 3.00 x 19 **hinten** 5.00 x 16
Höchstgeschwindigkeit: 177 km/h
Lieferbare Farben: Vivid-Schwarz mit Zierlinien, Candy-Rot mit Zierlinien
Produziert wurden: 5413 Einh.
Preis: US-$ 7999

FLHX (1984), FXST (1984) UND FXEF (1984)

Evolution braucht viel Zeit, im Motorradgeschäft auch eine Menge Geld. Ende der 60er Jahre, auf dem Gipfel des Absatzbooms, war Harley-Davidson das eine wie das andere ausgegangen.

Die Motor Company hatte alles überstanden: Henry Ford, den Konkurrenten Indian, die Große Depression, Hollywood und die Hell's Angels. Doch auf Soikiro Honda war Harley-Davidson nicht vorbereitet. American Machine and Foundry, kurz AMF, kaufte die Zeit, die Milwaukee brauchte, und half ihr auch noch finanziell bei der Evolution. Es dauerte fünfzehn Jahre (eine Millisekunde in der Zeittafel Darwins!), bis die Evolution 1984 die nächste Mutation beendet und sich das jüngste Mitglied der Spezies Milwokus motobikus entwickelt hatte.

Selbst gestandene Kenner des Hauses hatten Harley-Davidson nur geringe Erfolgschancen gegeben: ein Dinosaurier am Ende seiner Tage. AMF, offenbar erfahren in der künstlichen Beatmung von Industriebetrieben, hatte sich für die Firma verbürgt. Die Japaner, die imstande sind, innerhalb 18 Monaten ein komplett neues Motorrad zu konstruieren, serienreif zu machen und zu bauen, beherrschten den Markt. Milwaukee hatte buchstäblich noch die Chance des Schneeballs in der Hölle. Und die Hölle gefror.

Evolution nennt man den Prozeß der allmählichen Entwicklung durch Mutation und Selektion, oder technisch: durch Wachstum, Änderung, Auswahl, Verbesserung. Bei Milwaukees Prozessen ging es in der Tat »allmählich« voran. Die Firma hatte im Lauf der Jahre einige technische Mutationen hervorgebracht, die der Markt ablehnte, also nicht selektierte (auswählte). Doch angesichts der Zeitspanne – 80 Jahre – und der bisherigen Produktionsmenge – Millionen von Motorrädern – besaß Harley eine Voraussetzung für das Überleben ganz sicher: Erfahrung. Sie zeigte, daß die neue Harley-Davidson einen V-Twin haben müsse. Und daß das Motorrad aussehen, sich anhören und anfühlen müsse wie man es von Hardware aus Milwaukee gewohnt war. Und weiter, daß es modernen Ansprüchen hinsichtlich Komfort, Sicherheit, Zuverlässigkeit und Wartungsfreundlichkeit genügen und einen hohen Wiederverkaufswert haben müsse.

Dieses Buch soll eine Geschichte der Hardware sein, deren Existenz beweist, daß die neue Harley-Davidson Motor Company enorme Erfolge erzielt hat. Der Evolutionsmotor war der eine, wichtigste der Faktoren, die die Rettung des Unternehmens bewirkten. Wie also machten sie's?

Ganz allmählich natürlich. Ihr Motor war ganz aus Leichtmetall; die Zylinder erhielten Graugußbüchsen, die Brennräume eine Quetschzone, die Kolben flache Böden, dazu bekam der Motor stärkere Pleuel, engere Toleranzen, verbesserte Schmierung, bessere Abdichtung, einen kräftigeren Ventiltrieb, kleinere Ventile mit 58° V-Winkel und elektronische Zündung. Die technischen Daten im einzelnen würden den Rahmen dieses Buches überschreiten, aber das Ergebnis war ein leichterer, öldichter, stärkerer, kühlerer, leistungsfähigerer, langlebigerer und sparsamerer Motor. Die technische Entwicklung bedeutete große Anstrengungen und hohen finanziellen Aufwand, die Testphase war gründlich und fast brutal. Am Ende nahm das Evo-Team zwei Maschinen mit zu Alabamas Talladega Speedway und fuhr sie vier Tage und Nächte lang mit 137 km/h Dauertempo. Sie hielten das durch.

Die unendliche Geschichte hat ein neues Kapitel: Milwaukees nächste Generation.

Rechts: Die Übergangsphase von der Shovelhead zur Evolution Engine beginnt 1984. Eines der fünf Modelle mit dem neuen Evo-Motor ist die FXST Softail, die aussieht, als wäre sie hinten ungefedert, es aber nicht ist.

Oben: Der starr aussehende Rahmen hat scheinbar keine Federbeine. Sie sind geschickt unter dem Getriebe versteckt.

Unten: Die Softail ist nicht nur äußerlich konservativ: Der Motor hätte auch völlig neu sein können, man baut ihn weiterhin starr in den Rahmen ein und er besitzt Vierganggetriebe und sogar Kickstarter.

1984 FLHX
Eigentümer: Trev Deeley Museum, Vancouver, Kanada

Oben: 1984 wird die FLHX Electra Glide in limitierter Auflage angeboten. Damit wird der Schlußstrich unter den starr montierten Shovelhead-Motor mit 4-Gang-Getriebe gezogen. Insgesamt werden 1258 Stück gebaut.

Links: Der 1984er Fat Bob ist das letzte Modell mit Shovelhead in der Super-Glide-Baureihe. Auch der Kettenantrieb verabschiedet sich hier

1984 FXEF
Mathews HD-Vertretung in Fresno, Kalifornien

1984 FXST Softail
Dudley Perkins Company, San Francisco

FLHT (1985) und FXST (1986)

Als 1985 der »Evo«-Motor als einziger 1340er Big-Twin übrigblieb, erschienen verschiedene Stylingvariationen, um die einzelnen Modelle unterscheiden zu können. Die FXRS Low Glide war die Version mit elastisch gelagertem Aggregat, 5-Gang-Getriebe, Zahnriemenantrieb und drei Scheibenbremsen. 1985 gesellte sich zur FL-Reihe die Heritage Softail hinzu, die einen nostalgischen Look der 50er Jahre verbreitete und die starre Aggregataufhängung beibehielt.

Beim Austesten der Fähigkeiten der neu evolvierten Spezies versuchte Harley-Davidson herauszufinden, für welche Marktsegmente – Custom, Cruiser, Touren- oder Sportversionen – sie geeignet sei. Die Lage hatte sich verändert. Die Nischen des Motorradmarktes waren von der boomenden Industrie der 60er und 70er Jahre neu definiert worden, und Milwaukee begann sich mit demographischen Marktuntersuchungen zu befassen. Die Ingenieure und Motorenbauer hatten ihre Arbeit getan, jetzt war es Zeit für die Jungens vom Marketing.

Obgleich der Evolutionsmotor in der Fachpresse sehr gut abschnitt, kam für die neuen Modelle der Erfolg nicht über Nacht. Erst 1988 erreichten die Stückzahlen wieder die Werte der 70er Jahre. Auf Styling-, Marketing- und Werbeabteilungen ging jetzt die Verantwortung für die nächste Phase, die Selektion oder natürliche Auslese, über.

1986 FXSTC
Eigentümer: John Kingston, Atascadero, Kalifornien

Links: Für den Tourenfahrer bietet das Topcase zusammen mit den Packtaschen eine Menge Gepäckraum.

Unten: Im ständigen Bemühen, schwere Maschinen benutzerfreundlicher zu gestalten, arbeitet Milwaukee an der Absenkung der Sitzhöhe. Ein gewichtiges Motorrad im Stand auf Zehenspitzen balancieren zu müssen, gibt nicht gerade ein Gefühl der Sicherheit.

1985 FLHTC

Technische Daten
Motor/Kraftübertragung
Motor: V2 45° OHV
Hubraum: 1340 cm³
Bohrung x Hub: 89 x 108 mm
Verdichtung: 8,5 : 1
Leistung: 55 PS/40 kW
Gemischbildung: 38 mm Keihin-Vergaser
Getriebe: 5-Gang
Kraftübertragung:
primär Duplexkette
sekundär Zahnriemen
Bremse: Scheibenbremsen, vorn 2, hinten 1 Scheibe
Batterie: 12 Volt
Zündung: CDI Transistorzündung

Fahrwerk/Aufhängung
Rahmen: Doppelschleifen-Stahlrohrrahmen
Federung vorn: Telegabel
Federung hinten: Schwinge, Feder/Dämpferbeine
Radstand: 1598 mm
Gewicht: 345 kg
Tankinhalt: 19 Liter
Ölvolumen: 3,8 Liter
Bereifung: **vorn** 3.00 x 19, **hinten** 5.00 x 16
Höchstgeschwindigkeit: 177 km/h
Lieferbare Farben: Vivid-Schwarz, Candy-Rot, Candy-Blau, Braun/Creme, Candy-Burgunderrot/Schiefergrau (alle mit Zierlinien); Candy-Burgunderrot/Candy Pearl
Produziert wurden: 3409 Einh.
Preis: US-$ 9199

Rechts: Mit dem Erscheinen der FLHTC Electra Glide Classic beginnt die Ära der langen Benennungen und Buchstabengruppen. Gleichzeitig geht es aber auch einen großen Schritt vorwärts mit Fahrkomfort, Fahrleistungen, Haltbarkeit des Motors und geringerem Wartungsbedarf.

Links: Zur Softail gesellt sich 1986 eine Custom-Version mit einem Scheibenrad hinten. Beide haben das neue 5-Gang-Getriebe und den Zahnriemenantrieb.

Links: Immer mehr Fahrer wissen den Windschutz zu schätzen, den eine Frontscheibe bietet.

Links: Die lenkerfeste Verkleidung hat sich in 25 Jahren kaum verändert; sie ist beliebter als die größere Touren-Frontscheibe.

Oben: Der V2-Evo-Motor erweist sich als die treibende Kraft in der Phase der Wiederbelebung der alten Firma Harley-Davidson.

Die 1985er FLHT Electra Glide Classic besaß die traditionelle Lenkerverkleidung, und ihr Styling war unverändert bis auf das Tankemblem. Im Vorjahr war eine verbesserte Tellerfederkupplung montiert worden, die kühler arbeiten, weniger Rutschneigung haben und leichter bedienbar sein sollte. Mit dem 5-Gang-Getriebe und Zahnriemen erforderte die Big-Twin weniger Aufwand vom Fahrer. Die FLTC Tour Glide Classic mit der rahmenmontierten Verkleidung war recht beliebt. Die FXRS Low Glide ersetzte die Super Glide II, die Fat Bob erschien zum letztenmal.

Die FXST Softail, eingeführt 1984, hatte den richtigen Kompromiß zwischen modernem Engineering und nostalgischem Äußeren getroffen. Zwischen den Ausführungen FX und FL war die Softail im Jahr 1986 für fast 9000 verkaufte Maschinen gut. Die hintere Rahmenpartie, die es optisch mit den früheren starren »hard tail«-Rahmen aufnehmen sollte, verbarg die Stoßdämpfer und Federn unter dem Getriebe. Und die neue Harley erinnerte nicht nur in ihrer Form an die alte, sondern fuhr sich mit dem starren Aggregateinbau auch eher wie die Vorgängerin. Natürlich schüttelte und rüttelte der Evo-Motor längst nicht so stark wie es der Knucklehead getan hatte.

Die FX Softail wurde für das Modelljahr 1986 in einer Custom-Version FXSTC vorgestellt, die am hinteren Scheibenrad, dem Sissy-Bar, dem schwarzen Motor und einem nostalgischen Tankemblem zu erkennen war. Von dieser Custom wurden 3782 Exemplare verkauft, gegenüber nur 2402 von der normalen Softail (ST), und 1987 war das Verhältnis sogar größer als 2 zu 1.

Die FL-Baureihe verkaufte sich nur schleppend in einem Markt, der von Tourenbikes nur so wimmelte. Die Electra Glide Classic hatte sich 1985 auf 3409 Einheiten hochhangeln können, fiel aber 1986 wieder auf 1879 zurück. Für 1987 versuchte es Harley-Davidson mit einer Kreuzung zwischen dem Softail-Chassis und dem Vorderteil der Electra Glide, um sie als FLST Heritage Softail anzubieten. Das Styling der 50er Jahre schloß auch die Zweifarbenlackierung aus jenen Tagen mit ein. Eine Special Version umfaßte Windschutzscheibe, lederne Packtaschen, Drahtspeichen und Fußboards.

Die FX und FL Softails erlebten frühe Erfolge und verkauften sich dann auch in den 90er Jahren weiterhin gut. 1987 ging die Harley-Davidson Motor Company an die New Yorker Börse. Milwaukee war über den Berg, und 1988 würde man das 85. Jubiläum der Firma groß feiern.

1985 FLHTC
Bartels' HD-Vertretung in Marina Del Rey, Kalifornien

XLH-1100 (1987) UND FLST (1986)

Die Sportster als »Baby« der Familie (selbst mit 30 noch) mußte bis 1986 warten, ehe sie mit dem Evolutionsmotor ausgerüstet wurde, und als erste der Baureihe war die XLH-883 (mit Evo-Motor 883 cm³) dran. Denn mit 10348 gebauten Maschinen machte sie 1986 den größten Teil der Produktion aus. Ihr Preis betrug wieder 3395 Dollar.

Die 1100er Version, die bald darauf vorgestellt wurde, war auf 85 mm aufgebohrt und besaß größere Ventile. 954 solcher Fahrzeuge wurden anläßlich des 100. Geburtstags der Freiheitsstatue als »Liberty Edition« verkauft, und jeweils 100 Dollar vom Erlös dieser Maschinen (die auch als FL- und FX-Modelle herauskamen) gingen an die Stiftung für die Restaurierung der Statue. Die 1100er bekam eine Sitzbank, Hochlenker und schwarzlackierte Alugußräder.

1987 XLH-1100

Technische Daten
Motor/Kraftübertragung
Motor: V2 45° OHV
Hubraum: 1100 cm³
Bohrung x Hub: 85 x 97 mm
Verdichtung: 8,5 : 1
Leistung: 63 PS/46 kW
Gemischbildung: Keihin-Vergaser
Getriebe: 4-Gang
Kraftübertragung: primär Kette, **sekundär** Kette
Bremse: Scheibenbremsen vorn u. hinten
Batterie: 12 Volt
Zündung: CDI Transistorzündung

Fahrwerk/Aufhängung
Rahmen: Doppelschleifen-Stahlrohrrahmen
Federung vorn: Telegabel
Federung hinten: Schwinge, Feder/Dämpferbeine
Radstand: 1524 mm
Gewicht: 223 kg
Tankinhalt: 8,5 Liter
Ölvolumen: 3,3 Liter
Bereifung: vorn MJ90–19 **hinten** MT90–16
Höchstgeschwindigkeit: 180 km/h
Lieferbare Farben: Schwarz/Orange (Jubiläumsfarben); Vivid-Schwarz, Candy-Cognac, Candy-Bronze, Blaumetallic/Silber, Brandywine/Crimson
Produziert wurden: 4618 Einh.
Preis: US-$ 5199

1986 FLST

Technische Daten
Motor/Kraftübertragung
Motor: V2 45° OHV
Hubraum: 1340 cm³
Bohrung x Hub: 89 x 108 mm
Verdichtung: 8,5 : 1
Leistung: 55 PS/40 kW
Gemischbildung: 38 mm Keihin-Vergaser
Getriebe: 5-Gang
Kraftübertragung: primär Duplexkette **sekundär** Zahnriemen
Bremse: Scheibenbremsen vorn u. hinten
Batterie: 12 Volt
Zündung: CDI Transistorzündung

Fahrwerk/Aufhängung
Rahmen: Doppelschleifen-Stahlrohrrahmen
Federung vorn: Telegabel
Federung hinten: Schwinge, Feder/Dämpferbeine
Radstand: 1587 mm
Gewicht: 295 kg
Tankinhalt: 19 Liter
Ölvolumen: 2,8 Liter
Bereifung: MT90S–16
Höchstgeschwindigkeit: 180 km/h
Lieferbare Farben: Silgnalrot/Creme, Bronze/Creme
Produziert wurden: 2510 Einh.
Preis: US-$ 9099

Rechts: Nach dem Erfolg der Softails der FX-Baureihe ist der nächste logische Schritt die Ausweitung derselben Technik auf die FL.

1987 XLH-1100
Dudley Perkins Co., San Francisco, Kalifornien.

Links: Zu den 4618 Sportster XLH-1100 des Baujahrs 1987 zählen auch 600 Specials zur Feier des 30. Jubiläums der Sportster in schwarz-orangefarbiger Lackierung und mit einem Motor-Outfit in Schwarz und Chrom.

Oben: Die Heritage Softail versteckt – wie die FXST – ihre hinteren Feder/Dämpfer-Elemente unter dem Getriebe. Diese Version hat je eine Bremsscheibe vorn und hinten.

Unten: Der Lenker der Heritage ist weit nach hinten gezogen, um die Bedienungselemente näher zum Fahrer zu bringen, der relativ weit hinten sitzt.

Die Leistung der 883er lag bei 53 PS/39 kW, die der 1100er bei 63 PS/46 kW. Die neuen Sportster waren – bis auf den oberen Teil des Evo-Motors – praktisch identisch mit den Vorgängermodellen. Der Look war nicht beeinträchtigt, also passierte nichts weiter.

Wie ihre älteren Geschwister fuhren sich auch die Evo-Sportster mit weniger Anstrengung für Maschine und Fahrer. Das leistungsfähigere Triebwerk, zu dem auch Kupplung und Getriebe in verbesserter Form zählten, war ein weiterer Baustein für die Kampagne »Make Motorcycling Easier« (macht das Motorradfahren einfacher). Der Rahmen, für den neuen Motor nur leicht überarbeitet, wurde zur Erhöhung der Haltbarkeit der Lackierung pulverbeschichtet.

1987 stellte die XLH-883 einschließlich des tiefergesetzten Hugger-Modells mit 9356 Einheiten wieder den Hauptteil der Sportster-Produktion. Von der 1100er waren es 4618 Exemplare, zu denen 600 Jubiläumsausgaben (hier im Bild) zählten. Die Special kam zum 30. Geburtstag der Sportster heraus, der Motor in Schwarz und Chrom, die Maschine orange/schwarz lackiert und an Tank und Vorderkotflügel dem Anlaß entsprechendes Dekor.

Die Hugger, so benannt wegen ihrer geringen Sitzhöhe, war speziell für Damen und kleingewachsene Leute gedacht. Durch Verkürzen der Rahmenrohre um 50 mm, Ändern des Anstellwinkels der Hinterradfederung und Montieren eines weicheren Sattels senkte man die Sitzhöhe auf 680 mm ab, 44 mm niedriger als die Höhe der Sportster-Serienausführung, und das ermöglichte es mehr Leuten, mit den Füßen beim Anhalten sicher den Boden zu erreichen. Eine Luxusausführung der 883 mit Doppelsitzbank und Drahtspeichenrädern wurde ebenfalls angeboten.

Harley-Davidson dachte sich für 1987 noch einen weiteren entscheidenden Kaufanreiz aus. Das Werk garantierte dem Käufer einer XLH-883, die Maschine beim Erwerb einer FL oder FX innerhalb von zwei Jahren für 3995 Dollar zurückzunehmen. Milwaukee war entschlossen, ihr Vertrauen in das neue Triebwerk für alle sichtbar zu demonstrieren. Und das wurde registriert.

Unten: Die Formgebung des riesigen Scheinwerfers und der oberen Gabelabdeckung wirken wie eine Imitation der Frontpartie der 1949er Hydra-Glide. Die drei kleinen Sicken sind 1955er Styling.

Unten: Die Form der Speichenräder, der Nabendeckel und der Kotflügel im Stil der 50er Jahre erinnern nostalgisch an eine Zeit, als »das Leben noch leichter war«.

1986 FLST
Eigentümer: Harley-Davidson Motor Co., Milwaukee, Wisconsin (© HD-Archivfoto).

FXRS (1988), XLH 1200(1988) und XLH 883 (1989)

Nachdem der Evolutionsmotor der gesamten Harley-Modellpalette als Antrieb diente, begann das Werk, sich mit Variationen zum Thema zu befassen. Eine unsinnige Flut von neuen Namen und Kennbuchstaben entstand.

Mit dem Hinzukommen von Mischlingen wie der FXSTC (Softail Custom) und FLSTC (Heritage Softail Custom) wurde Harleys Katalog immer dicker und komplexer. Es gab eine Serien-FXR Super Glide, eine FXRS Low Rider, eine FXRS-SP Low Rider Sport, eine FXLR Low Rider Custom und eine FXRT Sport Glide. Dann noch die FXRS Convertible, gefolgt von der FXDB Dyna Glide Sturgis. Man mußte gewaltig aufpassen.

1985 war die FXRS wieder erschienen, und zwar wie vor drei Jahren mit den verlängerten Federwegen und der vorderen Zweischeibenbremse. Jetzt aber waren Evo-Motor und Zahnriemen hinzugekommen. Die neue Version war trotz des größeren 17-Liter-Tanks etwas leichter geworden und leistete 55 PS/40 kW. Der Preis war 8149 Dollar.

1988 war zwar die Beliebtheit der Low Rider von den Softail-Modellen überschattet, doch sportlichere Fahrer zogen die FXRS wegen ihrer elastischen Motoraufhängung und ihrer flotten Fahrleistungen vor. Die Low Rider hatte vorn nur eine Bremsscheibe und normalerweise weit vorn montierte Highway-Rasten. Die Blinkleuchten saßen an den Spiegelhalterungen und nicht mehr am Lenker, und der Durchmesser der Gabelrohre stieg von 35 auf 39 mm.

Die Sport Edition hatte dagegen noch am Lenker angebrachte Instrumente und den Tankverschluß in der Mitte. Die sportliche Variante besaß eine neue Ausgabe der schon 1983 an der Sport Glide verwendeten Gasfedergabel. Mit dem Lenker als Gasreservoir stellte diese Gabel ein Anti-dive-System dar, mit dem man das Abtauchen der Vorderpartie beim Bremsen verminderte. Das Gasvolumen wurde durch ein Schrader-Ventil am linken Ende des Lenkers eingestellt.

Zwei Bremsscheiben vorn waren Standard an der Sport Edition, die gegenüber der Serie einen um 36 mm größeren Radstand hatte. Auch die Lenkgeometrie war anders, denn die Neigung der Sportgabel betrug 31° statt 29°, und der Lenker war flacher und niedriger. Trotz ihres besseren Handlings wurde die Sport Edition bei weitem nicht so populär wie Super Glide und Low Rider, und ganze 818 Exemplare wurden 1988 an den Mann gebracht.

XLH 1200

Eine weitere Sprosse auf der Hubraumleiter schaffte die Sportster 1988 mit der Einführung der 1200er Version. Die 1100er Zylinder wurden auf 89 mm aufgebohrt, was in Verbindung mit neuen Brennräumen, kleineren Ventilen und einem 40-mm-Vergaser zwölf Prozent mehr Leistung ergab.

Natürlich war diese 1200er auch antrittsstärker und schneller als die kleinere Ausgabe. Die Übersetzungen der drei unteren Gänge waren im Jahr davor enger gestuft worden, was beim Beschleunigen half. Der neue Vergaser enthielt eine Gemischanreicherung, die Stadtfahrten angenehmer machte und die Gasannahme verbesserte. Die Sportster erhielten außerdem die dickeren Gabelrohre der FX und zum erstenmal zwei Rückspiegel.

Die Palette der Sportster enthielt zum Modelljahr 1989 vier Versionen: die XLH-833 mit Solosattel und nur einem Instrument (Tacho) zum Preis von 3999 Dollar, die ähnlich ausgestattete Hugger mit geschwungenem Lenker, die 883 Deluxe mit Drahtspeichenrädern, Doppelsitzbank und Soziusrasten und schließlich die 1200 mit Luxusausstattung und mehr Leistung. Alle Modelle hatten einen neuen Mittelständer, der weiter hinten und besser vom Sattel aus erreichbar war als zuvor.

1988 FXRS

Technische Daten
Motor/Kraftübertragung
Motor: V2 45° OHV
Hubraum: 1340 cm³
Bohrung x Hub: 89 x 108 mm
Verdichtung: 8,5 : 1
Leistung: 55 PS/40 kW
Gemischbildung: 38 mm Keihin-Vergaser
Getriebe: 5-Gang
Kraftübertragung: **primär** Duplexkette **sekundär** Zahnriemen
Bremse: Scheibenbremsen, vorn 2, hinten 1 Scheibe
Batterie: 12 Volt
Zündung: CDI Transistorzündung

Fahrwerk/Aufhängung
Rahmen: Doppelschleifen-Stahlrohrrahmen
Federung vorn: Telegabel
Federung hinten: Schwinge, Feder/Dämpferbeine
Radstand: 1603 mm
Gewicht: 263 kg
Tankinhalt: 17 Liter
Ölvolumen: 2,8 Liter
Bereifung: vorn MT90–19, hinten MT90–16
Höchstgeschwindigkeit: 177 km/h
Lieferbare Farben: Vivid-Schwarz, Candy-Brandywine, Bright-Candy-Plum, Candy-Brandywine/Candy-Crimson, Bright-Cobalt/Candy-Blau/Silber, Champagner-Gold/Schwarz (Jubiläumsausgabe)
Produziert wurden: 2637 Einh. (Sport: 818, Anniversary Edition: 519)
Preis: US-$ 9245

Rechts: 1988 erhält die FXRS den altmodischen Tank der Fat Bob, behält aber gleichzeitig die hochmoderne doppelte vordere Scheibenbremse. Die Maschine hier hat ein Abgassystem aus dem Zubehörladen, kürzere Federbeine und Speichen- statt Alugußräder.

Unten: Mittlerweile heißt die Serien-FXR die Super Glide, die FXRS wird als Low Rider bezeichnet und die FXRS-SP als Low Rider Sport Edition (mit längeren Federwegen). Die FXR wird 1988 als eine von vier Jubiläums-Sonderausgaben anläßlich des 85. Jahrestages der Firmengründung gebaut. Von den Specials werden nur 519 gefertigt.

Unten: Die Sportster 1200 hat eine ganze Menge mehr Leistung und Drehmoment vorzuweisen als die 1100er. Die 1988er »Sporties« werden mit den 39 mm dicken Gabelrohren ausgerüstet.

1988 XLH 1200
Bartels' HD-Vertretung in Marina Del Rey, Kalifornien

Unten: Die Evolution Sportster wird in vielfältiger Form angeboten, mit Guß- oder Speichenrädern, Solo- oder Zweiersitzbank, 883er oder 1200er Motor.

1989 XLH 883
HD-Vertretung in Atascadero, Kalifornien

1988 FXRS
Dudley Perkins Company, San Francisco

1988 FXSTS

TECHNISCHE DATEN
MOTOR/KRAFTÜBERTRAGUNG
Motor: V2 45° OHV
Hubraum: 1340 cm³
Bohrung x Hub: 89 x 108 mm
Verdichtung: 8,5 : 1
Leistung: 55 PS/40 kW
Gemischbildung: 38 mm Keihin-Vergaser
Getriebe: 5-Gang
Kraftübertragung: **primär** Duplexkette **sekundär** Zahnriemen
Bremse: Scheibenbremsen vorn u. hinten
Batterie: 12 Volt
Zündung: CDI Transistorzündung

FAHRWERK/AUFHÄNGUNG
Rahmen: Doppelschleifen-Stahlrohrrahmen
Federung vorn: Rekonstruierte Springergabel
Federung hinten: Schwinge, Feder/Dämpferbeine
Radstand: 1638 mm
Gewicht: 288 kg
Tankinhalt: 24 Liter
Ölvolumen: 2,8 Liter
Bereifung: vorn MT90-21, hinten MT90-16
Höchstgeschwindigkeit: 183 km/h
Lieferbare Farben: Schwarz mit roten Zierlinien
Produziert wurden: 1356 Einh.
Preis: US-$ 10 279

Rechts: 1988 erscheint die FXSTS Softail Springer, bei der Milwaukee wieder geschickt uraltes Styling mit moderner Technik und neuen Werkstoffen zu einem Stück funktioneller Nostalgie verquickt, das rasch Freunde findet.

FXSTS (1988) UND FLHTC (1989)

Die Nostalgiewelle schwappte mit der 1988er Softail Springer noch einmal ein ganzes Stück weiter zurück: Nicht genug, daß man mit den unters Getriebe verlegten hinteren Federbeinen einen starren Rahmen aus alten Zeiten vortäuschte, nein, man beschloß, die Uhr auch in bezug auf den Look der Vorderradgabel in die 40er Jahre zurückzustellen, und zwar mit der Kurzschwinge, der »Springer«-Gabel, einem Wahrzeichen der Knucklehead-Ära.

Doch was wie 1948 aussah, war in seiner Funktion überraschend zeitgemäß. Die Harley-Ingenieure hatten fleißig daran gearbeitet, der Springergabel ein modernes Fahrverhalten zu vermitteln. Und obschon sie ihr nicht den langen Federweg und das Dämpfungsvermögen einer Telegabel verschaffen konnten, wurde das Ergebnis doch ein vernünftiger Kompromiß aus Komfort und Styling. Das Rad konnte sich jedenfalls doppelt so weit auf und ab bewegen wie seinerzeit. Die Einscheibenbremse aber war noch die schwierigste Aufgabe, weil die Maschinen mit Springergabel 1940 ja Trommelbremsen besaßen.

Mit Hilfe von Computern, Teflonlagern und intensiver Erprobung schuf Milwaukee eine durch und durch moderne Version einer Konzeption, die vor fast 60 Jahren erstmals angewandt worden war. Die Kritiker der Retro-Welle waren verständlicherweise skeptisch, doch die meisten mußten zugeben, daß die neue/alte Gabel besser funktionierte als erwartet. Die Bremsen waren brauchbar, ihre geringere Wirkung war eher durch den schmalen Vorderreifen als durch die Gabelbauart bedingt.

HD testete den Markt wieder mit der gewohnten Zurückhaltung und baute 1988 nur 1356 Einheiten mit der Springergabel. Ihr Erscheinen fiel mit Harleys 85. Geschäftsjubiläum zusammen, und so erhielt die FXSTS zur Erinnerung ein entsprechendes Dekor an Tank und Vorderkotflügel. Das Styling der Maschine gefiel der angesprochenen Käuferschicht sofort, so daß das Werk die Produktion für 1989 aufstockte und dann auch 5387 Softails mit Springergabel fertigte.

Unten: Die Softail Springer vereinigt mit Erfolg Stylingmerkmale von den 40er bis zu den 70er Jahren und fügt die Zuverlässigkeit der 90er hinzu.

Oben: Wie ihre FX-Schwestern besitzt die Springer den 1340er Evolutionsmotor, Zahnriemenantrieb und »unsichtbare« Federbeine. Eine dreiecksförmige Hinterradschwinge sorgt für 86 mm Federweg.

1989 FLHTC
Harley-Davidson-Vertretung in Atascadero, Kalifornien.

Oben: Die Classic Electra Glide liegt 1989 mit 3969 Einheiten an fünfter Stelle der HD-Produktionszahlen. Alle FL-Tourer haben jetzt selbstrückstellende Blinker, einen stärkeren Generator und einen überarbeiteten Tank. Die Ultra-Modelle sind mit Tempostat ausgestattet.

Links: Das große 21-Zoll-Rad verstärkt noch den gestreckten, schlanken Eindruck der Springer. Auf Betreiben vieler Kunden wird der Vorderkotflügel später tiefer gesetzt.

1988 FXSTS
Eigentümer: Harley-Davidson Motor Co., Milwaukee, Wisconsin (© HD-Archivfoto).

Es war klar, man schwamm gerade auf der Retro-Welle, und so erschien jetzt ein Stück Motorradvergangenheit nach dem anderen. Die Springer konnte den Bestseller unter den Cruisern, die Softail Custom, zwar nicht überholen, kam aber dicht an sie heran. Die einzige Beanstandung, die häufiger zu hören war, betraf den Vorderkotflügel: Seine Höhe über dem Reifen erinnerte viele an eine Dirt-Track-Maschine. Also änderte man die Befestigung und machte den Spalt kleiner.

Milwaukee wußte (auch das ist Erfahrungssache), es zahlt sich aus, auf seine Kunden zu hören.

FXST

Die ersten Softails wurden in den Customizing-Werkstätten (den typisch amerikanischen Motorrad-Coiffeuren) sogleich freudig begrüßt. Die hintere Partie ohne Federbeine ist ideal für (natürlich nostalgisch) gestylte Sitz- und Kotflügelarrangements und läßt auch das Hinterrad zur Wirkung kommen. Und die geringe Sitzhöhe des Softail-Rahmens kam der bei den »cool cruisers« so beliebten Klubsessel-Sitzposition entgegen. Ohne daß man etwas abschneiden oder anschweißen mußte.

Die Softails laden aus den gleichen Gründen zu individuellen Kreationen ein, aus denen die Knuckleheads gleich nach dem Krieg die ersten Motorradtuner verlockten. Die gerade Linie vom Lenkkopf bis zur Hinterachse, der große, gewichtige Motor, der den Platz darunter füllt: ideale Basis für das Motorrad zum Selberbauen. Und so rollen fünfzig Jahre später noch immer die in Styling und Machart unterschiedlichsten Variationen zum Thema aus den Umbauwerkstätten.

Einige von ihnen sind auch ganz heiße Öfen. Das Exemplar hier auf den Fotos besitzt einen 1988er Evo-Motor, der auf 1458 cm^3 aufgebohrt und mit Crane-Kurbelwelle, Morris-Magnetzünder und Screaming-Eagle-Vergaser bestückt ist. Das Abgassystem stammt von Supertrapp. Doch fragt man sich, wozu das alles, wenn man (in den USA) draußen nicht ordentlich »aufdrehen« darf?

1990 FLTC

Technische Daten
Motor/Kraftübertragung
Motor: V2 45° OHV
Hubraum: 1340 cm³
Bohrung x Hub: 89 x 108 mm
Verdichtung: 8,5 : 1
Leistung: 55 PS/40 kW
Gemischbildung: 38 mm Keihin-Vergaser
Getriebe: 5-Gang
Kraftübertragung:
primär Duplexkette
sekundär Zahnriemen
Bremse: Scheibenbremse, vorn 2, hinten 1 Scheibe
Batterie: 12 Volt
Zündung: CDI Transistorzündung

Fahrwerk/Aufhängung
Rahmen: Doppelschleifen-Stahlrohrrahmen
Federung vorn: Telegabel
Federung hinten: Schwinge, Feder/Dämpferbeine
Radstand: 1603 mm
Gewicht: 354 kg
Tankinhalt: 19 Liter
Ölvolumen: 2,8 Liter
Bereifung: vorn MT90–19
hinten MT90–16
Höchstgeschwindigkeit: 177 km/h
Lieferbare Farben: Vivid-Schwarz, Dunkel-Blau, Candy-Hifi-Blau, Dunkelrubinrot/Candy-Rubinrot
Produziert wurden: 3082 Einh.
Preis: US-$ 13695

Oben: Das Cockpit der Tour Glide Ultra Classic ist mit Ausstattungsdetails überladen. CB-Funk, Gegensprechanlage, 80-Watt-Stereoradio und Tempostat gehören zum »Flaggschiff« unter den HD-Langstreckenmaschinen.

Rechts: Das große Topcase und die geräumigen Packtaschen bieten genügend Platz für das Gepäck von zwei Personen auch für eine längere Reisedauer. Drei Bremsscheiben sorgen dafür, daß das Schwergewicht auf kurze Distanz zum Stehen gebracht werden kann.

FLTC Ultra (1990) und XLH (1992)

Was den Design- und Entwicklungsaufwand betrifft, der in die FX-Baureihe investiert wurde, so konzentrierte sich Harley-Davidson vor allem auf die Electra Glide. Für 1987 und 1988 wurde das FLHS-Sportmodell in kleiner Stückzahl aufgelegt, löste aber keine Begeisterungsstürme bei den Sport/Touring-Fans aus. Die FL Softail war weitaus beliebter.

1989 erschienen die Ultra-Classic-Versionen von Tour Glide und Electra Glide, wobei Ultra eine eher überreichliche Zubehörausstattung kennzeichnet. Die Tour Glide hatte eine große, rahmenfeste Frontverkleidung, die Electra blieb bei der Lenkerverkleidung. Beide erhielten den Tempomat, dazu eine raffinierte 80-Watt-HiFi-Anlage mit Steuerung auch vom Soziussitz aus, CB-Funk mit akustisch aktivierter Bordsprechanlage und Stauräume in der Verkleidung.

Die Ultras erkannte man an der Sonderlackierung in Silber und Schwarz, großem runden Dekor am Tank, sowie »Ultra Classic«-Namensschildern an Vorderkotflügel und Satteltaschen. Alle Tourenmodelle kamen mit neuer Tankform, starken Drehstrommaschinen und selbstrückstellenden Blinkern heraus.

Ähnlich wie bei den Autos war der Markt der Luxus-Tourer nach und nach von den Japanern neu definiert worden. Der Absatz der Electra Glide war wieder im Steigen, und Milwaukee wollte, daß es auch in Zukunft aufwärtsginge. Das Marktsegment der Langstreckentourer, schön gestylt und komfortabel, war stärker geworden. Und parallel zu den Möglichkeiten der Industrie, Luxusmaschinen zu produzieren, wuchsen natürlich auch die Wünsche der Kundschaft. Die kleinen Extras, die das Werk vor kurzem noch dem Zubehörhandel überlassen hatte, erwarteten die Käufer jetzt als werksmäßige Ausstattung.

Mitfahrern wurde mehr Beachtung geschenkt als je zuvor; der Fahrer erfuhr es sehr bald, wenn er oder sie sich auf dem Sitz nicht

Unten: Für Fahrer und Beifahrer(in) hat man sehr komfortable Sitze spendiert. Die Fahrer-Rückenlehne kann entfernt werden.

1992 XLH
Eigentümer: Val Bassetti, Bradley, Kalifornien.

Oben: Diese Sportster hat der Besitzer nach eigenem Geschmack mit einer Reihe von Zubehörteilen verwandelt: der größere Tank, die spezielle Sitzbank, das Auspuffsystem aus dem Zubehörhandel und die andern Speichenrädern vermitteln der Sporty einen völlig neuen Look.

wohlfühlte. Jedes Jahr wurde mehr auf den Sitz- und Federungskomfort geachtet. Sitzform und -höhe, Rückenstütze, Armlehnen, Fußbretter/-rasten und Haltegriffe wurden überdacht und überarbeitet. Denn Tourenfahren ist zumeist ein Familienunternehmen.

Die Baureihe Electra Glide erfuhr 1990 eine ganze Reihe von Verbesserungen. Die Kupplung mußte verstärkt werden, der Tempomat erhielt eine feinere Einstellung. Der Absatz der Electra Glide mit ihrer traditionellen Lenkerverkleidung hatte den der Tour Glide um mehr als das Fünffache überrundet. Doch 1991 konnte die Tour Glide mit ihrer rahmenfesten Verkleidung, zum Teil wohl als Folge einer Werbekampagne mit Demonstrationsfahrten bei größeren Rallyes, wieder einen Anstieg verzeichnen.

Für Fahrer, die keine Vollverkleidung der Maschine gewohnt sind (ein beträchtlicher Teil der Harley-Fans), sind die ersten Fahrten damit nicht gerade angenehm. Die Lenkerverkleidung sitzt viel näher zum Fahrer und nimmt ihm kaum etwas von der Sicht nach vorn. Der große rahmenfeste Vorbau wirkt dagegen sperrig und stört beim Rangieren bei langsamer Fahrt. Draußen auf offener Straße bietet er aber wesentlich besseren Windschutz, reduziert die Geräusche und auch die Ermüdung auf langen Strecken. Wer sich einmal dran gewöhnt hat, merkt zumeist gar nichts mehr von der Verkleidung.

Natürlich gibt es viele, die das Leben im Fahrtwind nicht scheuen und nur minimalen Wetterschutz brauchen. Und deshalb bietet HD auch heute noch ihre Tourenmaschinen mit minimaler, halber und voller Verkleidung an.

1992 wurde bei den FL-Modellen der Ölfilter zur besseren Erreichbarkeit vorn vor den Motor verlegt. Neue Werkstoffe für Bremsscheiben und -beläge vermittelten mehr Gefühl am Handhebel, und Topcase und Packtaschen wurden besser gegen Feuchtigkeit abgedichtet.

1990 FLTC Ultra Classic
Eigentümer: Howard Mahler, Studio City, Kalifornien.

Oben: Die Tour Glide hat sich in zehn Jahren äußerlich kaum verändert, doch der große Unterschied liegt im Evolutionsmotor und in den Komfortverbesserungen.

1990 FLSTF

Technische Daten
Motor/Kraftübertragung
Motor: V2 45° OHV
Hubraum: 1340 cm³
Bohrung x Hub: 89 x 108 mm
Verdichtung: 8,5 : 1
Leistung: 55 PS/40 kW
Gemischbildung: 38 mm Keihin-Vergaser
Getriebe: 5-Gang
Kraftübertragung: **primär** Duplexkette **sekundär** Zahnriemen
Bremse: Scheibenbremsen vorn u. hinten
Batterie: 12 Volt
Zündung: CDI Transistorzündung

Fahrwerk/Aufhängung
Rahmen: Doppelschleifen-Stahlrohrrahmen
Federung vorn: Telegabel
Federung hinten: Schwinge, Feder/Dämpferbeine
Radstand: 1587 mm
Gewicht: 302 kg
Tankinhalt: 18 Liter
Ölvolumen: 2,8 Liter
Bereifung: MT90–16
Höchstgeschwindigkeit: 183 km/h
Lieferbare Farben: Silbermetallic
Produziert wurden: 4440 Einh.
Preis: US-$ 10995

FLSTF (1990) und BUELL RR 1200 (1990)

Die »evolutionäre Retro-Revolution« brachte 1990 ein pummeliges neues Familienmitglied hervor, die »Fat Boy«. Genetisch entstammte der fette Junge Bauteilen der Softail Custom und der Heritage Softail Classic. Das Werk taufte den Neuankömmling FLSTF, und den Leuten gefiel er.

Der oder die Fat Boy führte die Softail-Baureihe in eine weitere quasi historische Umgebung: in den Science-Fiction-Film der späten 40er Jahre, in die Flash-Gordon-Ära der Raumfahrt. Die silbern lackierte Custom Dresser (mit allem Zubehör ausgestattete Serienmaschine) stellte das ideale Transportmittel für interplanetare Reisen eines Solofahrers dar, oder auch einen kleinen Shuttle für den Transport von Soldaten zu Außenposten an den Grenzen der Milchstraße. In Wirklichkeit konnte man damit aber auch mitten durch die Stadt preschen.

Harley-Davidson hatte schon manches Phantasie-Bike erfunden, aber irgendwie war die Fat Boy ein Unikat. Die Super Glide, Low Rider, Fat Bob und Springer, sie alle waren moderne Variationen zu historischen oder zeitgenössischen, aber realen Themen gewesen, Motorräder, die man abänderte, um einen bestimmten »Look« zu erhalten. Ableitungen, sozusagen. Das Tolle an der Fat Boy war nicht nur, daß der Look vor der Maschine da war, sondern daß sie aus einer retuschierten Heritage Softail hervorging. Neues und Altes wurden kombiniert, nicht um eine Replik eines Motorrads vergangener Zeiten zu erstellen, sondern um etwas Neues zu schaffen.

Die Fat Boy war Milwaukees erste echte Neuheit, und ausgerechnet die paßte nicht in die Philosophie der behutsamen Markterkundung. Harley-Davidson baute gleich im ersten Jahr 4440 Exemplare der FLSTF, eine Zahl, die man schon nicht mehr als »Versuchsballon« bezeichnen kann. Die Softail hatte sich im Lauf von vier Jahren bereits bewährt, daher lag das Risiko nur in diesem sonderbaren Raumfahrt-Look.

Wäre es danebengegangen, hätte das Motorrad natürlich mit Komponenten der Heritage Softail schmerzlos zurückgebildet werden können, und der Markt hätte sie vermutlich geschluckt. Andererseits verriet die große Erstauflage, daß jemand in Milwaukee sicher war, die freche Fat Boy würde ihren Weg schon machen. Dieser Jemand war Willie G. Davidson, der sie für sich selber gestylt hatte.

BUELL RR 1200

Das ist nun eine Harley aus einem völlig anderen Froschteich. Tatsächlich stammt nur der Motor von Harley-Davidson, der Rest aber aus Ideen des ehemaligen HD-Ingenieurs Erik Buell. Die handgemachten Maschinen werden in Mukwonago, Wisconsin, gebaut.

Buell, früherer Rennfahrer, hatte zur Konstruktionsgruppe gehört, die die elastische Motorlagerung für die FXR entwickelt hatte. Er hatte Milwaukee 1985 verlassen, um selber Rennmaschinen zu bauen. Eine davon, ausgerüstet mit Sportster-Motor,

Unten: Der Sitz hat einen Einsatz aus Schweinsleder, und einen Hauch von Leder findet man auch an den Seiten und am Tank.

Rechts: Willie und die »Fat Boy«. Zum Modelljahr 1990 bringt Willie G. Davidson ein »two-wheeled testament to American industrial art« heraus. Und wie um zu beweisen, daß es in seinem »Handwerk«, dem Industriedesign, auch humorvoll zugeht, nennt er seine Kreation »Dicker Junge«.

Oben: Anklänge an die Vincent Black Prince findet man in Eric Buell's RR 1200 mit Harley-Motor. Bei späteren Modellen fehlt fast die ganze »Karosserie«.

1990 Buell RR 1200
Eigentümer: Mike Lady, Arroyo Grande, Kalifornien

startete beim »Battle of the Twins« und wurde daher RR 1000 Battle Twin getauft. Mit dem Erscheinen der Evolution Engine wurde daraus 1988 bei Buell die RR 1200, gefolgt vom leicht gestrippten Modell RS.

Das Buell-Chassis besitzt einen Fachwerkrahmen aus Chrom-Molybdän-Rohren, in dem der Sportster-Motor durch ein Vierpunktsystem aufgehängt ist. Die Aufhängung geschieht in Gummidämpferelementen und Heim-Gelenkstreben, in denen die freien Kräfte und Momente des V2-Motors aufgenommen werden. Vorn ist eine Marzocchi-Gabel montiert, die Abfederung der Hinterradschwinge übernimmt ein Works Performance Feder-Dämpferelement unter dem Motor. Auch das Abgasrohr läuft unter dem Antrieb entlang.

Die meisten Bauteile für das Sport Bike sind handgefertigt, auch die Vierkolben-Vorderradbremse Marke Buell. Die Felgen werden von der Firma Performance Machine geliefert, Speichendesign und Naben stammen von Erik Buell. Die RR 1200 kostete 13695 Dollar. Harley-Davidson erwarb später Anteile an der Firma Buell und gliederte sie als Sport Bike Division ins Unternehmen ein.

Unten: Scheibenräder und aufgebauschte Kotflügel erinnern an den Techno-deco-Futurismus der 50er Jahre.

1990 FLSTF
Bartel's HD-Vertretung in Marina Del Rey, Kalifornien

1992 FXDB DYNA DAYTONA

Technische Daten
Motor/Kraftübertragung
Motor: V2 45° OHV
Hubraum: 1340 cm³
Bohrung x Hub: 89 x 108 mm
Verdichtung: 8,5 : 1
Leistung: 72 PS/53 kW bei 4000/min
Gemischbildung: 40 mm Keihin-Vergaser
Getriebe: 5-Gang
Kraftübertragung:
primär Duplexkette
sekundär Zahnriemen
Bremse: Scheibenbremse, vorn 2, hinten 1 Scheibe
Batterie: 12 Volt
Zündung: CDI Transistorzündung

Fahrwerk/Aufhängung
Rahmen: Doppelschleifen-Stahlrohrrahmen
Federung vorn: Telegabel
Federung hinten: Schwinge, Feder/Dämpferbeine
Radstand: 1664 mm
Gewicht: 286 kg
Tankinhalt: 18,5 Liter
Ölvolumen: 2,8 Liter
Bereifung: vorn 100/90–19
hinten 130/90–16
Höchstgeschwindigkeit: 166 km/h
Lieferbare Farben: Gold-Pearlglo/Indigoblau-Metallic
Produziert wurden: 1700 Einh.
Preis: US-$ 12120

FXDB Sturgis (1991) und FXDB Dyna Daytona (1992)

Was mochte nach dem kosmisch gestylten Fat Boy wohl der nächste Trick aus Willie G.'s Zauberkiste sein? Und wie würde die nächste Kreation heißen – Chub Hog? Glide Rider? Super Low Glider? Nichts von alledem, Gott sei Dank! Der nächste Trick war eine Neuauflage der Sturgis. Sollte Willie G. nichts Neues mehr eingefallen sein?

Ja und nein. Das Styling der Sturgis war zehn Jahre zuvor außerordentlich gut angekommen, und inzwischen besaß HD die technischen Mittel, das Modell in neuer und verbesserter Form herauszubringen. So war der Rahmen der Dyna Glide mit CAD erarbeitet worden, mit »Computer-aided Design«, oder zu Deutsch rechnerunterstützter Konstruktion. Das Rahmenrückgrat aus Kastenprofil läuft vom Lenkkopf bis zur Lagerung der Hinterradschwinge, und die Aggregataufhängung verwendet zwei statt vier elastische Lager. Alle wesentlichen Bindeglieder des Rahmens sind Schmiede- statt gepreßter Blechteile, und der Öltank ist unter das Getriebe verlegt.

Als dritte Low-Rider-Generation war auch diese Sturgis-Variante eine limitierte Ausgabe, die nur ein Jahr lang in 1546 Exemplaren gefertigt wurde. Die wiederbelebte Sturgis diente einesteils als geeignetes Sprungbrett für die Einführung des Dyna-Glide-Chassis, zum anderen, um die vielen Bitten, das Modell doch noch einmal wieder zu bringen, zu erfüllen. Der Zahnriementrieb konnte seit seinem ersten Erscheinen vereinfacht und verbessert werden und enthielt jetzt eine sicherere Ausführung der Ritzelbefestigung auf der Welle.

Die neue Sturgis erinnerte weitgehend an die frühere, während es im Detail eine Menge Unterschiede gab. Die Dyna-Version bekam nur eine vordere Bremsscheibe, und Sattel und Lenker saßen höher als zuvor. Beide Maschinen wogen knapp 280 kg, wobei die neue Version etwa 25 mm mehr Radstand aufwies. Natürlich lief die Neuausgabe auch ruhiger und komfortabler und hatte längere Serviceintervalle. Und kostete das Doppelte (1981: US-$ 5687, 1991: Preis US-$ 11 520).

DAYTONA

Auch das nächste Modell mit dem Dyna-Glide-Chassis kam als limitierte Ausgabe heraus. Zu Ehren des nun 50 Jahre alten Rennens Daytona 200 wurde sie Daytona getauft. Eingeführt im Jahr 1992, teilte sie den ganzen Antriebstrakt mit der Sturgis, erhielt aber zwei vordere Bremsscheiben.

Die Daytona wurde als erste Harley-Davidson mit echter Perl-Lackierung angekündigt. Die Farbkombination hieß Gold-Pearlglo mit Indigoblau-Metallic. Die Gußräder und die hintere Riemenscheibe waren in einem passenden Gold lackiert, und am Tank befand sich ein Emblem zum 50. Jubiläum. Auch eine Aufschrift am Luftfilterdeckel betonte die Exklusivität.

Die elektrischen Bauteile waren in einem Kasten mit Chromdeckel links unter dem Sattel untergebracht, wo früher der Öltank gesessen hatte. Rechts saß weiterhin der verchromte Kasten mit der Batterie. Die Daytona erhielt die selbstrückstellenden Blinker und ein Horn, das laut genug war, um Autofahrer zu wecken. Das

Unten: Der hohe Sitz der Sturgis erhebt der Fahrer 740 mm über den Boden. Ihr Preis: 11 520 Dollar.

1991 FXDB Sturgis
Bartel's HD-Vertretung in Marina Del Rey, Kalifornien

Rechts: Noch einmal taucht die Sturgis 1991 wieder auf, diesmal mit komplett neuem Rahmen und Evo-Motor. Die FXDB Dyna Glide Sturgis ist das erste Harley-Davidson-Motorrad, das mit CAD (rechnerunterstützter Konstruktion) entwickelt wird.

unvermeidliche Verbindungsrohr zwischen den beiden Abgasrohren lag schön versteckt unter dem Getriebe. Geändert war auch die Tankentlüftung, die nun für einen stetigen Fluß des Kraftstoffs zum 40-mm-Vergaser sorgte. Dieser war neu abgestimmt, um bei Kälte das Starten zu erleichtern.

Die nächste Version der Dyna Glide sollte die Bezeichnung FXDC Custom erhalten. Sie enthielt alle Bauteile der Daytona, war aber in Silbermetallic mit Schwarz lackiert und hatte einen silberfarben pulverbeschichteten Rahmen. Der Motor dieser Custom blieb ohne Farbüberzug. 1993 erschienen dann die Dynas als FXDL Low Rider und FXDWG Wide Glide.

1992 FXDB Daytona
Eigentümer: Trev Deeley Museum, Vancouver, Kanada

Oben: Die Dyna Daytona ist eine limitierte Ausgabe zum Andenken an 50 Jahre Motorradrennen in Daytona Beach, Florida. Die Serie wird auf 1700 Stück begrenzt.

Unten: Die Daytona hat serienmäßig doppelte vordere Bremsscheiben. Mit der Zweifarbenlackierung stellt Harley die erste »true pearl paint« (Perlglanzeffekt) vor. Das Motorfinish besteht aus Schwarz und Chrom.

Unten: 32° Gabelneigung ist normal für die Cruiser-Modelle. Die Sturgis hat ursprünglich vorn nur eine Bremsscheibe, eine zweite verbessert die Bremswirkung enorm.

Oben: Der Rahmen der Dyna Glide bringt den Motor weiter nach vorn und neigt ihn um 4° nach hinten. Der Öltank sitzt unter dem Getriebe.

1993 FXDWG

Technische Daten
Motor/Kraftübertragung
Motor: V2 45° OHV
Hubraum: 1340 cm³
Bohrung x Hub: 89 x 108 mm
Verdichtung: 8,5 : 1
Leistung:
72 PS/53 kW bei 4000/min
Gemischbildung:
38 mm Keihin-Vergaser
Getriebe: 5-Gang
Kraftübertragung:
primär Duplexkette
sekundär Zahnriemen
Bremse: Scheibenbremse, vorn 2, hinten 1 Scheibe
Batterie: 12 Volt
Zündung: CDI Transistorzündung

Fahrwerk/Aufhängung
Rahmen:
Doppelschleifen-Stahlrohrrahmen
Federung vorn: Telegabel
Federung hinten:
Schwinge, Feder/Dämpferbeine
Radstand: 1679 mm
Gewicht: 279 kg
Tankinhalt: 19,7 Liter
Ölvolumen: 2,8 Liter
Bereifung: vorn MH90-21, hinten 130/90-16
Höchstgeschwindigkeit:
177 km/h
Lieferbare Farben: Vivid-Schwarz, Victory-Rot/Sun-Glo, Aqua-Sun-Glo/Silber
Produziert wurden:
5602 Einh. (einschl. 1993 Ex. des Jubiläumsmodells)
Preis: US-$ 12550

Oben: Harley-Davidsons 90. Geburtstag wird in Milwaukee groß gefeiert. Jubiläumsmodelle in limitierter Auflage erhalten Sonderlackierungen in Silber/Charcoal, Seriennummern und Embleme in Cloisonné-Ausführung.

Rechts: Als gerade die Sturgis in Neuauflage erscheint, wird auch die Wide Glide mit Dyna-Chassis und Evo-Motor wiedererweckt. Der breite Tank und der »gestrippte« Hinterkotflügel erinnern an die Fat Bob.

FWDWG (1993), FXRS (1991) und FXSTS (1992)

Als 1993 herankam, wurde es Zeit, an das 90jährige Jubiläum der Firma als Motorradhersteller zu denken. In Milwaukee bereitete man ein großes Fest vor, zu dem Gruppen von überallher anreisen würden, dazu Paraden, Motorradrennen, Rock-and-Roll-Shows und alle Arten von Rummel. Und sechs Jubiläumsmodelle sollten angeboten werden.

Das erste von ihnen war die FXWDG Dyna Wide Glide. Mit ihrer 32° geneigten Gabel, dem 21-Zoll-Vorderrad und einem Lenker, der offiziell als Ape Hanger (Affenhaken) bezeichnet wurde, war sie eine Neuausgabe der Fat-Bob-Machart, und HD hatte damit wieder einmal die Grenzen zwischen privat-customized und werksgefertigten Choppern verwischt. Konservativeren Bikern bot Harley-Davidson die FXDL Dyna Low Rider an.

Die Wide Glide stellte eine Ovation an die Wiederauferstehung der Chopper vor zwanzig Jahren dar, mit der Easy-Rider-Sitzposition, lässig zurückgelehnt mit vorgestreckten Füßen. Sicher war das nicht die bequemste Haltung für Langstreckenfahrten, paßte aber zum amerikanischen way of life und für breite Avenues und Boulevards. Neue Motoraufhängungen und Stützelemente ergaben verringerte Vibrationen.

Der »Bobtail«-Hinterkotflügel hatte die Rückleuchte in seinem »Schnabel« (»Frenched« nannte man das in den 50er Jahren). Der schlanke Vorderkotflügel verlor sich zwischen den gut 20 cm voneinander entfernten Gabelholmen, die mit zur optischen Breite des Motorrads beitrugen. Vom speziellen »kissenweichen« Sattel bis zu den weit vorn liegenden Schalt- und Bremsfußhebeln war es für kurze Beine ein langer Weg. Das Ganze nannte man den »Peter-Fonda-Sitz«. Alle Jubiläumsausgaben trugen ein Namensschild, emaillierte Tankembleme und Zweifarbenlackierungen in Silber/Charcoal-Mattglanz. Die FXDWG Special wurde in genau 1993 Exemplaren gebaut. Ein Zufall?

FXRS

Mit dem Hinzukommen der Convertible 1989 war die Familie der Super Glide/Low Rider auf sechs Modelle angewachsen. Die Low Rider blieb die beliebteste unter ihnen, gefolgt von Custom und Super Glide auf Platz zwei. Das Modell Sport mit seinem längeren Federweg belegte weit zurück den dritten Platz, und Convertible und normale FXR teilten sich in die letzte Position.

Die Convertible (beim Auto wäre es ein Cabrio) war ganz einfach eine Sport, deren Windschutzscheibe und Satteltaschen man sehr leicht demontieren konnte. Eine ähnliche Art der »Verwandlung« wurde später für die FLHR Road King angewandt. Die Convertible war Milwaukees Ausgabe einer Sport-Touring-Maschine, die eben für beide Einsatzzwecke leicht hergerichtet werden konnte. Ein Motorrad, das weniger Reisekomfort auf Langstrecken bot als die Electra Glide, aber mehr Annehmlichkeiten als die Sportster.

In der Fachpresse war man sich einig darüber, daß die FXR Sport die Big Twin mit dem besten Handling und der größten Wandelbarkeit sei. Die meisten echten HD-Fans freilich fanden, daß die Fachpresse aus lauter »wheelie-mad dilberts«, »street-racing rabble« und »draft dodgers« bestehe, was hier besser unübersetzt bleibt.

Ein Modell, das 1993 nicht für eine Jubiläumsausgabe ausgewählt wurde, war die Springer. Sie erhielt aber wegen der ständigen Querelen einen weiter heruntergesetzten Vorderkotflügel, der sich dem Rad besser anpaßte. Das neue Schutzblech montierte man mit verchromten »Hundeknochen« (Streben mit zwei Gelenken) an den Gleitrohren, so daß es mit dem Rad zusammen einfedern konnte. Schließlich wurde an der Gabelbrücke ein neu gestalteter Scheinwerfer montiert.

1993 FXDWG
HD-Vertretung, Los Angeles

Unten: Die jüngste Wide Glide hat – alles wie gehabt – ein 21-Zoll-Rad in einer verlängerten Gabel mit Hochlenker. Nachdem die soziale Diskriminierung der Affen der Vergangenheit angehört, wird HD die Bezeichnung »Ape Hangers« für die Hochlenker ihrer Maschinen warenzeichenrechtlich geschützt.

Unten: Die FXRS Low Rider hat sich als beliebtestes Modell unter den Super Glides erwiesen. Nach 15 Jahren und mehrfachen Neuauflagen ist sie immer noch König der Cruiser.

1991 FXRS
Harley-Davidson of Sacramento
Sacramento, Kalifornien

1992 FXSTS
Dudley Perkins Company,
San Francisco

Links: Mit verziertem Sitz und Satteltaschen sieht die Softail Springer noch konservativer aus.

Oben: Die vorverlegten Fußrasten und -hebel erlauben das »Lehnstuhlfahren« in der typischen zurückgelehnten Sitzhaltung.

FLHTC (1993/94), FLSTC (1994) UND FLSTN (1993)

Zu den sechs limitierten Sonderausgaben zum 90. Jubiläum zählte auch die FLHTC Electra Glide Ultra Classic, von der 1340 Stück gefertigt wurden. Neu eingeführt wurde ein vom Auto übernommener Tempostat mit Tasteneinstellung für höheres oder niedrigeres Tempo, ferner eine CB-Funkanlage amerikanischer Herkunft. Mit der Lackierung in Silber/Grau/Schwarz, dem emaillierten Tankemblem und dem Namensschild kostete das Jubiläumsmodell 16099 Dollar.

Alle Tourer hatten Motoren mit neuer Ölwanne, die eine verbesserte Ölkühlung und niedrigere Schwerpunktlage mit sich brachte. Auch die Wartung wurde vereinfacht, und für den Ölstand gab es einen Peilstab. Die Batterie, zuvor in der Satteltasche untergebracht, fand jetzt Platz unter dem Sitz. Ebenso erhielten die Tourer die ergonomisch geformten Handhebel für Kupplung und Bremse, die sich besser bedienen ließen.

Die Deckel der Packtaschen, jetzt mit Scharnieren befestigt, waren überarbeitet, die Einfassungen waren optisch und funktionell verbessert. Der neue Verschluß sollte die Handhabung erleichtern und die Taschen wetterfester machen.

Die Ultras (Electra und Tour Glide) wurden – wie die übrigen FL-Versionen – an Vorder- und Hinterrad mit dem Gasfedersystem ausgestattet. Der Gasdruck ließ sich vorn und hinten auf unterschiedliche Gewichtsbelastung und Straßenbedingungen einstellen.

FLSTN/FLSTC

Das Modell Heritage Softail Nostalgia wurde anläßlich der Bike Week in Daytona Beach vorgestellt. Schon bald hatte es wegen der echten Lederbesätze an Sattel und Packtaschen den Namen »Cow Glide« weg. Ergänzt wurde dieser Look noch durch die Weißwandreifen auf Speichenrädern und die schwarz-weiße Farbgebung.

Die Nostalgia (FLSTN) war das einzige Modell, das, ohne zu den Jubiläumsausgaben zu zählen, das verchromt/emaillierte Tankdekor erhielt. Sie hatte wie die Fat Boy zwei übereinander angeordnete »shotgun«-Auspuffrohre. Diese ebenfalls limitierte Ausgabe wurde in 2200 Exemplaren hergestellt.

Die Softails erhielten auch viele der an den übrigen Modellen vorgenommenen Verbesserungen an Bedienungselementen und Antriebsstrang. Die Heritage Softail Classic bewahrte den Oldtimer-Look der 50er Jahre mit Zweifarbenlackierung und Sattell und Packtaschen im »Nietenlook«. Die Classic brachte es fertig, ein bißchen wie jede Big Twin seit 1949 auszusehen, und was damals gut aussah, sieht auch heute noch gut aus.

Der Heritage Softail fehlten die speziellen Touring-Extras der Electra Glide Ultra Classic, aber dafür war sie auch um 25 kg

Unten: Die Rückenlehne für den Fahrer ist demontierbar. Für die Sozia gibt es bequeme Armlehnen, Stereolautsprecher und Bedienungsknöpfe für Radio und Funk.

Rechts: Nachdem die Batterie unter dem Sattel verschwand, nimmt sie der rechten Packtasche keinen Platz mehr weg. Für die neuen abschließbaren Taschen paßt derselbe Schlüssel wie für Zünd- und Lenkschloß.

1993 FLHTC ULTRA CLASSIC

TECHNISCHE DATEN
MOTOR/KRAFTÜBERTRAGUNG
Motor: V2 45° OHV
Hubraum: 1340 cm^3
Bohrung x Hub: 89 x 108 mm
Verdichtung: 8,5 : 1
Leistung: 72 PS/53 kW bei 4000/min
Gemischbildung: 38 mm Keihin-Vergaser
Getriebe: 5-Gang
Kraftübertragung:
primär Duplexkette
sekundär Zahnriemen
Bremse: Scheibenbremse, vorn 2, hinten 1 Scheibe
Batterie: 12 Volt
Zündung: CDI Transistorzündung

FAHRWERK/AUFHÄNGUNG
Rahmen: Doppelschleifen-Stahlrohrrahmen
Federung vorn: Telegabel
Federung hinten: Schwinge, Feder/Dämpferbeine
Radstand: 1599 mm
Gewicht: 351 kg
Tankinhalt: 19 Liter
Ölvolumen: 3,8 Liter
Bereifung: MT90-16
Höchstgeschwindigkeit: 177 km/h
Lieferbare Farben: Vivid-Schwarz, Victory-Rot Sun-Glo, Aqua Sun-Glo/Silber, Victory-Rot Sun-Glo/Silber (Aufpreis: Sonderlackierung zum 90. Jubiläum)
Produziert wurden: 3702 Einh.
Preis: US-$ 15349

Oben: Das große Topcase der Electra Glide hat an der linken Seite Scharniere, öffnet also zur Seite hin. Der Gepäckträger ist Sonderwunsch. Flexible Antennen für Radio und CB-Sprechfunk befinden sich an den Ecken des Topcase. Für 1993 fassen die Satteltaschen 15% mehr Gepäck.

1994 FLHTC
Dudley Perkins Company, San Francisco

1993 FLSTN »Cow Glide«
© Harley-Davidson-Foto

Unten: Die Heritage Softail Classic wirkt wie ein Lied aus alten Zeiten: Fishtail-Schalldämpfer, Speichenräder, Sitz und Satteltaschen im »Nietenlook«, dazu große Frontscheibe, Fußbretter und Passing lamps.

1994 FLSTC
Bartels' HD-Vertretung in Marina Del Rey, Kalifornien

Oben: Die Electra Glide Classic hat die meisten Komponenten gemeinsam mit der Ultra Classic, außer CB-Funk und Tempostat. Daher ist sie auch um 11 kg leichter und kostet entsprechend weniger.

Unten: Vor dem Wetter sind Instumente und Radio durch die Frontverkleidung geschützt. Am Lenker befinden sich die Knöpfe für Funk- und Stereoanlage.

leichter, ein wenig schneller und vor allem billiger. Und im Stadtverkehr war sie leichter zu fahren. Die modern gestylte »Halfdresser« war in ihrem achten Produktionsjahr und blieb aus guten Gründen sehr populär. Zwischen Touring-Luxusklasse und Sport-Touring-Kompromiß erstreckt sich das breite Feld der schweren Allzweckmaschinen.

Der 16-Liter-Tank reicht für normale Reisen aus, der Sattel liegt etwa 700 mm hoch über der Straße, und der Motor fühlt sich gut an. Der massige V2 kann sich im Rahmen nicht frei bewegen, sondern ist starr montiert. Für viele Harley-Davidson-Fans macht das unmittelbare Spüren des Triebwerks einen Großteil des Fahrvergnügens aus. Die Heritage Softail stellt einen gut ausbalancierten Kompromiß zwischen Vergangenheit und Gegenwart dar.

Die Classic kam mit einem weit zum Fahrer hin geschwungenen Hochlenker und einer großen Lexan-Windschutzscheibe. Die Hydra-Glide-Gabelverkleidung und die ledernen Satteltaschen stammen direkt aus den 50er Jahren, und das Fishtail-Auspuffende sogar aus noch früheren Zeiten. Die Classic wurde in Schwarz, Rot, Blau angeboten, oder auch mit diversen Zweifarbenlackierungen .

Links: Die Gasfederung erlaubt die Einstellung des Gasdrucks je nach Gewichtsbelastung und Straßenzustand.

1993 FLHTC Ultra
Bartels' HD-Vertretung in Marina Del Rey, Kalifornien

1994 VR 1000

Technische Daten
Motor/Kraftübertragung
Motor: V2 60° 2-OHC
Hubraum: 1000 cm^3
Bohrung x Hub: 98 x 66 mm
Verdichtung: 11,6 : 1
Leistung: 135 PS/99 kW bei 10000/min
Gemischbildung: Weber elektron. Einspritzung
Getriebe: 5-Gang
Kupplung: Mehrscheiben-trocken
Kraftübertragung:
primär Zahnräder
sekundär Kette
Bremse: Scheibenbremse, vorn 2, hinten 1 Scheibe
Zündung: elektronisch

Fahrwerk/Aufhängung
Rahmen: Aluminium-Fachwerkrahmen
Federung vorn: umgekehrte Telegabel
Federung hinten: Hinterradschwinge, zentrales Dämpferbein
Radstand: 1410 mm
Gewicht: 177 kg
Tankinhalt: 17 Liter
Ölvolumen: 2,8 Liter
Bereifung:
vorn Dunlop 120/70-ZR17,
hinten 150/70-ZR17
Höchstgeschwindigkeit: 274 km/h
Lieferbare Farben: Orange/Schwarz
Produziert wurden: 50 Einh.
Preis: US-$ 49490

Oben: Ein Blick vom Sattel der VR 1000 zeigt in der Mitte den Analog-Drehzahlmesser. Das LED-Display darunter gibt Geschwindigkeit, Kilometerstand, Öldruck, Motortemperatur und Batterieladezustand an.

VR 1000 (1994) und 883 Racers (1996)

Die VR 1000 von 1994 war die erste reine Rennmaschine, die je bei Harley-Davidson gebaut wurde. Alle anderen Harley-Racer von 1915 bis 1993 waren abgewandelte Serienmaschinen. Die VR war von Grund auf für die Rennstrecke konzipiert.

Milwaukee hat die Idee von einer reinrassigen Rennmaschine nie recht gefallen. Vor 80 Jahren waren die Firmengründer widerstrebend ins Renngeschäft hineingetrieben worden und hatten sich erst von dessen Notwendigkeit überzeugen lassen, nachdem sich Indian die sportbegeisterte Kundschaft der -zehner und -zwanziger Jahre »unter den Nagel gerissen« hatte. Als aber erst einmal eine Rennabteilung im Unternehmen installiert war, erwies sie sich als ständige Quelle für Teamgeist und öffentliche Anerkennung. Die Leute fuhren mit ihren Motorrädern zu den Rennstrecken und unterstützten ihre Lieblingsfahrer und -marken.

Harley-Davidson hatte die Dirt-Track-Rennen, die traditionellen amerikanischen Showrennen, weiterhin intensiv gefördert

1996 883 Twin Sport
Bartels' HD-Vertretung in Marina Del Rey, Kalifornien

Oben: In der Rennklasse für HD 883 Twin Sports sind leicht modifizierte Sportster unter sich. Die Fußrasten werden höher und zurück verlegt, Schaltbilder umgedreht und unnötiger Ballast entfernt.

1996 883 Dirt Track
Bartels' HD-Vertretung in Marina Del Rey, Kalifornien

Links: Ähnlich geht es in der Klasse der 883 Dirt Track Racer zu, die in Verbindung mit der AMA Grand National Championship ausgetragen wird. Hier handelt es sich um mäßig modifizierte Sportster, die für die Half-mile- und One-mile-Ovals, die speziellen Dirt-Track-Rennstrecken, hergerichtet werden.

Rechts: Die verkehrszugelassene Version der Superbike Racer macht einige Konzessionen an die Straßenverkehrsordnung. Ein einzelner Schalldämpfer ersetzt den doppelten der Racer; Beleuchtung, Blinker, Spiegel und Hupe gehören zur Ausstattung.

Oben: Der 60° V-Twin-Motor der VR 1000 hat zwei obenliegende Nockenwellen, vier Ventile je Zylinder und Flüssigkeitskühlung. Die Leistung beträgt anfangs 135 PS/99 kW bei 10000/min.

und diverse von Serienmodellen abgeleitete Straßenrennmaschinen gefertigt. Doch in den 90er Jahren eignete sich aus der ganzen Modellpalette nicht ein einziges Motorrad für die Teilnahme an den »Superbike races«. In der oberen Kategorie der »street bike«-Wettbewerbe wiegen die Konkurrenten 170 kg und leisten bis zu 150 PS/110 kW. Handling und Bremsanlagen sind so getunt, daß sie in Millisekunden ansprechen. So etwas zu bauen, kostet eine Menge Geld.

Finanziell einigermaßen beweglich, beschloß Harley-Davidson, ihren zweiten Achtventil-Racer zu erstellen, ein Fahrzeug mit Motor, Rahmen und Bremsen made in USA. Steve Scheibe leitete die Mannschaft als Ingenieur und beschaffte sich erfahrene Helfer von NASCAR- und Indy-Car-Rennspezialisten. Das Projekt lief fünf Jahre lang, und heraus kam ein 60°-V2-Motor mit zwei obenliegenden Nockenwellen (2OHC) und Vierventilköpfen, elektronischer Einspritzung von Weber/USA und Flüssigkeitskühlung. Der Antrieb verläuft über Zahnräder zu einer Mehrscheiben-Trockenkupplung und einem 5-Gang-Getriebe.

Die ersten Exemplare verwendeten eine umgedrehte Gabel von Penske (Gleitrohre oben, Standrohre unten) und 6-Kolben-Bremszangen von Wilwood. Das Straßenmodell bekam dann aber eine Ohlins-Gabel mit titanbeschichteten Innenrohren. Die Verkleidung besteht aus Kohlefasermaterial, und laut Werksangabe wiegt die Maschine trocken 177 kg. Die Fertigung wurde für 50 Exemplare eingerichtet, und jedes sollte 49490 Dollar kosten.

Die VR erschien erstmals auf einem Rennkurs zum Daytona Superbike Race 1994. Sie fuhr sich erstaunlich gut. In der Spitze lag sie zwar hinter der Konkurrenz, doch Miguel Duhamel brachte mit ihr auf einigen langsameren Strecken recht gute Ergebnisse nach Hause. Die Erfolge in der 95er Saison waren allerdings enttäuschend, Doug Chandler im Sattel der VR hatte Probleme, mit dem Motorrad zurechtzukommen. Der amerikanische Dirt-Track-Meister Chris Carr, der ebenfalls zum Team gehörte, lernte dagegen bald mit der VR 1000 umzugehen.

Harley-Davidson setzt auf jeden Fall die Werks-Teilnahme an zwei auf der Sportster basierenden Veranstaltungen mit Serienrennmaschinen fort: das Twin Sports Roadracing und das 883 Dirt Track. Diese beiden ausschließlich mit Harleys ausgetragenen Wettbewerbe dienen dem Weiterkommen von Nachwuchsrennfahrern, locken die Harley-Anhänger an die Rennpisten und bringen dem Unternehmen eher greifbaren Nutzen als die Rennen der Superbikes.

Das Superbike-Projekt läuft zwar in der 1996er Saison noch weiter, doch man verpflichtete keinen teuren, talentierten Renn- und Versuchsfahrer, um die Maschine schneller zu machen. Tatsächlich erreichte Chris Carr dennoch einen guten zehnten Platz in Daytona. Zu Beginn der 96er Saison hatte man mit neuen Zylinderköpfen zusätzliche PS herausgekitzelt, und das deutet darauf hin, daß noch weitere Investitionen in die VR entweder von Harley-Davidson oder von Sponsoren oder von beiden zu erwarten sind. Warten wir's ab und hoffen das Beste.

Unten: Diese Superbike Racer ist zwar für zivilen Verkehr ausgerüstet, doch die Anordnung von Sitz, Rasten usw. zwingt den Fahrer zu einer hockenden Sitzhaltung. Tourenfahrer werden sich vermutlich einen höheren Lenker wünschen oder nicht so lange Strecken fahren.

Links: Die meisten Verkleidungsteile sind aus leichtem, aber teurem CFK-Werkstoff. Die Rahmenkonstruktion kommt vom Mountainbike-Hersteller Mike Etough in Oregon.

1994 VR 1000
Petersen Automotive Museum, Los Angeles

Links: Gewaltige Bremsscheiben und Zangen von Wilwood mit sechs Kolben helfen die VR 1000 aus 275 km/h herunterzubremsen.

Oben: Die Gabel kommt von der Spezialfirma Ohlins. Die Gleitrohre sind titanbeschichtet, der Federweg beträgt 120 mm.

FLHR Road King (1995), FXDL (1995) und Buell S2 (1995)

1995 FLHR

Technische Daten
Motor/Kraftübertragung
Motor: V2 45° OHV
Hubraum: 1340 cm^3
Bohrung x Hub: 89 x 108 mm
Verdichtung: 8,5 : 1
Drehmoment: 10,7 mkp/105 Nm bei 4000/min
Gemischbildung: 40 mm Keihin-Vergaser
Getriebe: 5-Gang
Kraftübertragung:
primär Duplexkette
sekundär Zahnriemen
Bremse: Scheibenbremse, vorn 2, hinten 1 Scheibe
Batterie: 12 Volt
Zündung: elektronisch

Fahrwerk/Aufhängung
Rahmen: Doppelschleifen-Stahlrohrrahmen
Federung vorn: Telegabel/Gasfeder
Federung hinten: Schwinge, Dämpferbeine/Gasfeder
Radstand: 1598 mm
Gewicht: 326 kg
Tankinhalt: 19 Liter
Ölvolumen: 3,8 Liter
Bereifung: MT90B-16
Höchstgeschwindigkeit: 180 km/h
Lieferbare Farben: Vivid-Schwarz, Aqua Pearl/Silber, Vivid-Schwarz/Silber, Burgundy Pearl/Silber
Produziert wurden: 7910 Einh.
Preis: US-$ 13475

Die F-Baureihe mußte im Lauf der Jahre mehr Änderungen über sich ergehen lassen als irgendeine andere. Die »Kings of the Road« befinden sich in einem ständigen Prozeß allmählicher Erneuerung in Zubehör, Lackierungen und Komfortbauteilen. Die 95er FLHR Road King besitzt was Milwaukee als »das Äußerste an traditionellem Styling« bezeichnet.

Die FLHR ersetzte 1994 die Electra Glide Sport. Oben auf dem neuen 19-Liter-Tank ist ein elektronischer Tacho mit digitalem Meilenzähler montiert. Für »königliches« Solofahren läßt sich der Soziussitz leicht demontieren. Ebenso einfach abnehmbar sind die Satteltaschen und die neue Windschutzscheibe aus Lexan. So kann man mit ein paar Handgriffen den »Kaiser« der Landstraße in einen »König« des Boulevards umrüsten.

Auch die neuen Ausstattungen seiner Untertanen in der Royal Family der Big Twins machte sich der Straßenkönig zu eigen. Der neue Kabelbaum besitzt wasserdichte Stecker, die Zubehörsteckdose wird von einem Schalter mit Kontrolleuchte aktiviert, der Ölablauf ist unterdruckbetätigt. Wie die anderen Großen, erhielt auch er eine längere Gesamtübersetzung.

Verfolgen wir seine königliche Herkunft etwas näher: Der Road King wurde abgeleitet von der Electra Glide Sport, die zehn Jahre lang die wirtschaftliche Tourenmaschine der FL-Reihe war. Trocken 314 kg schwer, war sie auch das Leichtgewicht unter den Schwergewichten. Die Road King wiegt trotz zusätzlichem Luxus nicht viel mehr. Besser muß also nicht unbedingt auch schwerer bedeuten.

Angesichts der langen Produktionsdauer der Electra Glide Sport kann man von der Road King ähnliches vermuten. Die Annehmlichkeit, das Motorrad rasch vom Cruising zum Touring umbauen zu können, spricht viele Käufer an. 1996 erschien die FLHR auch mit der Benzineinspritzung, die erstmals 1995 in die Ultra Classic Electra Glide eingebaut worden war. Classic und Ultra Classic Glides erhielten 1996 auch die ESPFI (electronic sequential port fuel injection = elektronisch-sequentielle Saugrohreinspritzung).

FXDL

Die Dyna Low Rider setzte ihre Laufbahn als Standard-Cruiser der FX-Baureihe fort. Die Maschine war interessant sowohl für kreative Customizer als auch für das breite Marktsegment der Käufer komfortabler Cruiser. Die »Easy Riders« machen heute bereits 35% der amerikanischen Kundschaft für straßentaugliche Motorräder aus. Und Harley-Davidson, die ihre Cruisermodelle intensiv weiter entwickelt hat, hält den Löwenanteil an diesem Markt.

Die Importmaschinen kommen bezüglich ihres Stylings den Harleys bedenklich nahe. Selbst von der Substanz her ist heute mehr dahinter als noch vor kurzem. Imitationen, sagt man, seien das beste Anzeichen für Bewunderung oder eigene Schwäche. Den Nachahmungen fehlt auf jeden Fall eines: das Unbeschreibliche, das die Identität einer Harley-Davidson ausmacht. »Things are different on a Harley«, versichert die Werbung. Doch der Aufpreis für diese »differences« (gegenüber den Konkurrenten) beträgt schlappe dreißig Prozent...

Die Dyna Low Rider erhielt 1995 einen elektronischen Tacho, und die Sitzhöhe wurde um 13 mm auf 673 mm abgesenkt. Die 32° geneigte Gabel bewirkt weiterhin den langen, niedrigen Look. Die zwei Bremsscheiben vorn helfen die Masse der Dyna (279 kg) rasch zu verzögern. Für die FXDL zahlte man 12475 Dollar in Standardlackierung. Für 75 Dollar Aufpreis bekam man Metalliclack und für weitere 150 Dollar die Zweifarbenlackierungen in Victory-Rot/Sun-Glo oder in Aqua Pearl/Silber.

Buell S2 Thunderbolt

1993 wurde Harley-Davidson Eigentümer von fast der Hälfte der Buell-Anteile. Milwaukee gab mit erfrischender Ehrlichkeit zu, daß ihre eigenen speziellen Werks-Sportmaschinen wenig Erfolg gehabt hätten. Es sei besser, jemanden zu unterstützen, der sich mit Konstruktion, Fahrwerks- und Montagefeinheiten gut auskennt, und nur die Motoren dazu zu liefern.

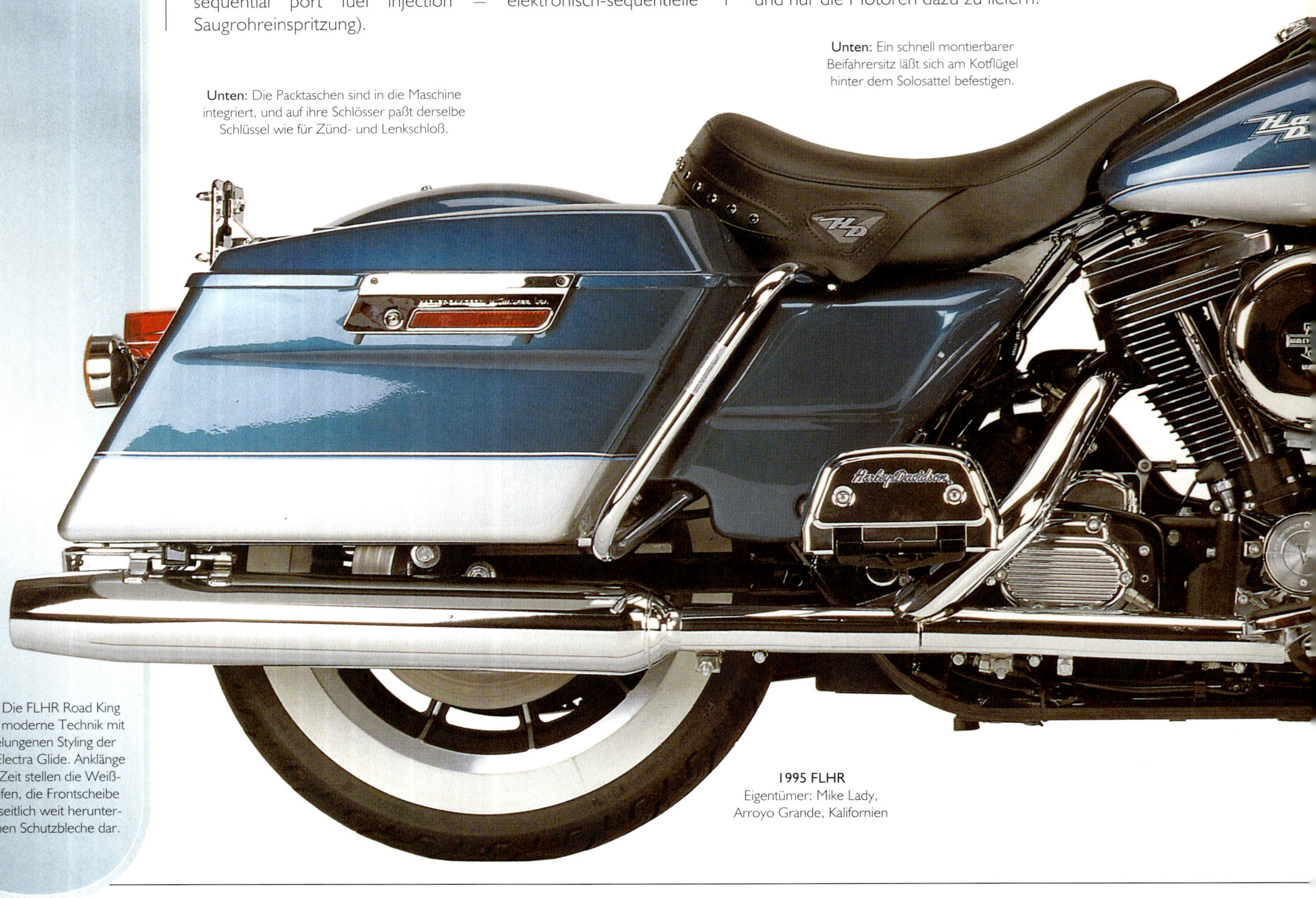

Unten: Ein schnell montierbarer Beifahrersitz läßt sich am Kotflügel hinter dem Solosattel befestigen.

Unten: Die Packtaschen sind in die Maschine integriert, und auf ihre Schlösser paßt derselbe Schlüssel wie für Zünd- und Lenkschloß.

Rechts: Die FLHR Road King vereinigt moderne Technik mit dem gelungenen Styling der 1965er Electra Glide. Anklänge an jene Zeit stellen die Weißwandreifen, die Frontscheibe und die seitlich weit heruntergezogenen Schutzbleche dar.

1995 FLHR
Eigentümer: Mike Lady, Arroyo Grande, Kalifornien

Rechts: Der Look, in dem die Low Rider 1977 debütierte, ist in zwei Jahrzehnten nicht unmodern geworden. Handling und Zuverlässigkeit haben sich seitdem verbessert.

Unten: Die FXDL Dyna Low Rider huldigt der Cruiser-Tradition, indem sie den Fahrer noch etwas weiter in Bodennähe plaziert.

1995 FXDL
Los Angeles Harley-Davidson
South Gate, Kalifornien

Unten: Doppelscheiben vorn bleiben serienmäßig an der Low Rider, ebenso die Gußräder. Speichenräder gibt es als Sonderwunsch.

Links: Bei der Road King läßt sich die Frontscheibe leicht abbauen, wenn man langsam durch die Stadt fahren will.

Links: Die S2 wird durch Anbauen von Packtaschen zur Sport-Touring-Maschine. Die werksmäßige Version S2T erscheint mit tiefer reichender Verkleidung, Hochlenker und niedriger gesetzten Fußrasten.

1995 Buell S2
Eigentümer: Ray Earls,
Foster City, Kalifornien

Oben: Buell verwendet für die S2 Thunderbolt die einzigartige elastische Uniplanar-Motoraufhängung, tiefer angeordnete Federbeine und Schalldämpfer.

Oben: Der 1340er V2-Evolutions-Motor treibt jetzt die gesamte FL- und FX-Baureihe. Das Modell 1996 der Road King erhält den wahlweise angebotenen Einspritzmotor.

Die Sache war gut getimt. Buell mangelte es an Kapital, Harley an einem Sport Bike und an günstigen Gelegenheiten zu Investitionen. 1994 war die Thunderbolt das erste Ergebnis der neuen Partnerschaft zwischen Milwaukee und Mukwonago. Radstand und Lenkgeometrie blieben unverändert, doch das neue Design ließ mehr von Rahmen und Motor sichtbar. Die Sitzposition wurde ein Kompromiß zwischen geduckter Rennfahrer- und lässiger Chopperhaltung.

Die Thunderbolt strotzt von technischen Leckerbissen: vom Rahmen und der Motoraufhängung über die gewaltigen Scheibenbremsen mit sechs Kolben, die umgedrehte vordere Gabel und die liegenden hinteren Dämpfer bis hin zum Luftfilterdeckel aus Kohlefaserwerkstoff. Der übergroße Schalldämpfer erlaubte ein Hochkitzeln der Fahrleistungen des 1200er Sportster-Motors, dessen Leistung bei unverändertem Drehmoment auf 76 PS/56 kW bei 5200/min anstieg. Die Thunderbolt wiegt 218 kg, und die Fertigung wurde auf 300 Stück im ersten Produktionsjahr ausgelegt.

1996 führte Buell die S2T ein, bei der Satteltaschen und unterer Teil der Verkleidung farblich abgestimmt und Tourenlenker und -fußrasten montiert wurden. Auch in den Preisen macht sich Harley-Davidsons Unterstützung bemerkbar; die S2 bekommt man für 11995, das Touringmodell für 12795 Dollar, und das liegt ganz auf der Linie der Konkurrenten.

1996 FXDS

Technische Daten
Motor/Kraftübertragung
Motor: V2 45° OHV
Hubraum: 1340 cm³
Bohrung x Hub: 89 x 108 mm
Verdichtung: 8,5 : 1
Leistung:
72 PS/53 kW bei 4000/min
Gemischbildung:
38 mm Keihin-Vergaser
Getriebe: 5-Gang
Kraftübertragung:
primär Duplexkette
sekundär Zahnriemen
Bremse: Scheibenbremse, vorn 2, hinten 1 Scheibe
Batterie: 12 Volt
Zündung: CDI Transistorzündung

Fahrwerk/Aufhängung
Rahmen:
Doppelschleifen-Stahlrohrrahmen
Federung vorn: Telegabel
Federung hinten:
Schwinge, Feder/Dämpferbeine
Radstand: 1623 mm
Gewicht: 289 kg
Tankinhalt: 18,5 Liter
Ölvolumen: 2,8 Liter
Bereifung: vorn 100/90-19,
hinten 130/90HB-16
Höchstgeschwindigkeit:
180 km/h
Lieferbare Farben:
Vivid-Schwarz, Patriot-Rot Pearl, States-Blau Pearl, Violett Pearl, Victory Sun-Glo/Platin, Violett/Rot Pearl, Platinsilber/Schwarz
Produziert wurden:
nicht bekannt
Preis: US-$ 13330

FXDS (1996), FLSTN(1996) und FXSTC (1996)

Die FXDS Convertible Low Rider hatte sich als populärer erwiesen als ihre Stallgefährtin, die Sport Edition. Mit der Umstellung auf das Dyna-Glide-Chassis wurde die Sport zugunsten der FXDS Convertible ausgemustert. Beide Maschinen waren einander zu ähnlich für separate Versionen gewesen, und ohne ihre Windschutzscheibe und Satteltaschen war die Convertible ohnehin eine Sportausgabe.

Die Umstellung auf das Dyna-Chassis hatte einige Auswirkungen auf die FXDS Sport-Tourer. Die Neigung des Lenkkopfes verringerte sich von 31° auf 28° und der Radstand um rund 25 auf 1623 mm, womit sich das Handling in engen Kurven verbesserte. Die neue Dyna bekam gut sechs Millimeter mehr Bodenfreiheit, wurde jedoch durch diesen Prozeß auch um 16 kg schwerer.

Der klare Vorteil der Dyna Glide Convertible war wie bei ihrer Vorgängerin die schnelle, leichte Verwandelbarkeit. Windschutz und Packtaschen sind wirklich in wenigen Minuten abgenommen und verändern den Charakter des Fahrzeugs rasch von der Reise- zur Boulevardmaschine. Die meisten Pendler und Wochenend-Freizeitfahrer neigen aber dazu, die Frontscheibe an ihrem Platz zu lassen, weil sie den Winddruck stark reduziert. Die Packtaschen mit Lederbesatz bestehen aus einem harten Kunststoffrahmen mit Nylonbezug.

Ohne die Low Rider Sport schrumpfte die Serie auf vier Versionen. Die FXD Dyna Super Glide hat die gleiche Lenkgeometrie wie die neue Convertible bei etwas weniger Radstand, besitzt nur eine Bremsscheibe vorn und einen Motor mit weniger Leistung. Die Dyna Wide Glide und die Low Rider behielten dagegen die 32° geneigte Gabel und den längeren Radstand.

Rechts: Die FXSTC Softail Custom hat hinten ein Scheibenrad, vorn eine 34° schräggestellte Gabel, und der Sitz ist tief gestuft. Gestutzter Hinterkotflügel, Hochlenker auf Distanzstücken und 21-Zoll-Vorderrad sind typische Chopper-Merkmale.

1996 FXSTC
Bartels' HD-Vertretung, Marina Del Rey, Kalifornien

Rechts: Die FXDS CONV Dyna Convertible: Da braucht man länger für den Namen als für das Abnehmen von Frontscheibe und Packtaschen, um aus der Touringmaschine eine sportlichere Variante zu machen.

Oben: Bei der Dyna Convertible ist die Verbindung zwischen den beiden Rohren der Abgasanlage mit den beiden kurzen Schalldämpfern unter dem Getriebe versteckt.

Unten: Die Convertible stammt eigentlich vom FXRS Sportmodell ab. Tacho und Drehzahlmesser sind am Lenker montiert. Das Abnehmen der Windschutzscheibe geht leicht und schnell.

FXSTC

Die Softail Custom sah in den letzten fünf Jahren ebenfalls nur wenige Änderungen, abgesehen von Farbauswahl und Dekors. Die geistige Verwandte der Springer war die entthronte Königin der Reihe mit einer 34° geneigten Gabel und 1690 mm Radstand. Ihre Sattelhöhe war auf 676 mm abgesunken.

Die Custom erinnert mehr an die ursprünglichen Hardtail-Chopper der 50er Jahre. Das schmale, kaum vom Kotflügel abgedeckte 21-Zoll-Vorderrad ragt weit vor, und der geschwungene Lenker und die Highway-Rasten laden zu einer lässigen, zurückgelehnten Sitzhaltung mit vorgestreckten Beinen ein. Das hintere Scheibenrad entspricht den Rädern der Fat Boy.

Im Unterschied zu einigen ihrer Geschwister nahm die Softail Custom über die Jahre nicht zu, sondern verlor sogar ein paar Kilos. Custom und Wide Glide haben nach wie vor den 20-Liter-Tank, wogegen der Behälter der anderen FX-Modelle nur 18,5 Liter faßt. Zum Modelljahr 1996 wird die Custom in Vivid-Schwarz, Patriot-Rot Pearl, States-Blau Pearl, Violet Pearl und in den Zweifarbenlackierungen Victory Sun-Glo/Platin, Violett/Rot Pearl und Platinsilber/Schwarz angeboten.

FLSTN

Wenig Änderungen erfuhr bis 1996 auch die Heritage Softail Specia. Diese Version mit dem neuen emaillierten Emblem im Fat-Boy-Stil am Tank ist heute um rund 32 kg leichter und laut Werksangabe um 50 mm niedriger als die Softail Nostalgia von 1993.

Wie die Springer baute die Heritage Softail eine loyale Gefolgschaft unter den treuen Anhängern des traditionellen Harley-Stylings auf. Mit ihren verchromten 16-Zoll-Speichenrädern, Weißwandreifen und einer dezenten, einst so beliebten Zweifarbenlackierung erzählt die Special von den herrlichen alten Zeiten. Freilich ist sie inzwischen viel komfortabler geworden durch das leichte Anlassen des öldichten V-Twin, der in einem nach Hardtail-Art gestylten Rahmen hängt. Insgesamt eine befriedigende Mischung aus Anblick, Sound und guten Fahreigenschaften.

Der elektronische Tacho mag zum Retro-Look der FLSTN vielleicht nicht recht passen, doch der fein dekorierte Ledersitz mit ebensolchen Packtaschen und die Fishtail-Schalldämpfer sorgen für einen ausbalancierten Anachronismus. Die 1996er Verbesserungen an der Mechanik umfassen eine verstärkte, leisere Kraftübertragung und wetterfeste Steckverbindungen der Elektrik. Die Softail Special wiegt mit halbvollem Tank 297 kg, und der 1996er Preis ist 14655 Dollar.

Unten: Die FLSTN Heritage Softail Special trägt ein traditionelleres Gewand als ihre jüngere Schwester Fat Boy.

1996 FLSTN
Bartels' HD-Vertretung in Marina Del Rey, Kalifornien

Oben: Fishtail-Schalldämpfer, breite Weißwandreifen, Chromspeichenräder und riesiger Scheinwerfer wollen die 50er Jahre heraufbeschwören. Doch moderner Evo-Motor, Transistorzündung, 5-Gang-Getriebe und Scheibenbremsen bilden dazu einen starken Kontrast.

1996 FXDS
Bartels' HD-Vertretung in Marina Del Rey, Kalifornien

Oben: Die 28°-Gabel und die langen Federwege verbessern das Handling auf schlechteren Straßen. Gußräder sind serienmäßig, die Speichenräder auf dem Foto sind Extras.

1996 FLHTC UI

Technische Daten
Motor/Kraftübertragung
Motor: V2 45° OHV
Hubraum: 1340 cm³
Bohrung x Hub: 89 x 108 mm
Verdichtung: 8,5 : 1
Drehmoment: 10,7 mkp/105 Nm bei 4000/min
Gemischbildung: elektronische Einspritzung
Getriebe: 5-Gang
Kraftübertragung:
primär Duplexkette
sekundär Zahnriemen
Bremse: Scheibenbremse, vorn 2, hinten 1 Scheibe
Batterie: 12 Volt
Zündung: elektronisch

Fahrwerk/Aufhängung
Rahmen: Doppelschleifen-Stahlrohrrahmen
Federung vorn: Telegabel
Federung hinten: Schwinge, Feder/Dämpferbeine
Radstand: 1593 mm
Gewicht: 354 kg
Tankinhalt: 19 Liter
Ölvolumen: 3,8 Liter
Bereifung: MT90B-16
Höchstgeschwindigkeit: 177 km/h
Lieferbare Farben: Vivid-Schwarz, States-Blau Pearl, Platin Victory Sun-Glo, Victory Sun-Glo/Platin, Blau Pearl/Platinsilber, Mystique-Grün/Schwarz
Produziert wurden: nicht bekannt
Preis: US-$ 17500

1996 XL 1200S

Technische Daten
Motor/Kraftübertragung
Motor: V2 45° OHV
Hubraum: 1200 cm³
Bohrung x Hub: 89 x 97 mm
Verdichtung: 9 : 1
Leistung: 63 PS/46 kW
Gemischbildung: 40 mm Keihin-Vergaser
Getriebe: 5-Gang
Kraftübertragung:
primär Triplexkette
sekundär Kette
Bremse: Scheibenbremse, vorn 2, hinten 1 Scheibe
Batterie: 12 Volt
Zündung: elektronisch

Fahrwerk/Aufhängung
Rahmen: Doppelschleifen-Stahlrohrrahmen
Federung vorn: 39 mm »Cartridge fork«
Federung hinten: Schwinge, Dämpferbein/Gasfeder
Radstand: 1529 mm
Gewicht: 232 kg
Tankinhalt: 12,5 Liter
Ölvolumen: 2,8 Liter
Bereifung: vorn 100/90–19 **hinten** 130/90–16
Höchstgeschwindigkeit: 193 km/h
Lieferbare Farben: Vivid-Schwarz, Patriot-Rot Pearl, States-Blau Pearl, Violett Pearl, Victory Sun-Glo/Platin, Violett/Rot Pearl, Platinsilber/Schwarz
Produziert wurden: nicht bekannt
Preis: US-$ 7910

XL 1200S (1996), FLHTC UI (1996) und XL 1200C (1996)

Seit die Sportster 1986 zur Familie der Maschinen mit Evolutionsmotor gestoßen war, hatte man sie auch an verschiedenen technischen Verbesserungen der Schwergewichte teilhaben lassen. Zahnriemen und 5-Gang-Getriebe wurden für 883er und 1200er Ausführung Standardelemente. 1996 wird die Sportster in fünf Versionen angeboten.

Die serienmäßige XLH 883 mit Solosattel, »laced wheels« und niedrigem Lenker ist mit 5095 Dollar die preisgünstigste unter ihnen, gefolgt von der Hugger mit dem geschwungenen Lenker für 5760 Dollar. Die beiden neuen Mitglieder der Gruppe sind die 1200 Sport und die 1200 Custom. Letztere hat vorn ein 21-Zoll-Rad mit Drahtspeichen, ein 16-Zoll-Scheibenrad (durchbrochen) hinten und eine verzierte Doppelsitzbank. Die Custom erhielt einen hochgesetzten Lenker, verchromte Zierteile und ein emailliertes Tankemblem. Für diese Sportster aus dem oberen Schubfach zahlt man 8360 Dollar.

Die XL-1200S soll wieder mehr »Sportliches« in die Sportster-Reihe bringen, deshalb lautet ihr voller Name »XL-1200S Sportster 1200 Sport«. Für 1996 sind alle 1200er mit den gleichen Verbesserungen herausgekommen: Getrieberäder mit vergrößerter Eingriffsdauer, bessere Schalter und Gußräder mit 13 Speichen. Die »laced wheels« sind als Extra erhältlich. Das S-Modell bekam dazu noch ein paar Bonbons für die Straßenfeger: Eine einstellbare Federung gab ihr Debüt in der Sportster mit Gasfederbeinen hinten und »Cartridge-Gabel« von Showa vorn. Beide Elemente sind einstellbar in bezug auf die Federvorspannung, Federweg und Dämpfung beim Ausfedern.

Zusätzlich zu dieser neuen Federung stattete Milwaukee die Sportster vorn mit zwei 292-mm-Bremsscheiben und einem überarbeiteten Hauptzylinder aus. Federung, Bremsen und Reifen verleihen der Sportster stabilere und komfortablere Eigenschaften beim Befahren enger und kurviger Straßen.

FLHTC I

Harley-Davidson stellte ihre erste Tourenmaschine mit Einspritzung 1995 zum 30. Jubiläum der Electra Glide in der Version Ultra Classic vor. Im Jahr darauf wurde die Weber-Marelli-Einspritzung Standard an der Ultra Classic Tour Glide und gegen Aufpreis für die Classic und Ultra Classic Electras angeboten.

Die »Injection«-Modelle konnten außer Leistungsgewinnen in allen Bereichen auch die Erfüllung der California-Abgasvorschriften ohne Katalysator für sich verbuchen. Und der Kraftstoffverbrauch ging bei Stadt- und Landstraßenfahrt deutlich herunter. Für die Tour Glide mit Zweifarbenlackierung zahlt man jetzt 18160 Dollar. Mit Einspritzung kostet die Electra Ultra das gleiche, während man für die Classic Glide mit fuel injection 15210 und ohne 14410 Dollar berappen muß.

Natürlich hat die Ultra Classic Electra Glide Dinge zu bieten, die bei den kleineren, billigeren Versionen nicht zu finden sind. Bei Abblendlicht können doppelte Spotlights zugeschaltet werden, Positionsleuchten sind am Vorderkotflügel und am Heck montiert. Zum Kassetten-Stereo-Radio gehören vier Lautsprecher und separate Bedienungsknöpfe für den Soziussitz. Das eingebaute CB-Funkgerät enthält eine Gegensprechanlage, die durch die Stimmen aktiviert wird, die Kopfhörer sind im

Unten: Lang ist der Name der FLHTC UI Ultra Classic Electra Glide, aber sie hat auch viele Touring-Verfeinerungen, z. B. den Tempostat oder die 80-Watt-Stereoanlage mit CB-Funkgerät und serienmäßigen, in den Helm eingebauten Kopfhörern. First Class.

Sturzhelm montiert. Ein elektronischer Tempostat ist ebenfalls serienmäßig vorhanden.

Die Electra Glide wurde während ihrer bis jetzt 31jährigen Produktionsdauer stetig weiter verfeinert. Die erfolgreiche Ausrüstung mit Benzineinspritzung verspricht ein noch weit längeres Leben für den ehrwürdigen luftgekühlten V-Twin. Und nach guter Harley-Tradition ist anzunehmen, daß schon bald weitere Einspritzer auf dem Markt erscheinen werden.

Unten: Als die XL 1200 Sportster 1200 Sport herauskommt, werden Zweifel und Erwartungen laut bezüglich der einstellbaren Federung vorn und hinten, der neuen Zweischeibenbremse und der Dunlop Sport Elite Reifen. All das macht diese Version aber wesentlich sportlicher.

Links: Langstreckenfahrern erfüllt die 96er Sportster den Wunsch nach mehr Tankvolumen (auf 12,5 Liter erhöht). Die Instrumentierung umfaßt einen elektronischen Drehzahlmesser und einen Tacho mit Meilenzähler und rückstellbarem Wegstreckenzähler.

1996 XL 1200 S
Los Angeles Harley-Davidson in South Gate, Kalifornien

Unten: Die lenkerfeste Frontverkleidung ist seit 1969 bei HD-Tourenfahrern beliebt. Sie hat sich in den vergangenen 27 Jahren kaum verändert.

Unten: Ebenfalls neu in der Sportsterfamilie ist die 1996er XL 1200C Sportster 1200 Custom. Ihr Motor ist schwarz mit Chromteilen, dazu passend der tropfenförmige verchromte Scheinwerfer und das hintere Scheibenrad.

1996 XL 1200C
Bartels' HD-Vertretung in Marina Del Rey, Kalifornien

Oben: Die Sportster Custom hat ein 21-Zoll-Vorderrad und vorn wie hinten kürzere Federwege, wodurch die Sitzhöhe fast 25 mm niedriger ist als bei der Sport. Das dreidimensionale emaillierte Tankemblem gibt es nur für die Custom.

1996 FLHTC UI
Los Angeles Harley-Davidson in South Gate, Kalifornien

Links: Die Ultra Classic ist für unterschiedliche Belastung auf der Straße konzipiert. Deshalb hat sie vorn und hinten einstellbare Gasfedern und ein Anti-dive-System in der Gabel. Verstellbar sind auch die Fußbretter für Fahrer und Sozia.

1996 FXSTSB

Technische Daten
Motor/Kraftübertragung
Motor: V2 45° OHV
Hubraum: 1340 cm³
Bohrung x Hub: 89 x 108 mm
Verdichtung: 8,5 : 1
Drehmoment: 10,5 mkp/103 Nm bei 3500/min
Gemischbildung: 38 mm Keihin-Vergaser
Getriebe: 5-Gang
Kraftübertragung:
primär Duplexkette
sekundär Zahnriemen
Bremse: Scheibenbremsen vorn u. hinten
Batterie: 12 Volt
Zündung: elektron. Zündung

Fahrwerk/Aufhängung
Rahmen: Doppelschleifen-Stahlrohrrahmen
Federung vorn: Telegabel
Federung hinten: Schwinge, Feder/Dämpferbeine
Radstand: 1636 mm
Gewicht: 288 kg
Tankinhalt: 16 Liter
Ölvolumen: 2,8 Liter
Bereifung: vorn MH90–21, **hinten** MT90B-16
Höchstgeschwindigkeit: 177 km/h
Lieferbare Farben: Vivid-Schwarz mit gelbem, purpurrotem oder tükisfarbenem Dekor
Produziert wurden: nicht bekannt
Preis: US-$ 14425

1996 BUELL S1

Technische Daten
Motor/Kraftübertragung
Motor: V2 45° OHV
Hubraum: 1203 cm³
Bohrung x Hub: 89 x 97 mm
Verdichtung: 10 : 1
Leistung: 91 PS/67 kW
Gemischbildung: 40 mm Keihin-CV-Vergaser
Getriebe: 5-Gang
Kraftübertragung:
primär Triplexkette
sekundär Zahnriemen
Bremse: Scheibenbremse, vorn 2, hinten 1 Scheibe
Batterie: 12 Volt
Zündung: elektron.Zündung

Fahrwerk/Aufhängung
Rahmen: Cr/Mo-Perimeterrahmen
Federung vorn: WP umgedrehte Gabel, einstellbar
Federung hinten: WP Dämpferbein, einstellbar
Radstand: 1400 mm
Gewicht: 200 kg
Tankinhalt: 15 Liter
Ölvolumen: 2,5 Liter
Bereifung: vorn 120/70–17 **hinten** 170/60–17
Höchstgeschwindigkeit: 209 km/h
Lieferbare Farben: Red snap, Carbon-Schwarz, High-voltage-Gelb
Produziert wurden: nicht bekannt
Preis: US-$ 9995

Rechts: Die Buell S1 Lightning beweist, daß Eric Buells Herz dem Rennsport gehört. Hinterradschwinge, Kotflügel und Sattel-/Heck-Partie sind neu. Die S1 fährt vorn und hinten auf 17-Zoll Dunlop Sportmax II.

FXSTSB (1996), BUELL S1 (1996) und FLSTF (1996)

Wenn Ihnen der Name Softail Bad Boy zu widersprüchlich vorkommt, nennen Sie sie kurz FXSTSB. Wie auch immer, die jüngste Springer erinnert an die Knucklehead der 40er Jahre. Jimmy Cagney hätte sicher eine Bad Boy gefahren.

Eingeführt 1995, zeigte die Softail Springer einigen Chrom zum schwarzen Outfit des »Boulevard Bandito«. Die Bad Boy hatte hinten das durchbrochene Scheibenrad der Custom und den kleineren 16-Liter-Tank der Springer. Der knopfbesetzte, tief gestufte Sitz und die vorverlegten Fußrasten schrieben eine aufrechte Sitzhaltung mit vorgestreckten Beinen vor. Bei einer Sattelhöhe, die noch 25 mm niedriger ist als bei der Hugger, saß der Fahrer mehr in als auf der Maschine. Der Preis war 13850 Dollar, und man konnte sie (frei nach Henry Ford) in jeder Farbe haben, nur schwarz mußte sie sein.

Die Bad Boy ging ins Modelljahr 1996 mit nur geringfügigen Retuschen. Mehr Schwarz statt Chrom war zu sehen, der Sattel befand sich nur mehr 654 mm über dem Boden und die Maschine wog gut zwei Kilo weniger. Der Tacho war jetzt elektronisch, und der Preis stieg um 575 Dollar. Die Farbe Schwarz blieb die einzige Wahl doch den Zierat konnte man in Gelb, Rot oder Türkis haben.

Willie G. Davidson, der Designer, mußte eine starke Neigung zu schwarzen Motorrädern haben, wie man schon bei der XLCR Cafe Racer und der Sturgis sehen konnte. Die klassischen britischen Maschinen wie die Brough Superior oder Vincent Black Shadow waren mit Ebenholz verkleidet, und die auffallenden, blanken Teile waren Chrom und poliertes Aluminium. Die schweren

1996 FLSTF
Eigentümer: Dave Ybarra, San Gabriel, Kalifornien

Oben: Die FLSTF Fat Boy wurde seit 1990 nur wenigen Änderungen unterzogen. Der konventionelle hufeisenförmige Tank und der große verchromte Scheinwerfer rufen Erinnerungen an früher wach. Zur Farbwahl zählt jetzt auch States-Blau Pearl.

Links: Scheibenräder und eine Hydra-Glide-Gabel unterscheiden die Fat Boy von nostalgischen »Querdurch-den-Garten-Bikes«. Das größere Tankemblem ist 1996 neu erschienen.

Rechts: Die Lightning ist offensichtlich als Solomaschine für kurvige Landstraßen konzipiert, wo Beifahrer unerwünscht sind

1996 Buell S1 Lightning
Foto: Buell Motor Company

Rechts: Die FXSTSB Bad Boy ist die abgemagerte, in mancher Weise auch armseligere Cousine der Fat Boy. Ihre wichtigen Daten sind nahezu identisch, einschließlich der Sitzhöhe, die niedriger ist als bei allen anderen Harley-Modellen.

1996 FXSTSB
Foto: © Harley-Davidson

Unten: Das granatförmige Rücklicht, die schwarze Springer-Gabel und das 21-Zoll-Vorderrad unterscheiden die Bad Boy von der Masse der Modelle. Ein poliertes Cloisonné-Tankemblem spiegelt sich im nächtlichen Neonlicht.

Rechts: Das Macho-Image der Bad Boy kommt zum Teil wohl von dem massigen, durchbrochenen hinteren Scheibenrad.

Links: Die minimale Lenkerverkleidung der Lightning reicht kaum, um Tacho und Drehzahlmesser Wetterschutz zu bieten. Der 15-Liter-Tank ist fast acht Zentimeter kürzer als der der Thunderbolt und bringt den Fahrer näher zum Lenker, was gut fürs Handling ist.

Links: Die Marchesini-Gußräder haben ein Titanfinish. Die 340-mm-Bremsscheibe ist aus Grauguß, den 6-Kolben-Sattel stellt Performance Machine für Buell her.

Maschinen haben schon etwas an sich, daß ein glänzendes schwarzes Finish ausreicht, um mechanische Bauteile einerseits und Formen und Linien andererseits zu einem Ganzen zu verschmelzen, ohne jemals greller, auffallender Farben zu bedürfen.

Die Bad Boy läßt Bilder der Vergangenheit aufleben und präsentiert sie in einem Rahmen der Gegenwart. Die Rahmengeometrie der Softail wurde zugunsten eines etwas größeren Federwegs am Hinterrad geändert, und das neue, leise und besser schaltbare Getriebe sowie die gelochten Bremsscheiben vermitteln dem Motorrad zeitgemäße Fahrleistungen.

BUELL S1 LIGHTNING

Als HD 49% der Anteile an der Buell Motorcycle Company erwarb, schienen sich die Aussichten auf ein echtes Sport Bike »made in America« zu verdunkeln. Und die darauffolgende Umstellung der Thunderbolt in eine Sport/Tourenmaschine war wie eine Bestätigung der Befürchtungen. Würde das Flair der unabhängigen Werkstatt mit dem Einfluß des »Big Money« aus Milwaukee schwinden?

Nein. Wer gedacht hatte, Buell würde auf die weiche Tour umschwenken, wurde von der S1 Lightning eines besseren belehrt. Das sportlichere und um 2000 Dollar billigere Modell war 10 : 1 verdichtet, hatte 91 PS/67 kW bei 5800/min und wog fahrfertig ganze 200 kg. Daß die Thunderbolt als S2 und die Lightning als S1 gekennzeichnet wurde, besagt, daß Sportlichkeit hier noch Priorität hat.

Obgleich die Rahmen die gleichen sind, unterscheidet sich die Lightning von der Thunderbolt in vielerlei Details. Die kleine Windschutzscheibe, der 15-Liter-Tank, Sitz- und Heckpartie und der hintere Kotflügel sind eigene, neue Elemente der Lightning, die überdies gut 11 kg leichter ist als die Schwestermaschine. Wenn man dazu die 15 Mehr-PS in Betracht zieht, sollte die Lightning in Beschleunigung und Tempo eigentlich einiges drauflegen können. Da die Fußrasten etwa 50 mm weiter hinten liegen, sitzt der Fahrer der Lightning in einer Haltung, die der des Rennfahrers schon näherkommt.

Ein weiteres Unterscheidungsmerkmal ist die »Airbox«, durch die mehr Kühlluft an den Hochleistungsmotor herangeführt und gleichzeitig das Ansaugeräusch unterdrückt wird. Der bisher erstaunlich einfache Schalldämpfer wurde für die Lightning vergrößert, um die Abgase rasch und leise abführen zu können. Für die S1 wurden über die Viertelmeile weniger als 12 Sekunden (183 km/h) gemessen, und die Spitze lag bei 209 km/h. Mit Harley-Davidson als Partner, Motorenlieferant und Vertreiber sieht die Zukunft für Buells amerikanische Sport- Bikes wahrlich nicht schlecht aus.

1903 1905 1906 1907 1908 1909 1910 1911 1912 1913 1919 1921 1922 1923 1926 1929 1930 1932 1935 1936 1937

Erste single — 440cm³ single — Model 4
Erste V-Twin
5.35 single (bis 1920)
750cm³ Servi-Car
CD single
820cm³ D
1300cm³ VL — UL
1000cm³ E, F, J — 1200cm³ JD — 1200cm³ VL Flathead — UL
600cm³ W Sport Twin
1000cm³ OHV EL
345cm³ A & B OHV AA & BA
750cm³ D — R — WL

30.50 Model C

1970 1971 1972 1973 1974 1975 1976 1977 1978 1979 1980 1981 1982 1983 1984 1985 1986 1987 1988 1989 1990

FLT Tour Glide — FLT Classic — FLTC Sp. Ann. — FLTC Tour Glide Ultra Classic
FLST Special
(FL) — FLH1200 — FLHS — FLH80 — FLH80 Classic — FLHS — FLHF Heritage — FLHTC/FLHT — FLHT/C Liberty & Special Ann. — FLHTC Special Ann. — FLHTC Ultra Classic
FLST Heritage
FLHS Sport
FLSTF Fat Boy

XLS Roadster
Custom Sport
(XL) — XLH XLCH1000 — XLT — XLS — XLHA/XLSA Anniver. — XLH Evo — XLH Ann. — XLH Hugger
XLCR
XLX61
XLH1200
XR1000

FXSTC Custom
FX1200 Super Glide — FXE1200 — FXS Low Rider — FXS80 — FXB Sturgis — FXST Softail — FXSTC — FXST Special — FXSTS Springer
FXWG Wide Glide

FXR/FXRS Super Glide II
FXRS Sport
FXRS Liberty und Special
FXRS Sport
FXEF1200 Fat Bob — FXEF80 — FXR 5-Gang — FXRT Tour Glide — Glide — Anniv. Edn — FXRC Special — FXRS Convertible — FXDS
FXSB Riemen
FXRD Touring
FXLR Custom
FXRDG
FXRS Low Rider
FXRS Low Glide

XR750 — XR750 Leichtmetallmotor — Nur Motoren produziert

SX350
(SS350)

(Rapido) — TX125 — SS125
SXT125
SX175
SS175
100cm³ Baja — SR100

SS250
(M65) — Shortster — Z90 X90
SX250

1941 1942 1945 1947 1948 1949 1951 1952 1954 1957 1958 1959 1960 1961 1962 1963 1965 1966 1967 1968 1969

200cm³ FL — 1200cm³ FL Panhead — FL Hydra-Glide — FL Duo Glide — FL Electra-Glide

750cm³ K — 900cm³ KH

WLA Army Special

XL Sportster

XA 750 Army

SS350 Sprint

125 Model S — 125 cm³ Teleglide 165cm³ Motor — Ranger trail bike

125cm³ Hummer

125cm³ Rapido

175cm³ Pacer — 175cm³ Bobcat

175cm³ Scat

125cm³ Topper

250cm³ Sprint C — 250cm³ Sprint SS

250cm³ Sprint H (trail) — 250cm³ Sprint H

M50 — M50S — M65

1991 1992 1993 1994 1995 1996 1997

FLTCU (Einspritzung)

FLH Road King — FLHTC (Einspritzung) — FLHR (Einspritzung)

FLSTN Heritage Softail Nostalgia

XL1200 Sport

LH 5-Gang, ahnriemen — XL1200 Custom

VR1000

FXDB Dyna Daytona — FXD Wide Glide — FXSTSB Bad Boy — FXD series (neuer Rahmen)

DB urgis

FXD Dyna Custom

FXD Low Rider

Legende:
Single = Einzylinder
Twin = Zweizylinder
Ann. = Anniversary (Jubiläumsausgabe)

REGISTER

REGISTER

REGISTER

REGISTER

LITERATUR-NACHWEIS

Bach, Sharon & Osterman, Ken (Editors), *The Legend begins*, Harley-Davidson, 1993.
Bolfert, Thomas C., *The Big Book of Harley-Davidson*, Harley-Davidson, 1991.
Briel, Dorothea, *Harley-Davidson*, CLB Publishing, 1992.
Buzzelli, Buzz, *Harley-Davidson Sportster Performance Handbook*, Motorbooks International, 1992.
Carrick, Peter, *Encyclopedia of Motor-Cycle Sport*, St Martin's Press, 1977.
Emde, Don, *The Daytona 200*, Infosport, 1991.
Field, Greg, *Harley-Davidson Panheads*, Motorbooks International, 1995.
Girdler, Allan & Hussey, Ron, *Harley-Davidson: The American Motorcycle*, Motorbooks International, 1992.
Ibid, *Harley-Davidson Sportster*, ibid, 1995.
Girdler, Allan, *Harley-Davidson Buyer's Guide*, ibid, 1992.
Hatfield, Jerry, *American Racing Motorcycles*, Haynes Publishing Group, 1982.
Ibid, *Inside Harley-Davidson*, Motorbooks International, 1990.
Marselli, Mark, *Classic Harley-Davidson Big Twins*, ibid, 1994.
Palmer III, Bruce, *How to Restore Your Harley-Davidson*, ibid, 1994.
Prior, Rupert, *Motorcycling: The Golden Years*, CLB Publishing, 1994.
Rafferty Tod, *Harley-Davidson: The Ultimate Machine*, ibid, 1994.
Rivola, Luigi, *Racing Motorcycles*, Rand McNally, 1978.
Wiesner, Wolfgang, *Harley-Davidson Photographic History*, Motorbooks International, 1989.
Wright, David K., *The Harley-Davidson Motor Company*, Motorbooks International, 1993.
Wright, Stephen, *American Racer, 1900-1939*, Motorbooks International, 1989.